珍藏版

传习录

全鉴

【明】 王阳明◎著

迟双明◎解译

中国纺织出版社

内 容 提 要

《传习录》是王阳明的问答语录和论学书信集，是一部儒家简明而有代表性的哲学著作。《传习录》不但全面涵盖了王阳明的哲学思想，还体现了他辩证的教学方法以及生动活泼、善于用譬、常带机锋的语言艺术。因此该书一经问世，便受到世人的推崇。

本书延续并发展了"国学全鉴系列"的特点，专门向读者介绍《传习录》，内容丰富，材料充分，配以通俗易懂的解译，让读者能够轻松地领会《传习录》的精髓，是一部学习国学传统经典的好书。

图书在版编目（CIP）数据

传习录全鉴：珍藏版 ／（明）王阳明著；迟双明解译 . —— 北京：中国纺织出版社，2016.8（2025.4 重印）

ISBN 978 - 7 - 5180 - 2639 - 5

Ⅰ . ①传… Ⅱ . ①王… ②迟… Ⅲ . ①心学—中国—明代②《传习录》—通俗读物 Ⅳ . ①B248.2 - 49

中国版本图书馆 CIP 数据核字（2016）第 114726 号

策划编辑：顾文卓 责任印制：储志伟

中国纺织出版社出版发行

地址：北京市朝阳区百子湾东里 A407 号楼 邮政编码：100124

销售电话：010—67004422 传真：010—87155801

http：//www.c-textilep.com

E-mail：faxing@ c-textilep.com

中国纺织出版社天猫旗舰店

官方微博 http：//weibo.com/2119887771

北京华联印刷有限公司印刷 各地新华书店经销

2016 年 8 月第 1 版 2025 年 4 月第 5 次印刷

开本：710×1000 1/16 印张：21

字数：350 千字 定价：68.00 元

前言

　　王阳明，原名云，后改名守仁，字伯安，浙江余姚人，是中国儒学界的泰斗之一，也是明代最著名的思想家、哲学家、文学家和军事家和心学的集大成者。阳明先生生于公元 1472 年的一个官宦世家，其远祖为东晋时期的大书法家王羲之，卒于公元 1529 年。因他曾隐居绍兴会稽山阳明洞，后又创办阳明书院，所以世称阳明先生。后世一般称他为王阳明，其学说世称"阳明学"。他死后，明穆宗诏谥文成，故又称王文成公。王阳明一生颇有成就，他非但精通儒家、佛家、道家，而且能够统军征战，是中国历史上罕见的全能大儒。

　　王阳明生在明朝中叶，当时学术颓败，阶级斗争继续激化，统治集团日益腐朽，农民起义此起彼伏。经历了 400 年、已经僵化了的程朱理学对此无能为力。王阳明试图力挽狂澜，拯救人心，乃发明"身心之学"，倡良知之教，修万物一体之仁。

　　《传习录》也就在这种背景下应运而生。

　　总体而言，《传习录》是王阳明的语录和论学书信集，与孔门的《论语》相似。"传习"一词出自《论语》中的"传不习乎"一语。王阳明的哲学思想，主要反映在他《传习录》《大学问》等著作里，其中以《传习录》最为典型，是研究王阳明思想，尤其是他心学发展的重要资料。《传习录》在形式上打破了程朱理学的理论框架，重新建立了以"心即理""知行合一""致良知"等为基本范畴的心学思想体系，在本体论和方法论上改造和革新了宋明理学，并在内容上强调主体意识和自主精神，反对迷信权威、依傍书本，具有强烈的平民意识，由此还形成了别具特色的教育思想。为后世一些进步的社会改革家所赞赏和推崇。他的思想冲破了数百年来中国思想界为程朱理学所垄断的沉闷局面，对明朝后期哲学与文艺方面都产生了巨大而深远的影响，一直延续到我国近代并扩展到东亚，后来，其影响又逐渐深入到东南亚诸国、北美洲和欧洲。可见其思想的价值和魅力。以东亚为例，在日本，阳明学被一大批幕府末期的思想家所接受，推动了日本的明治维新运动。在朝鲜，阳明学也暗中流传，并影响了不少思想家。在经济腾飞期的韩国，阳明学被奉为精神的范本。

《传习录》是在王阳明生前及死后陆续编录和刊行的，分为上、中、下三卷，包含了王阳明主要哲学体系及基本主张，是研究修习阳明学的基本著作，堪称王门之圣书，心学之经典。虽然阳明学是唯心思想，有其时代和阶级的局限性，但在朱学衰颓之际，它倡导"心即是理"、"知行合一"，把儒家的内圣之道发展到了极致，其思想价值是很高的，对后人的启迪是深广的。即使到了现代社会，它仍然历久弥新，闪现着美妙的光芒。这正是经典与众不同的魅力所在。

鉴于《传习录》语言大多比较晦涩，难以理解，该书在原汁原味地呈现先贤的智慧的基础上，采用标题式，将徐爱等语录及七分书信均分成小节来讲解，主题明显；外加清晰流畅的译文，精辟的解读，让读者翻阅之，顿觉爱不释手。衷心希望此书能够使读者朋友在品读国学博大精深的同时，能够读透经典，开启智慧，指导生活。

本书平装本自出版以来，广受读者欢迎和喜爱。为满足大家的收藏、馈赠需要，现特以精装形式推出，敬请品鉴。

解译者

2016 年 2 月

目录

上卷

《传习录》上卷是王阳明讲学的语录，由徐爱、陆澄和薛侃所辑并经王阳明本人审阅而成，主要阐述了知行合一、心即理、心外无理、心外无物、意之所在即为物、格物是诚意的功夫等观点。

三、薛侃录——一以贯之

中卷

《传习录》中卷主要是出自王阳明亲笔所写的七封书信，实际上是七封论学书，此外还有两篇针对教育方法的文章。

一、答人论学书——知行合一

七、训蒙大意示教读刘伯颂等——贵在引导

八、教约——神而明之

下卷

　　《传习录》下卷，是王阳明去世后陈九川、黄直等提供并经钱德洪整理的语录，此部分虽未经阳明先生审阅，但较为具体地解说了他晚年的思想，并记载了王阳明提出的"四句教"。

一、陈九川录——戒慎恐惧在心念

二、黄直录——阳明四句教

三、黄修易录——生之谓性

四、黄省曾录——良知是造化的精灵

钱德洪序——成书之缘

钱德洪（1496—1574 年），初名宽，字洪甫，浙江余姚（现由宁波市代管）人。曾读《易》于灵绪山中，人称绪山先生。明朝中后期哲学家、思想家、教育家，王阳明的学生，是王阳明之后儒家心学的重要代表人物之一，于同时期的哲学家、思想家王龙溪齐名。钱德洪整理了王阳明的主要著作，修订了王阳明的年谱，并进一步阐述、发展了心学，对阳明学的传播和民间化起了很大作用。

【原典】

先生初归越时，朋友踪迹尚寥落，既后四方来游者日进。癸未年已后，环先生而居者比屋，如天妃、光相诸刹，每当一室，常合食者数十人，夜无卧处，更相就席，歌声彻昏旦。南镇、禹穴、阳明洞诸山远近寺刹，徒足所列，无非同志游寓所在。先生每临讲座，前后左右环坐而听者，常不下数百人，送往迎来，月无虚日。至有在侍更岁，不能遍记其姓名者。每临别，先生常叹曰："君等虽别，不出天地间，苟同此志，吾亦可以忘形似矣。"诸生每听讲出门，未尝不跳跃称快。尝闻之同门先辈曰："南都以前，朋友从游者虽众，未有如在越之盛者。此虽讲学日久，孚信渐博，要亦先生之学日进，感召之机，申变无方，亦自有不同也。"

德洪曰：昔南元善刻《传习录》于越，凡二册。下册摘录先师手书，凡八篇。其答徐成之二书，吾师自谓"天下是朱非陆，论定既久，一旦反之为难，二书姑为调停两可之说，使人自思得之"。故元善录为下册之首者，意亦以是欤？今朱、陆之辨明于天下久矣。洪刻先师《文录》，置二书于《外集》者，示未全也，故今不复录。

其余指"知行之本体"，莫详于《答人论学》与答周道通、陆清伯、欧阳崇一四书；而谓"格物为学者用力日可见之地"，莫详于答罗整庵一书。平生冒天下之非诋推陷，万死一生，遑遑然不忘讲学，唯恐吾人不闻斯道，流于功利机智以日堕于夷狄禽兽而不觉，其一体同物之心，终身，至于毙而后已。此孔、孟以来贤圣苦心，虽门人子弟，未足以慰其情也。是情也，莫见于答聂文蔚之第一书。此皆仍元善所录之旧。而揭"必有事焉即致良知功夫，明白简切，使人言下即得入手"，此又莫详于答文蔚之第二书，故增录之。

元善当时汹汹，乃能以身明斯道，卒至遭奸被斥，油油然唯以此生得闻斯学为庆，而绝无有纤芥愤郁不平之气。斯录之刻，人见其有功于同志甚大，而不知其处时之甚艰也。今所去取，裁之时义则然，非忍有所加损于其间也。

【译文】

先生刚刚辞官回到越地时，没有多少朋友来探访，后来从四方来游学求教的人一天天多了起来。癸未年以后，先生住宅周围的房屋就已经人满为患，像天妃、光相等寺庙，每一间卧室，常常是吃住在一起的几十人，晚间都躺不下，只好轮流睡觉，坐席谈话唱歌日夜不断。南镇、禹穴、阳明洞远近的寺庙，只要能站脚的地方，都成了志同道合的人的徜徉之地。先生每次要开讲座了，前后左右环坐听讲的人，经常不少于几百人，迎来送往，日日不停。甚至有在这儿待了一年多的，还不知道姓名。每次到了分别的时候，先生经常叹息说："你们虽然走了，但我们还同在这天地间，如果和我有相同的志趣，我也很自豪呀！"学生们每次听完讲座出门，从来没有不跳跃说好的。我曾经听同门的前辈说："先生拜南京兵部尚书以前，虽然跟从的人也不少，但也没有像如今在越地这样的盛况。这虽然说是先生讲学的日子长了，信誉日隆，但更主要的还是先生的学术越来越精密，感召力和实用性自然和以前大不相同。"

钱德洪（我）说：以前南元

善在越地刻印《传习录》，分为上、下两册。下册收录了先生的八封书信。其中在《答徐成之》两封信中，先生说："天下人肯定朱熹否定陆九渊，这样的论断时间长了，想要反过来，十分困难。这两篇姑且算是为了调解朱陆之争，让人自己思考去得到收获。"因此，南元善将这两封信放在下册的开头，大概也是这个用意吧。现在，世人已明白朱陆之辩的内涵。我刻印先生的《文录》时，把两封信置于《外集》中，主要是有些观点还不够完善，因此，现不作收录。

其余关于知行本体的论述，最详细的莫过于《答人论学》《答周道通书》《答陆清伯书》《答欧阳崇一》等四封书信。而论述学者日常用功学习的格物理论，最详细的莫过于《答罗整庵书》。先生一生冒天下之非议，在万死一生的逆境中始终不忘讲学，唯恐我们不明道，而被功利和技巧所迷惑，以致沦为禽兽夷狄而不自知。先生终生兢兢业业地追求与天地万物融为一体的境界，直到死去才停止。这种孔孟以来圣贤所独有的良苦用心，并不因学生和亲人的劝慰而有丝毫的减轻。这种情怀，在《答聂文蔚》的第一封信中表现得最为详尽。这几封信，均按南元善以前所录的旧版本而收录。而揭示"必有事焉"和"致良知"功夫，用明白简洁的语言，让人听了就能动手去做的，莫过于先生《答聂文蔚》的第二封信，所以在此我也增录进来了。

南元善当时处凶险之境，竟然仍以讲授先生的学说为己任，最终遭受奸臣排挤，但他却因这一生能够听闻老师的学说而感到庆幸，绝没有分毫的忧愤和悔恨。他刻录《传习录》，人们只看到了他对于有志于学的朋友帮助很大，但不知他其时

处境的艰难。我现在对其版本所做的增删，是出于对于目前情况的考虑，而不是我忍心去增加或减损。

解读

王守仁是文武全才，他上马治军，下马治民，文官掌兵符，集文武谋略于一身，做事智敏，用兵神速，曾拜南京兵部尚书，封"新建伯"。后因功高遭忌，辞官回乡讲学，在绍兴、余姚一带创建书院，宣讲"王学"。钱德洪序的前一部分，介绍了王阳明辞官回到越地后的讲学情况；第二部分对《传习录》的编排、刻印等有关问题作了些说明。

上卷

《传习录》上卷是王阳明讲学的语录，由徐爱、陆澄和薛侃所辑并经王阳明本人审阅而成，主要阐述了知行合一、心即理、心外无理、心外无物、意之所在即为物、格物是诚意的功夫等观点。

一、徐爱录——心即是理

徐爱（1488—1517年），字曰仁，号横山，浙江余杭人，是王阳明最早的入室弟子之一，也是王守仁的妹夫。徐爱是一个典型的内圣型人才，可以说是阳明的"颜回"。正德七年（1512年）徐爱开始陆续记录先生论学的谈话，并编纂成本。但徐爱英年早逝，终年三十一岁。他生前一直期望为王阳明出《传习录》，后钱洪德完成其遗愿。

1. 徐爱引言

【原典】

先生于《大学》"格物"诸说，悉以旧本为正，盖先儒所谓误本者也。爱始闻而骇，既而疑，已而殚精竭思，参互错综，以质于先生，然后知先生之说，若水之寒，若火之热，断断乎"百世以俟圣人而不惑"者也。先生明睿天授，然和乐坦易，不事边幅。人见其少时豪迈不羁，又尝泛滥于词章，出入二氏之学。骤闻是说，皆目以为立异好奇，漫不省究。不知先生居夷三载，处困养静，精一之功，固已超人圣域，粹然大中至正之归矣。

爱朝夕炙门下，但见先生之道，即之若易，而仰之愈高；见之若粗，而探之愈精；就之若近，而造之愈益无穷。十余年来，竟未能窥其藩篱。世之君子，或与先生仅交一面，或犹未闻其謦欬，或先怀忽易忿激之心，而遽欲于立谈之间，传闻之说，臆断悬度，如之何其可得也！从游之士，闻先生之教，往往得一而遗二，见其牝牡骊黄，而弃其所谓千里者。故爱备录平日之所闻，私以示夫同志，相与考而正之，庶无负先生之教云。

门人徐爱书。以下门人徐爱录。

【译文】

先生对于《大学》中"格物"等各种说法，都是以"旧本"为准，即程颢、程颐和朱熹所说的有许多错误的那个版本。我刚听说时非常吃惊，进而有点怀疑，后来，我竭尽全力，相互比较分析，又向先生本人请教。经先生悉心指教，我才明白先生的学说如同水性清寒、火性炽热一样，绝对是《中庸》中所说的，即使百代之后圣人出现也不会怀疑的真理。先生天资聪颖，但是和蔼可亲，为人坦诚，平素不修边幅。早年，先生性格豪迈洒脱，曾热衷于赋诗作文，并广泛深入研究佛、道两家的经典之作。所以，时人初听他的主张，都自认为是异端邪说，不予深入研究。但是他们不知道，在贬居贵州龙场的三年中，先生处困养静，唯精唯一的功夫，已入圣贤之列，达到炉火纯青之境界。

我有幸经常接受先生的教诲，才知先生所求的"道"，接触到它好像很容易，但思量仰望它又愈见其高妙；表面看好像很粗浅，可是探讨起来，又是那么精深；学习掌握的时候好像就在眼前，可是发现完善起来又是那么无止境。跟随先生十多年来，竟然没有能理解先生思想的精髓。当今的学者，有的仅与先生有一面之交，有的从未听过先生的教诲，有的先入为主地怀有轻蔑、愤怒而激动的情绪，没谈上几句就急于根据传闻臆说，妄加揣度，这样怎能真正理解先生的学说呢！跟随先生的学生们，聆听先生的教诲，经常是学到的少而遗漏的多，如同相马时，只看到了马的雌雄黑黄而忽略了千里马的特征。因此，我把平时听到的教诲全部记录下来，私下里给同学们看，相互考核订正，以不负先生的谆谆教诲。

学生徐爱书。以下内容为门人徐爱录。

解 读

这段话是全文之开篇，相当于徐爱录的前言。在这里，徐爱除了介绍王守仁及其学说的概貌之外，还详细记述人们对王守仁之学的态度。由于没有去深入了解研究，人们"臆断悬度"，徐爱本人一开始的时候也对先生之道"闻而骇，既而疑"，后来经过仔细分析才了解到先生之道是多么博大精深。这说明，在未深入了解之前就轻易下结论，往往会陷入误区。

2. 亲民与新民

【原典】

爱问："'在亲民'，朱子谓当作'新民'，后章'作新民'之文似亦有据。先生以为宜从旧本作'亲民'，亦有所据否？"

先生曰："'作新民'之'新'，是自新之民，与'在新民'之'新'不同。此岂足为据？'作'字却与'亲'字相对，然非'亲'字义。下面'治国平天下'

处，皆于'新'字无发明。如云'君子贤其贤而亲其亲，小人乐其乐而利其利''如保赤子''民之所好好之，民之所恶恶之，此之谓民之父母'之类，皆是'亲'字意。'亲民'犹《孟子》'亲亲仁民'之谓，亲之即仁之也。百姓不亲，舜使契为司徒，敬敷五教，所以亲之也。《尧典》'克明峻德'便是'明明德'。以'亲九族'至'平章协和'，便是'亲民'，便是'明明德于天下'。又如孔子言'修己以安百姓'，'修己'便是'明明德'，'安百姓'便是'亲民'。说'亲民'便是兼教养意，说'新民'便觉偏了。"

【译文】

徐爱问："'在亲民'，朱熹说当做'新民'理解。书后面'作新民'一文似乎也有这方面的证据。先生却认为宜当听从旧本的'作亲民'，也有什么证据吗？"

先生说："'作新民'中的'新'字，是自新之民的意思，和'在新民'的'新'不同，'作新民'怎么能作为'在新民'的根据呢？'作'与'亲'相对应，但不是'亲'的意思。下面'治国平天下'等处，对于'新'字都毫无阐发，如：'君子贤其贤而亲其亲，小人乐其乐而利其利''如保赤子''民之所好好之，民之所恶恶之，此之谓民之父母'等，这些都是'亲'的意思。'亲民'就像《孟子》中所说的'亲亲仁民'，亲之就是仁爱的意思。百姓不仁爱，舜就让契担任司徒，敬敷五教，让他们互相亲近。《尧典》中说的'克明峻德'就是'明明德'，以'亲九族'到'平章协和'就是'亲民'，就是'明明德于天下'。又如孔子说'修己以安百姓'，'修己'便是'明明德'，'安百姓'便是'亲民'，说亲民便是兼有教养的意思，说新民便觉得意思偏了。"

解读

《大学》首章"大学之道，在明明德，在亲民，在止于至善"，朱熹把"亲民"的"亲"改作"新"。王阳明认为应该遵从《大学》古本，"亲"字不能改。新民与亲民，可视作儒者对精英与平民关系的两种模式的想象。新民取自上而下之姿态，偏于教化，启蒙，改造民众，鲁迅鞭笞国民性之呐喊就是如此；亲民反之，自下而上，顺从共同体既有之历史文化传统和一般民众的需求与愿景。孔孟的仁学与仁致，其核心都是"爱人""亲民"。对他人之爱即为仁，包含了义、智、礼、信；对民众之亲即为仁政，包含了教化养育之意，但皆为一元政治。王守仁的见解显然更合于孔孟之道。

3. 至善是心之本体

【原典】

爱问："'知止而后有定'，朱子以为'事事物物皆有定理'，似与先生之说相戾？"

先生曰："于事事物物上求至善，却是义外也。至善是心之本体，只是"明明德"到"至精至一"处便是。然亦未尝离却事物。本注所谓'尽夫天理之极，而无一毫人欲之私'者得之。"

爱问："至善只求诸心，恐于天下事理有不能尽？"

先生曰："心即理也。天下又有心外之事，心外之理乎？"

【译文】

徐爱问道："《大学》之中'知止而后有定'，朱熹认为是指事事物物都有定理，这好像与您的看法不一致？"

先生说："从事事物物上去探求至善，是在本体之外。至善是属于内心本体的。只是彰显人人本有的内心的光明德行到了至精的地步便能做到至善。然也没有离开事物。这个注所说的'穷尽天理，不带一丝一毫的私欲'，说对了。"

徐爱又问："至善只从心中寻求，大概不能穷尽天下所有的事理呀？"

先生说道："心即理。天下哪里有心外之事，心外之理呢？"

解 读

王阳明的至善论认为，孟子从本源上说性善、荀子从流弊上说性恶，但是对于这两者都不执着。他认为：性，一而已。这样就把天地之性和气质之性打并为一。他也接纳了宋儒的理气说，不过重点是放在心之所发处。

4. 求孝道于内

【原典】

爱曰："如事父之孝，事君之忠，交友之信，治民之仁，其间有许多理在，恐亦不可不察。"

先生叹曰："此说之蔽久矣，岂一语所能悟！今姑就所问者言之：且如事父不成，去父上求个孝的理；事君不成，去君上求个忠的理；交友治民不成，去友上、民上求个信与仁的理：都只在此心，心即理也。此心无私欲之蔽，即是天理，不须外面添一分。以此纯乎天理之心，发之事父便是孝，发之事君便是忠，发之交友、治民便是信与仁。只在此心去人欲、存天理上用功便是。"

爱曰："闻先生如此说，爱已觉有省悟处。但旧说缠于胸中，尚有未脱然者。如事父一事，其间温清定省之类，有许多节目，不亦须讲求否？"

先生曰："如何不讲求？只是有个头脑。只是就此心去人欲、存天理上讲求。就如讲求冬温，也只是要尽此心之孝，恐怕有一毫人欲间杂；讲求夏清，也只是要尽此心之孝，恐怕有一毫人欲间杂：只是讲求得此心。此心若无人欲，纯是天理，是个诚于孝亲的心，冬时自然思量父母的寒，便自要求去个温的道理；夏时自然思量父母的热，便自要去求个清的道理，这都是那诚孝的心发出来的条件。却是须有这诚孝的心，然后有这条件发出来。譬之树木，这诚孝的心便是根，许多条件便是枝叶。须先有根，然后有枝叶。不是先寻了枝叶，然后去种根。《礼记》言：'孝子之有深爱者，必有和气；有和气者，必有愉色；有愉色者，必有婉容。'须是有个深爱做根，便自然如此。"

【译文】

徐爱说："像事父之孝，事君之忠，交友之信，治民之仁，这里边就有许多理在，恐怕不可不细察。"

先生感叹地说："世人被这种观点蒙蔽很久了，不是一两句话就能使人们清醒的。现仅就你的问题来谈一谈。比如事父，不是从父亲那里求得孝的道理；事君，不是从君主那里求得忠的道理；交友、治理百姓，不是从朋友和百姓那里求得信和仁的道理。孝、忠、信、仁在各自心中。心即理。没有被私欲迷惑的心，就是天理，不用到心外强加一点一滴。以这颗纯洁无私的心，去做任何事都是天理，事父便孝，事君则忠，交友则信，治民则仁。所以只要在心上修习，去私欲、存天理就行了。"

徐爱说："听了先生这番话，我觉得获益匪浅。但以前的旧说仍然纠缠于胸，

没有完全去除。例如事父，那些嘘寒问暖、早晚请安的细节，不也需要讲求吗？"

先生说："怎能不讲求？但要分清主次，在自己心中去私欲、存天理的前提下去讲求。比如讲究冬温，只要是尽心去尽孝，就怕有个私心杂念去做；讲究夏清，也只是要尽心之孝，就怕有一丝一毫的私欲夹杂。所以凡事讲究就是要讲究内心的纯洁。如果己心没有私欲，天理至纯，是颗诚恳孝敬父母的心，冬天自然会想到为父母防寒，会主动去掌握保暖的技巧；夏天自然会想到为父母消暑，会主动去掌握消暑的技巧。防寒消暑正是孝心的表现，但这颗孝心必是至诚至敬的。有了这诚孝的心，就好比有了根本，比如树木，心为根，许多的事情为枝叶，有根才有枝叶，不是先寻枝叶，然后去种根。《礼记》上说：'有深爱的孝子，一定有和气；有和气的人，一定有愉悦的心情和脸色；有愉悦心情和脸色的人，一定有美丽的容貌。'必须有深爱之心作为根本，便自然会这样了。"

解 读

依据朱子以天理统治人心的思路，问题的关键在于让每个人都通晓孝道。而王阳明的孝道观，充分强调了人的道德主体性品格，肯定了人的自由自觉的存在本质。它把人从外在的教条主义理学桎梏中解放出来，重新指向人的内心，使人立足于自身的"良知"成就自己的孝道。

5. 此心纯乎天理之极

【原典】

郑朝朔问："至善亦须有从事物上求者？"

先生曰："至善只是此心纯乎天理之极便是。更于事物上怎生求？且试说几件看。"

朝朔曰："且如事亲，如何而为温清之节，如何而为奉养之宜？须求个是当，方是至善。所以有学问思辨之功。"

先生曰："若只是温清之节、奉养之宜，可一日二日讲之而尽。用得甚学问思辨？唯于温清时，也只要此心纯乎天理之极；奉养时，也只要此心纯乎天理之极。此则非有学问思辨之功，将不免于毫厘千里之缪。所以虽在圣人，犹加'精一'之训。若只是那些仪节求得是当，便谓至善，即如今扮戏子，扮得许多温清奉养仪节是当，亦可谓之至善矣。"

爱于是日又有省。

【译文】

郑朝朔问:"至善也必须从事物上探求吗?"

先生说:"己心纯为天理就是至善。怎么从外物上探求呢?你且说几件看看。"

朝朔说:"比方孝敬父母,怎样才能保暖避暑,怎样才能奉养正恰,这是必须有个标准的,符合标准了才是至善。所以需要学问思辨去知晓标准。"

先生说:"假若孝敬父母只讲求保暖避暑和奉养正恰,可以一天两天就讲完了,哪里用得着学问思辨?侍奉父母双亲时只要内心纯于天理。这不是什么学问思辨的事,否则一字之差谬于千里。所以即使是圣人,都要加上内心要精纯一致的训条。倘若认为把那些礼节讲求得适宜了就是至善,那么,现在请些戏子来扮些得当的仪节,也可说是至善了。"

我(徐爱)在这天又有所省悟。

解 读

王阳明认为,至善是心之本体。本体即根本。至善是心的根本。求至善,一定要"此心纯乎天理之极",讲究的是内心的修为,如果只是像戏子那样在仪节上求得适当,就不能叫做至善。

6. 知行合一

【原典】

爱因未会先生"知行合一"之训,与宗贤、唯贤往复辩论,未能决。以问于先生。

先生曰:"试举看。"

爱曰:"如今人尽有知得父当孝、兄当弟者,却不能孝、不能弟。便是知与行分明是两件。"

先生曰:"此已被私欲隔断,不是知行的本体了。未有知而不行者。知而不行,只是未知。圣贤教人知行,正是要复那本体,不是着你只恁的便罢。故《大学》指个真知行与人看,说'如好好色,如恶恶臭'。见好色属知,好好色属行。只见那好色时已自好了;不是见了后又立个心去好。闻恶臭属知,恶恶臭属行。只闻那恶臭时已自恶了;不是闻了后别立个心去恶。如鼻塞人虽见恶臭在前,鼻中不曾闻得,便亦不甚恶,亦只是不曾知臭。就如称某人知孝、某人知弟。必是其人已曾行孝行弟,方可称他知孝知弟,不成只是晓得说些孝弟的话,便可称为知孝弟。又如知痛，必已自痛了方知痛；知寒，必已自寒了；知饥，必已自饥了：知行如何分得开？此便是知行的本体，不曾有私意隔断的。圣人教人，必要是如此，方可谓之知。不然，只是不曾知。此却是何等紧切着实的功夫！如今苦苦定要说知行做两个，是甚么意？某要说做一个，是什么意？若不知立言宗旨。只管说一个两个，亦有甚用？"

【译文】

徐爱由于没听到先生说知行合一的讲座，与宗贤和唯贤再三讨论，不能取得一致的意见。于是向先生请教。

先生说："不妨举个例子听听。"

徐爱说："现在人都知道孝父敬兄的道理，行动上却不能孝敬。可见知与行分明是两码事。"

先生说："这种情况就是已被私欲隔断了，不属于知行的本体。没有知而不行的事。知而不行，是因为不符合圣人所教导的知行。圣贤教人知和行，正是要恢复原本的知与行，并非随便地告诉怎样去知与行便了事。所以《大学》指出真知真行给人看，说喜欢好的颜色，厌恶恶的坏臭。看见好的颜色属于知，喜欢好的颜色属于行。看见了好的颜色时，心里便已觉得喜好了；不是见了以后，另外再起个心意去喜好。闻到恶臭属于知，厌恶恶臭属于行。闻到恶臭时，已经觉得厌恶了；不是闻了以后，再起个心意去厌恶它。一个人如果鼻塞，就是发现恶臭在跟前，鼻子没有闻到，根本不会特别讨厌了。这只是因为不知臭。这就好像说某人知孝知悌，一定是这个人已经行孝行悌了，才可以称他知孝知悌，不可能只是会说说孝悌的话，便可称为知孝悌。再如知痛，绝对是他自己痛了，才知痛。知寒，绝对是自己觉得寒冷。知饥，绝对是自己肚子饥饿了。知行怎么分得开呢？这便是知行的本体。不曾被私意隔断过的。圣人教人，一定要这样，才可以说是知了，不然，都是不曾知。这都是多么重要的功夫呀。如今，非要把知行说成是两回事，是什么用意呀？我要把知行说成是一回事，是什么用意？若不懂得我立言的宗旨，只管说一码事两码事，又有什么用呢？"

解 读

明武宗正德三年（1508年），王守仁在贵阳文明书院讲学，首次提出知行合一说。"知行合一"正是阳明先生心学的哲学命题之一。此段中，先生为解学生之惑，举出两例来说明必须知行合一。王守仁的知行合一说主要针对朱学而发，与朱熹的思想对立。他反对程朱理学的知先行后说以及由此而造成的重知轻行、"徒悬空口耳讲说"的学风。程朱理学包括陆九渊都主张"知先行后"，将知行分为两截，认为必先了解知然后才能实践行。王守仁提倡知行合一正是为了救朱学之偏。

7. 行是知的功夫

【原典】

爱曰："古人说知行做两个，亦是要人见个分晓，一行做知的功夫，一行做行的功夫，即功夫始有下落。"

先生曰："此却失了古人宗旨也。某尝说知是行的主意，行是知的功夫；知是行之始，行是知之成。若会得时，只说一个知，已自有行在；只说一个行，已自有知在。古人所以既说一个知，又说一个行者，只为世间有一种人，懵懵懂懂的任意去做，全不解思惟省察，也只是个冥行妄作，所以必说个知，方才行得是。又有一种人，茫茫荡荡悬空去思索，全不肯着实躬行，也只是个揣摸影响，所以必说一个行，方才知得真。此是古人不得已补偏救弊的说话。若见得这个意时，即一言而足。今人却就将知行分作两件去做。以为必先知了，然后能行。我如今且去讲习讨论做知的功夫，待知得真了，方去做行的功夫，故遂终身不行，亦遂终身不知。此不是小病痛，其来已非一日矣。某今说个知行合一，正是对病的药，又不是某凿空杜撰。知行本体原是如此。今若知得宗旨时，即说两个亦不妨，亦只是一个；若不会宗旨，便说一个，亦济得甚事？只是闲说话。"

【译文】

徐爱说："古人把知行说成两回事，也只是让人弄个明白。一边做认识的功夫，一边做实践的功夫，这样功夫才能落到实处。"

先生说："这样做就丢失了古人的宗旨了。我曾说知是行的主意，行是知的功夫。知是行的初始，行是知的结果。如果深谙知行之理，若说知，行已自在其中了；若说行，知也自在其中了。古人之所以分开说，是因为有一种人，稀里糊涂去做，全然不理解这样做的原因和道理，也只是冥行妄作。所以说，有了认知，然后才有行动。还有一种人，异想天开，只会空想，全然不肯亲自行动，也只是靠主观猜测；因此你必须跟他讲行的道理，他才能知得正确。这是古人不得已，补偏救弊的说法。如果认识到了这一点，说一下就明白了。现今的人非要把知行分为两件事去做，认为是先知后行。因此，我就先去讲习讨论做知的功夫，等知得真切，再去做行的功夫。所以一辈子不能行，也不知。这不是简单的事情，这种事情也不是一天两天了，我现在说知行合一，正是对着这种病症下的药。这不是我杜撰的，知行本体，本来就是这样。即使把两个分开说也无妨，仍然是一回事。如果没领会知行合一的宗旨，即便说是一个，又有什么用呢？只能是瞎说瞎想。"

解 读

在这段对话里，王阳明将"知"与"行"表述为在空间上共居，在时间上并存的矛盾统一体中不可须臾分离的两个方面，将"知行"关系从本体与功夫相统一的角度作了解读。本体既是功夫的前提，又是目的，本体"范导"着功夫，使功夫显得有价值和意义，本体则在功夫的作用下实现其由可能向现实的转化。这使他的"知行合一"学说真正实现了对前人的超越。

8. 格物致知，止于至善

【原典】

爱问："昨闻先生'止至善'之教，已觉功夫有用力处；但与朱子'格物'之训，思之终不能合。"

先生曰："格物是止至善之功。既知至善即知格物矣。"

爱曰："昨以先生之教，推之格物之说，似亦见得大略。但朱子之训，其于《书》之'精一'，《论语》之'博约'，《孟子》之'尽心知性'，皆有所证据，以是未能释然。"

先生曰："子夏笃信圣人，曾子反求诸己。笃信固亦是，然不如反求之切。今既不得于心，安可狃于旧闻，不求是当？就如朱子亦尊信程子，至其不得于心处，亦何尝苟从？精一、博约、尽心本自与吾说吻合，但未之思耳。朱子格物之训，未免牵合附会，非其本旨。精是一之功，博是约之功。曰仁既明知行合一之说，此可一言而喻。尽心，知性，知天是生知安行事，存心，养性，事天是学知利行事，夭寿不贰，修身以俟是困知勉行事。朱子错训'格物'，只为倒看了此意，以'尽心知性'为'物格知至'，要初学便去做生知安行事，如何做得！"

【译文】

徐爱问："昨天闻听先生'止至善'的教导，我感到已经有用功的方向了。但是，我始终觉得您的见解和朱熹对格物的阐述无法达到一致。"

先生说："格物正是止至善的功夫。既然明白至善，也就明白了格物。"

徐爱说："昨天用先生的观点推究朱熹的'格物'学说，看起来也大致上理解了。但朱子的训导里，有《尚书》中的'精一'，《论语》中的'博约'，《孟子》中的'尽心知性'，都有证据，因此我内心不能释然。"

先生说："子夏笃信圣人，曾子却会求之于自己，笃信固然好，然后不如反求于自己来得恰当。现在既然心里没有搞清楚，怎么可以因循守旧，而不去探求真理呢？就像朱子本来也是尊重笃信程子的，但朱子对程子学说里不能符合自己内心的，却不会去苟从。'精一博约尽心'，本来就与我的学说相吻合，只是你没有认真思考罢了。朱子格物的训条，未免有些牵强附会，并不是四书的原意。精是一的功，博是约的功，说到仁，就已经是明了知行合一的说法，这些一句话就可以说通。'尽心知性知天'是'生知安行'的人能够做的事；'存心养性事天'是'学知利行'的人能够做的事；'夭寿不贰，修身以俟'是'困知勉行'的人能够做的事。朱熹对'格物'理解错误，只是由于他把前后因果关系看颠倒了，认为'尽心知性'是'格物知至'，要求初学者去为'生知安行'的事情，如何能为之！"

解 读

王阳明强调"致良知"，应置于格物之前，他认为这是儒家《大学》的根本，或者说是根本的学问。不能致良知，格物何用？又如何能意诚而心正？如何能达到修、齐、治、平？

9. 尽心即是尽性

【原典】

爱问："'尽心知性'何以为'生知安行'？"

先生曰："性是心之体，天是性之原，尽心即是尽性。'唯天下至诚为能尽其性，知天地之化育。'存心者，心有未尽也。知天如知州、知县的知，是自己分上事，己与天为一。事天如子之事父，臣之事君，须是恭敬奉承，然后能无失，尚与天为二。此便是圣贤之别。至于'夭寿不贰其心'，乃是教学者一心为善，不可以穷通夭寿之故，便把为善的心变动了，只去修身以俟命，见得穷通夭寿有个命在，我亦不必以此动心。事天虽与天为二，已自见得个天在面前；俟命便是未曾见面，在此等候相似。此便是初学立心之始，有困勉的意在。今却倒做了，所以使学者无下手处。"

【译文】

徐爱问："'尽心知性'怎么会是'生知安行'的人才能够做的事呢？"

先生说："性是心的本体，天是性的根源。尽心也就是尽性。《中庸》上说：'只有天下最虔诚的人才能彻底地发挥人性，知道天地万物的变化发展，所谓'存心'，就是没有'尽心'。'知天'中的'知'就像知州、知府中的'知'，州官、县官对于州县的治理是他们分内的事，人知晓天理也应当是自然而然的事，通晓天理就是已经与天合为一体。'事天'，如同儿子服侍父亲、大臣辅佐君王一样，必须恭敬奉承，然后才能万无一失。'事天'就是还没有与天合二为一，这就是圣人和贤人的区别。至于'夭寿不贰'，它是教育人们一心向善，不能因环境优劣或寿命长短而把为善的心改变了。知道穷困通达、寿命长短都由上天注定，所以我们也不必因此而动摇了行善的心。'事天'虽然与天是两回事，但自己已有个天在面前；待命，便是未曾见面，在此等候的意思。这便是初学的人立心的开始，有个勉励的意思。现在呢却倒过来做，所以让初学的人感到无从下手。"

解 读

这一段是王阳明把"尽心知性""存心养性""夭寿不贰，修身以俟"三者的次序完全颠倒过来，这绝不仅仅是出乎解经的角度，更重要的是对"心本论"的自我诠释。

10. 身之主宰便是心

【原典】

爱曰："昨闻先生之教，亦影影见得功夫须是如此，今闻此说，益无可疑。爱昨晓思格物的物字，即是事字，皆从心上说。"

先生曰："然。身之主宰便是心，心之所发便是意，意之本体便是知，意之所在便是物。如意在于事亲，即事亲便是一物；意在于事君，即事君便是一物；意在于仁民爱物，即仁民爱物便是一物；意在于视听言动，即视听言动便是一物。所以某说无心外之理，无心外之物。《中庸》言'不诚无物'，《大学》'明明德'之功，只是个诚意，诚意之功，只是个格物。"

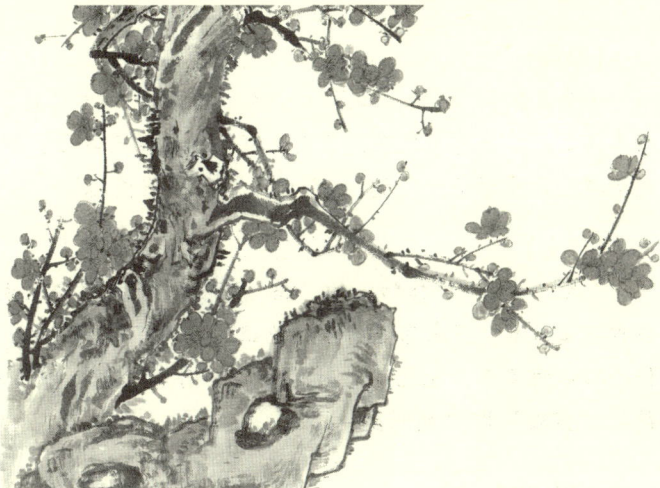

【译文】

徐爱说："昨天闻听先生的教导，我也隐约觉得功夫理当如此。现在听先生一说，更加没有疑问了。昨天清早我这样想，'格物'的'物'，也就是'事'，都是从心上来说的。"

先生说："说得好。身的主宰就是心，心之触发就是意，意的本源就是知，意之所在就是物。譬如，意在事亲上，那么事亲就是一物；意在事君上，那么事君就是一物；意在仁民爱物上，仁民爱物便是一物；意在视听言行上，那么视听言行便是一物。所以我说没有心外之理，没有心外之物。《中庸》上说'不诚无物'，《大学》中的'明明德'的功夫只是一个诚意，诚意的功夫，只是一个格物。"

解 读

王阳明认为，"性是心之体，天是性之原。"天表示性的本然性和终极性，在内不在外，并不是如同朱子所说的由禀受外在的天理而成性、性外别有天之意。王阳明强烈反对道德本体的外在性和在事物中求至善的格物观，认为那是"析心与理为二"。他用"心"比喻，教学生仿效先圣的思想，必须从自心中反观得自性圣哲，不随境，不攀缘，使五官出五门而于诸外境不染不著，当下即是"良知"。

11. 去其心之不正

【原典】

先生又曰："格物，如孟子'大人格君心'之'格'，是去其心之不正，以全其本体之正。但意念所在，即要去其不正，以全其正，即无时无处不是存天理，即是穷理。天理即是'明德'，穷理即是'明明德'。"

【译文】

先生又说："'格物'的'格'有如孟子所谓的'大人格君心'的'格'，是去掉不正心术，用来保全本体的纯正。一旦有意念产生，就要去掉其中的邪念，以保全心体的纯正，也就是时时处处都要存养天理，即穷尽天理。'天理'即'明德'，'穷理'即'明明德'。"

解 读

与朱熹把"格物"理解为研究和调查外物的意义相反，王阳明把"格"解释为"正"，亦即是纠正的意思；而"物"则定义为"意念"，因为"意之所在便是物"。因而，"格物"就是要人纠正意念的不正，克服内心的非道德意识，从而恢复其本体的至善或"良知"。

12. 知是心之本体

【原典】

又曰："知是心之本体。心自然会知，见父自然知孝，见兄自然知弟，见孺子入井自然知恻隐，此便是良知，不假外求。若良知之发，更无私意障碍，即所谓'充其恻隐之心，而仁不可胜用矣'。然在常人，不能无私意障碍，所以须用致知、格物之功胜私复理。即心之'良知'更无障碍，得以充塞流行，便是致其知。知致则意诚。"

【译文】

先生又说："知是心的本源，心自然能知。看见父母自然知道孝顺，看见兄长自然知道恭敬，看见小孩落井自然有同情之心。这便是良知，不借助于外界去求得。如果良知生发开来，又无私欲迷惑，正是《孟子·尽心上》所谓'充其恻隐之心，而仁不可胜用矣'。但是作为一般人不可能没有私心阻碍，所以就需要用'致知''格物'的功夫，战胜私心恢复天理。如此，人心的良知就再无什么障碍了，得到充分的发扬流传，这就是致良知。能致其知定可诚其意。"

解 读

王阳明此时已显露出其后来致良知思想的萌芽，但是还没有把其作为其思想说教的主线，而且此时的良知还是为了诚意，是服从于诚意目的的一种功夫，此时阳明的思想还处于"诚意格物之教"的阶段。

13. "礼" 即是 "理"

【原典】

爱问："先生以博文为约礼功夫，深思之，未能得，略请开示。"

先生曰："'礼'字即是'理'字。理之发见，可见者谓之文；文之隐微，不可见者谓之理；只是一物。约礼只是要此心纯是一个天理。要此心纯是天理，须就理之发见处用功。如发见于事亲时，就在事亲上学存此天理；发见于事君时，就在事君上学存此天理；发见于处富贵贫贱时，就在处富贵贫贱上学存此天理；发见于处患难夷狄时，就在处患难夷狄上学存此天理。至于作止语默，无处不然。随他发见处，即就那上面学个存天理。这便是博学之于文，便是约礼的功夫。博文即是惟精，约礼即是惟一。"

【译文】

徐爱问："先生说'博文'为'约礼'之功夫，我思虑再三终不能解，请先生明示。"

先生说："'礼'即'理'。'理'显示可见的为'文'，'文'隐蔽不能见的为'理'，原本是一物。'约礼'仅要己心完全是一个天理。要内收只存天理，就需要在发现理上用功。比如表现在侍奉双亲上，就在侍奉双亲上学习存养天理；表现在辅佐君王上，就在辅佐君王上学习存养天理；表现在身处富贵贫贱时，就在富贵贫贱上学习存养天理；表现在身处患难、陷入夷狄之邦时，就在患难中、夷狄之邦学习存养天理。至于其他的作止语默也是一样，随发现处存天理，这就是'博学之于文'，就是'约礼'的功夫。'博文'就是'唯精'，就是要广泛地在万事万物上学习存养天理的办法，其目的就是要求得至精至纯。'约礼'就是'唯一'，就是用礼的精神来约束人的思想以达到与天理的统一，就是天理只要一个。"

解读

在儒家文化中，"博文"本指的是对典籍与历史的学习，"约礼"本指的是礼仪与道德的实践，一向被看做是两种不同的活动。王阳明则认为，博文的确是指对经典的学习，但经典本身即是天理的表现，因此学文仍然是学习天理。在王阳明看来，礼就是理，天理的意思。文和礼互为表里。文就是事情，礼就是事情上存在的道理。博文约礼就是广泛地经历事情，得到唯一的道理。博文和约礼是一物，如同知与行是一物。

14. 天理人欲不并立

【原典】

爱问："'道心常为一身之主，而人心每听命。'以先生'精一'之训推之，此语似有弊。"

先生曰："然。心一也，未杂于人，谓之'道心'；杂以人伪，谓之人心。人心之得其正者即道心，道心之矢其正者即人心，初非有二心也。程子谓'人心即人欲，道心即天理'。语若分析，而意实得之。今曰'道心为生，而人心听命'，是二心也。天理人欲不并立，安有天理为主，人欲又从而听命者？"

【译文】

徐爱问："《朱熹章句·序》中'道心常为一身之主，而人心每听命'，若以先生精一的教训推演，此话似乎不妥当。"

先生说："正是。心亦一个心。没有夹杂人为因素的称道心，夹杂人为因素的称人心。人心正了就是道心，道心最初是人心。最初不是人有二心，程子说人心就是私欲，道心就是天理。这话要分析起来，好像把道心人心分离开来，但他的意思实际上是一体的。而朱熹说：'道心是主宰，人心听从它的命令。'这就成为两个心了。天理私欲不一起存在，哪有天理为主，私欲又听命于天理的呢？"

解读

王阳明认为，朱熹把人心与道心看做体用关系是不正确的。在他看来，道心或本体之心是至善的，道心无人伪之杂，出于天理之公，而一旦杂以人伪，便是人心，而人心就是人欲，是同天理不能并立的。因此，人心不是本心，道心与人欲之心不能是体用关系。

15. 虚文胜而实行衰

【原典】

爱问文中子、韩退之。

先生曰："退之，文人之雄耳；文中子，贤儒也。后人徒以文词之故，推尊退之，其实退之去文中子远甚。"

爱问："何以有拟经之失？"

先生曰："拟经恐未可尽非。且说后世儒者著述之意与拟经如何？"

爱曰："世儒著述，近名之意不无，然期以明道；拟经，纯若为名。"

先生曰："著述以明道，亦何所效法？"

曰："孔子删述《六经》，以明道也。"

先生曰："然则拟经独非效法孔子乎？"

爱曰："著述即于道有所发明；拟经，似徒拟其迹，恐于道无补。"

先生曰："子以明道者，使其反朴还淳而见诸行事之实乎？抑将美其言辞而徒以于世也？天下之大乱，由虚文胜而实行衰也。使道明于天下，则《六经》不必述。删述《六经》，孔子不得已也。自伏羲画卦，至于文王、周公，其间言《易》，如《连山》《归藏》之属，纷纷籍籍，不知其几，《易》道大乱。孔子以天下好文之风日盛，知其说之将无纪极，于是取文王、周公之说而赞之，以为唯此为得其宗。于是纷纷之说尽废，而天下之言《易》者始一。《书》《诗》《礼》《乐》《春秋》皆然。《书》自《典》《谟》以后，《诗》自二南以降，如《九丘》《八索》，一切淫哇逸荡之词，盖不知其几千百篇。《礼》《乐》之名物度数，至是亦不可胜穷。孔子皆删削而述正之，然后其说始废。如《书》《诗》《礼》《乐》中，孔子何尝加一语？今之《礼记》诸说，皆后儒附会而成，已非孔子之旧。至于《春秋》，虽称孔子作之，其实皆鲁史旧文。所谓'笔'者，笔其书；所谓'削'者，削其繁，是有减无增。孔子述《六经》，惧繁文之乱天下，唯简之而不得。使天下务去其文以求其实，非以文教之也。春秋以后，繁文益盛，天下益乱。始皇焚书得罪，是出于私意，又不合焚《六经》。若当时志在明道，其诸反经叛理之说，悉取而焚之，亦正暗合删述之意。自秦、汉以降，文又日盛，若欲尽去之，断不能去。只宜取法孔子，录其近是者而表章之，则其诸怪悖之说，亦宜渐渐自废。不知文中子当时拟经之意如何？某切深有取于其事，以为圣人复起，不能易也。天下所以不治，只因文盛实衰，人出己见，新奇相高，以眩俗取誉，徒以乱天下之聪明，涂天下之耳目，使天下靡然争务修饰文词，以求知于世，而不复知有敦本尚实、反朴还淳之行，是皆著述有以启之。"

【译文】

徐爱请先生比较一下王通和韩愈两个人。

先生说："韩愈是文人中的英才，王通是一位贤能大儒。后人仅仅因为文章诗词的缘故，就十分推崇韩愈，其实韩愈比王通差得远。"

徐爱问道："为什么王通有模拟经书的错误？"

先生说："拟经之事恐怕也不能全部否定，你先说说后代儒者写作的东西与拟经比起来怎么样？"

徐爱说："后世儒者的编著不是没有求名之意，但明道是最终目的。而模拟经书完全是为了求名。"

先生说："著书讲经以阐明圣道，仿效的又是什么呢？"

徐爱说："仿效孔子删改《六经》，以阐明圣道。"

先生说："既然如此，模拟经书不就是仿效孔子吗？"

徐爱说："编著须对道有所发明阐释，模拟经书仿佛只是仿照经书的形式，大概于明道无补。"

先生说："你所谓的明道，是指返璞归真，使道在平常生活中落实呢？还是指华而不实，借此哗众取宠呢？天下纷乱，主要是因为重虚文、轻实行。假如道明于天下了，那么《六经》不必著述。删节编著《六经》，孔子是不得已而为之呀。自从伏羲演卦，到文公、周公，其中论《易》的如《连山》《归藏》等著述纷纭繁复，种类数不胜数，《易》道因此乱作一团。孔子发现天下一天天盛行文饰之风，认为如此延伸只会目无纲纪，所以效法文王、周公关于《易》的论述，觉着只有他们的主张才把握了《易》的宗旨。于是那些纷纷扰扰的学说都废掉了，天下关于易经的说法开始归一。《诗》《书》《礼》《乐》《春秋》也是这样。《尚书》自《典》《谟》之后，《诗经》自《周南》《召南》之后，如《九丘》《八索》，许多淫邪妖冶之句，达成百上千篇。《礼》《乐》名义下的物数，到这时也是不可胜数，孔子都删节削减，然后编著归正，自此其他说法才终止。在《书》《诗》《礼》《乐》之中，孔子何尝加过一句多余的话呢？现今《礼记》中的解释之词，大多是后来的儒生自己牵强附会硬凑的，不再是孔子当时所编著的原本了。至于《春秋》虽然大家也说是孔子编著了，实际上是鲁国的旧史旧文，人们说孔子写，其实写的就是旧史旧文，人们说孔子削减过，其实就是把繁杂的东西削减掉了，是有减而无增。孔子编著《六经》，是害怕繁杂的文章搅乱了天下，所以只要简易些，使天下人从此务必去掉华丽的文饰而追求文章的实质内容，并不是以文教导人们。春秋之后，繁文更加多了，天下更加混乱了，秦始皇焚书得罪天下，是因为他出于一己之私意，加上又焚了《六经》，如果当时他志向只在于明道的话，把那些反经叛理的书全焚烧掉，这也正暗合了孔子删节削减再编著的意思。《春秋》之后，繁文日益盛行，天下一团漆黑。秦始皇焚毁经书得罪了天下士人，是出于私心，更不该焚毁《六经》。秦始皇当时若志在明道，把那些背经叛道的书全拿来烧掉，那么正暗合了孔子删改《六经》的本意。从秦汉以来，文辞华丽的风气又一天天兴盛起来了，要想彻底废止根本不可能了。只得效仿孔子的做法，对那些与《六经》的阐释相接近的进行宣传表彰，那么其他的怪理悖论也就慢慢消失了。我不知道文中子王通当初模拟经书是何意图，但我体会到他的做法有可取之处。我认为，即便圣人重生，也是不会否认这种观点的。天下之所以混乱不堪，是因为华丽的文饰兴盛，而求实之风衰败。人们各抒己见，争奇斗异，以迷惑世俗取得功名，这只会混淆人们的视听，蒙蔽世人的耳目，使天下人崇尚华丽，争相追求文饰，以求在社会上出名，而不再懂得还有崇尚真实、返璞归真的切行。这些都是那些著书立说的人所导致的。"

解读

这场对话篇幅很长，师徒从对韩愈和王通的评价开始，起先并未说明什么大道理。但由此过渡到上文所说的"心即是理"，理明则心正。那么如何才能明这个"理"（道）呢？于是，王守仁借由对王、韩二人的评判，进一步阐明"理"是心之本体，"文"是显现于外的形体，用文辞教化天下，必然使人舍本逐末，忘却天理，失去本心。

16. 务市尚实，返朴还淳

【原典】

爱曰："著述亦有不可缺者，如《春秋》一经，若无《左传》，恐亦难晓。"

先生曰："《春秋》必待传而后明，是歇后谜语矣，圣人何苦为此艰深隐晦之词？《左传》多是鲁史旧文，若《春秋》须此而后明，孔子何必削之？"

爱曰："伊川亦云：'传是案，经是断。'如书弑某君、伐某国，若不明其事，恐亦难断。"

先生曰："伊川此言，恐亦是相沿世儒之说，未得圣人作经之意。如书'弑君'，即弑君便是罪，何必更问其弑君之详？征伐当自天子出，书'伐国'，即伐国便是罪，何必更问其伐国之详？圣人述《六经》，只是要正人心，只是要存天理、去人欲。于存天理、去人欲之事，则尝言之。或因人请问，各随分量而说，亦不肯多道，恐人专求之言语，故曰'予欲无言'。若是一切纵人欲、灭天理的事，又安肯详以示人？是长乱导奸也。故孟子云：'仲尼之门，无道桓、文之事者，是以后世无传焉。'此便是孔门家法。世儒只讲得一个伯者的学问，所以要知得许多阴谋诡计，纯是一片功利的心，与圣人作经的意思正相反，如何思量得通！"

因叹曰："此非达天德者，未易与言此也！"

又曰："孔子云：'吾犹及史之阙文也。'孟子云：'尽信《书》不如无书。吾于《武成》取二三策而已。'孔子删《书》，于唐、虞、夏四五百年间，不过数篇。岂更无一事？而所述止此，圣人之意可知矣。圣人只是要删去繁文，后儒却只要添上。"

【译文】

徐爱说："有些时候，著述是不能缺少的。比如《春秋》这本书，如果没有《左传》做解，恐怕世人也难以读懂。"

先生说："《春秋》必须有《左传》才能明白，这样，《春秋》不就成为歇后谜语了。圣人何苦写这些艰深隐晦的词句呢？《左传》大多是《鲁史》的原文，如果《春秋》要凭借《左传》才可读懂，那么，孔子又何必把鲁史删改成《春秋》呢？"

徐爱说："程颐先生（人称伊川先生）也认为，'《传》是案，《经》是断。'比如，《春秋》上记载弑某君、伐某国，如果不知道事情的原委，大概也难以做出确切的判断。"

先生说："程颐先生的这种观点，差不多也是承袭后世儒生的说法，没有明白圣人做经的本意。比如写'弑君',弑君是罪过,何必去了解弑君的详细过程呢?讨伐的命令该天子发布,写'伐国',伐国就是罪,为什么去问征伐别国的详细情况?圣人阐述《六经》,只是要纠正人心,只是为了存养天理、去除私欲。关于存养天理、去除私欲的事,孔子曾经就说过。孔子常依据人们的问题,对各自的程度与性质做不同的回答。但他也不会说很多,恐怕人们专门在语言上纠缠而忽略了学说的本质,所以他对子贡说:'我不想说什么了。'如果是些灭天理、纵人欲的事,又怎么能够详细地给人们看呢,这不是要助长乱象、引导奸恶吗!所以《孟子·梁惠王上》讲道:'孔子的门生没有记载齐桓公、晋文公的事迹的,所以他们杀伐征讨的事就没有流传后世。'这就是孔门家法。世儒只讲究做广博的学问,因而他们要精通许多阴谋诡计。这完全是一种功利心态,与圣人写作经书的宗旨正好相反,所以伊川这话怎么说得通呢?"

先生因此感叹地说:"不能通达天理的人,很难和他说清楚这事的!"

他接着说:"孔子曾说:'吾犹及史之阙文也。'孟子也说:'尽信《书》不如无书。吾于《武成》取二三策而已。'孔子删《尚书》,即使是尧、舜、禹这四五百年间的历史,保留的不过几篇。除此之外,难道是其中没有别的事发生,而所著述却仅仅止此。圣人的本意由此可知了。圣人仅是别除繁文,后儒却只要添上。"

解 读

阳明认为,治经旨在明道正人心,而后世注经解经者附加在儒家经典上面的大量浮词虚语,妨碍了人们对经典原意的探求和贯彻实行,违背了治经读经的根本目的。他提出治经的原则"敦本尚实,返朴还淳",就是清除浮词虚语,探求本意,抑制虚意浮躁之风,注重实行。

17. 因时致治

【原典】

爱曰:"圣人作经,只是要去人欲,存天理。如五伯以下事,圣人不欲详以示人,则诚然矣。至如尧、舜以前事,如何略不少见?"

先生曰:"羲、黄之世,其事阔疏,传之者鲜矣。此亦可以想见,其时全是淳庞朴素,略无文采的气象,此便是太古之治,非后世可及。"

爱曰:"如《三坟》之类,亦有传者。孔子何以删之?"

先生曰:"纵有传者,亦于世变渐非所宜。风气益开,文采日胜,至于周末,虽欲变以夏、商之俗，已不可挽。况唐、虞乎！又况义、黄之世乎！然其治不同，其道则一。孔子于尧、舜，则祖述之；于文、武，则宪章之。文、武之法，即是尧、舜之道。但因时致治，其设施政令，已自不同，即夏、商事业，施之于周，已有不合。故'周公思兼三王，其有不合，仰而思之，夜以继日'。况太古之治，岂复能行？斯固圣人之所可略也。"

又曰："专事无为，不能如三王之因时致治，而必欲行以太古之俗，即是佛、老的学术。因时致治，不能如三王之一本于道，而以功利之心行之，即是伯者以下事业。后世儒者许多讲来讲去，只是讲得个伯术。"

又曰："唐、虞以上之治，后世不可复也，略之可也。三代以下之治，后世不可法也，削之可也。唯三代之治可行。然而世之论三代者，不明其本，而徒事其末，则亦不可复矣。"

【译文】

徐爱说："圣人著经，只是要去人欲、存天理。像春秋五霸之后的事，圣人不想详细地给人们看，确实是这样的。那么，尧舜之前的事，为什么也那么笼统呢？"

先生说："伏羲、黄帝的时代，发生的事情淡而少，能记下来流传的就更少了，这是可以想见的。当时世风淳朴，大概没有华丽修辞、注重文饰的风气，全是淳厚朴素、全无文采的社会气象。这就太古的时代，非后世所能比拟。"

徐爱说："像《三坟》之类的书，也有流传下来的，为什么孔子也要删掉它呢？"

先生说："即使有流传下来的，也因为世道变化而不再适宜了。社会风气日益开放，文采日渐兴盛。到了周朝末年，就算想用夏商的风俗来改变，也是不可挽回了。何况伏羲、黄帝时的世风呢？又何况炎黄朝代呢？各朝代治世的表现不同，但遵循的仍是一个道。孔子效法尧、舜和周文王、周武王。周文王、周武王时的制度也就是尧、舜时的道。只不过是因时而实施不同的政治。他们的设施政令，和其他时代自然不同，把夏、商的制度政令施行于周朝，已经不合时宜。所以，周公想并采禹、汤、文王的举措，碰到不合适的地方，还需夜以继日地深入研究。何况太古时的制度政令，难道还能实行吗？这正是孔子删略前代之事的原因。"

先生接着说："专门从事无为而治，不能像禹、汤、文王那样因时机环境适宜而采取政治策略，而非要去实行远古的风俗，这是佛教、老庄的主张。根据时代的变化对社会进行治理，却不能像禹、汤、文王那样以道为本，而以功利之心来实行，这正是五霸以后治世的情形。后来的世儒们诸多人讲来讲去，其实只讲了个关于眼前功名利禄的一些术。"

先生又说："唐虞以上的太平之世，后世不可能恢复，省略不谈它可以。尧舜禹三位贤君之后的治世方法，后世不可仿效，可以把它删除。只有三位贤君执政之时的太平之世，是可以去借鉴实行的。然而，世上议论三代的人，对三代治理天下的根本视而不见，仅注意到一些细枝末节。如此一来，三代治理天下的方法也不能恢复了。"

解　读

阳明先生认为，治国的制度要因时因地来制定，以使令顺民心，使之得到切实的贯彻执行。所以，因时政治，是巩固统治的一个基本原则。但同时他又认为这只是形式上的不同，在本质上它们遵循的仍是一个道。这个"道"，即是存天理，灭人欲，正人心，致良知。只有不变这个"道"，在政令制度中体现这个"道"，才可达到先王盛世之治。

上卷

18. 事即道，道即事

【原典】

爱曰："先儒论《六经》，以《春秋》为史，史专记事，恐与《五经》事体终或稍异。"

先生曰："以事言，谓之史；以道言，谓之经。事即道，道即事。《春秋》亦经，五经亦史。《易》是包牺氏之史，《书》是尧、舜以下史，《礼》《乐》是三代史。其事同，其道同，安有所谓异！"

又曰："《五经》亦只是史。史以明善恶，示训诫：善可为训者，特存其迹以示法；恶可为戒者，存其戒而削其事以杜奸。"

【译文】

徐爱问："朱熹论述《六经》，把《春秋》作为史书，史书专门记事的。恐怕和《五经》的体例宗旨稍有出入。"

先生说："记述事的为史，记述道的为经。其实事即是道，所以《春秋》也是经，《五经》也是史。《易》是伏羲氏时的史，《尚书》是尧、舜以后的史，《礼》《乐》是三代时的史。他们记述的事相同，记述的道相同，哪里有所谓的不同呢？"

先生又说："《五经》也是史书，史就是辨明善恶以示训诫。善可以用来教化，因而特别保存善的事迹让人仿效；恶可以作为戒条，保存戒条删去具体的恶行，来杜绝奸邪之人模仿。"

解 读

中国的学问中，大致以"经"与"史"两类最为重要。史书是用来记事的，而经书则旨在说明道理，规范人的行为。古代的教育是从"读经"开始的，就是说，教育本质上或者说占首位的并不是传授知识，而是规范行为。说到底，中国传统思想学问是"经""史"不分的，史书记事的目的也是为了说明道理，规范人的行为。所以王阳明说："以事言谓之史，以道言谓之经。事即道，道即事。"因此他说《春秋》也是经。

19. 孔子删《诗经》

【原典】

爱曰："存其迹以示法，亦是存天理之本然；削其事以杜奸，亦是遏人欲于将萌否？"

先生曰："圣人作经，固无非是此意，然又不必泥着文句。"

爱又问："恶可为戒者，存其戒而削其事以杜奸。何独于《诗》而不删郑、卫？先儒谓'恶者可以惩创人之逸志'，然否？"

先生曰："《诗》非孔门之旧本矣。孔子云：'放郑声，郑声淫。'又曰：'恶郑声之乱雅乐也。''郑、卫之音，亡国之音也。'此是孔门家法。孔子所定三百篇，皆所谓雅乐，皆可奏之郊庙，奏之乡党，皆所以资畅和平，涵泳德性，移风易俗，安得有此？是长淫导奸矣。此必秦火之后，世儒附会，以足三百篇之数。盖淫泆之词，世俗多所喜传，如今闾巷皆然。'恶者可以惩创人之逸志'，是求其说而不得，从而为之辞。"

【译文】

徐爱问："保存善的事迹让后人仿效，也是存天理之本。删减恶行，保存戒条，也是想将私欲抑制在萌芽阶段吗？"

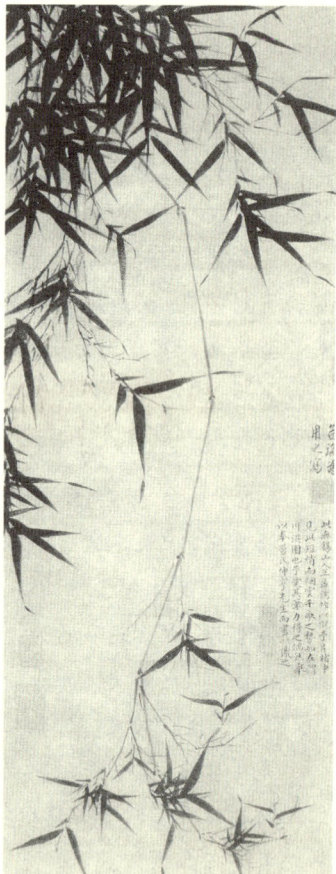

先生说："孔子做《六经》，本来就是这个本意，但是也不必局限于文句，要掌握其宗旨。"

徐爱又问："恶可以作为戒条，保留戒条而省去事情经过，以杜绝奸邪之人模仿。然而，为什么独独在《诗经》中不将'郑风'和'卫风'省略呢？先儒认为是'恶者可以惩创人之逸志'，是这样的吗？"

先生说："现在的《诗经》已不是孔门编著的版本了。孔子说：'禁绝郑国的音乐，郑国的音乐淫靡放荡。'孔子又说：'厌恶郑国的音乐扰乱了高雅的音乐。''郑国、卫国的音乐是亡国的音乐。'这是孔门家法。孔子所选定的三百篇，都是雅乐之作，都可在祭祀天地祖先的场合和乡村郊庙中演奏，都是用来畅和平之气，涵泳心性，移风易俗，哪里会有郑、卫之声呢？这是助长淫风导引奸恶呀。这一定是秦代焚书坑儒之后，世儒牵强附会，凑足三百篇的数目而加上去的。而淫邪之辞，世俗也喜欢传播，如今街头里巷都是这样了。朱熹所谓的'记录恶事可以惩戒人们贪图安逸的思想'，这话是因为想求孔子的真学说而得不到，不得已而说的言辞。"

解　读

在这里，王阳明与学生讨论《诗经》。《诗经》原本并没有名字，也不止305篇。《史记·孔子世家》里说："古者诗三千余篇，及至孔子，去其重，取可施于礼仪。"孔子认为这三千余首诗中绝大部分都是垃圾，太粗俗，甚至是不堪入目的东西，所以他对这些诗歌进行了删改，仅仅保留了他认为满意的305篇，编订成册教给他的弟子们学习，当时直接被称为《诗》或《诗三百》。

20. 徐爱跋

【原典】

爱因旧说汩没，始闻先生之教，实是骇愕不定，无入头处。其后闻之既久，渐知反身实践，然后始信先生之学为孔门嫡传，舍是皆傍蹊小径，断港绝河矣。如说格物是诚意的工夫，明善是诚身的工夫，穷理是尽性的工夫，道问学是尊德性的工夫，博文是约礼的工夫，唯精是唯一的工夫，诸如此类，始皆落落难合。其后思之既久，不觉手舞足蹈。

【译文】

我（徐爱）因为受旧的学说（程朱学说）的影响较深，刚开始听到先生的教诲，实在有点惊骇不定，找不到头绪。后来听得时间久了，渐渐知道躬身践行，然后才开始相信先生的学说是孔门的真传，其他的皆为旁门左道、断港绝河。比如先生说格物是诚意的功夫，明善是诚身的功夫，穷理是尽性的功夫，道问学是尊德性的功夫，博文是约礼的功夫，唯精是唯一的功夫，诸如此类。我刚开始觉得难以理解，后来思考的时间久了，才发觉其精妙之处，高兴得不禁手舞足蹈。

解读

这一段，是徐爱总结老师的思想和教诲魔力。徐爱在获得王守仁的心学精髓，反复实践后妙不可言的心情真是溢于言表。随着时间的推移，王阳明的门徒，遍及各地，影响很大。他的弟子与心学影响了很多人：徐阶、张居正、海瑞、陶行知等，皆名扬四海。他的哲学思想，远播海外，特别对日本学术界产生了很大的影响。日本大将东乡平八郎就有一块"一生伏首拜阳明"的腰牌。

二、陆澄录——格物无动静之分

王阳明的第一位爱徒徐爱英年早逝后，他就把弘扬心学的期望寄托于陆澄。陆澄，字原静，又字清伯，湖之归安人（今浙江吴兴）。进士，官至刑部主事。陆澄对阳明学说理解得很深刻。王阳明曾经叹曰："曰仁（徐爱）殁，吾道益孤，至望原静者不浅。"

1. 主一之功

【原典】

陆澄问："主一之功，如读书则一心在读书上，接客则一心在接客上，可以为主一乎？"

先生曰："好色则一心在好色上，好货则一心在好货上，可以为主一乎？是所谓逐物，非主一也。主一是专主一个天理。"

【译文】

陆澄问："什么才算是专注的功夫？就像读书就一心在读书上用功夫，接客就一心在接客上用功夫，这能否称为专注呢？"

先生回答说："贪色就一心在美色上，贪财就一心用在财物上，这能称专注吗？这只叫逐物，不叫专注。专注，是指一心只在天理上。"

解 读

王阳明的功夫论必须指向修炼的终极目的，就是要"存天理"。主一的核心意思在"天理"上。没有天理，只是逐物。

2. 念念存天理

【原典】

问立志。

先生曰："只念念要存天理，即是立志。能不忘乎此，久则自然心中凝聚。犹道家所谓结圣胎也。此天理之念常存，驯至于美大圣神，亦只从此一念存养扩充去耳。"

"日间功夫，觉纷扰则静坐，觉懒看书则且看书，是亦因病而药。"

【译文】

陆澄向先生请教怎样立志。

先生说："只要念念不忘存天理就是立志。如果能时刻不忘这一点，日子一久，心自然会在天理上凝聚，这就像道家所说的'把凡胎修炼成了圣胎'。天理意念常存，逐渐能达到孟子讲的精美、宏大、神圣的境界，而且也只能从这一意念存养扩充延伸。"

"如果白天做功夫觉得太过于纷扰，就静坐；觉得不愿去看书，就要去看书，这也是对症下药地修炼自己。"

解 读

志向决定了一个人前进的方向和高度。阳明先生说，要"念念存天理"，要有一个本心，一个本体，再去扩充，让自己有一个远大的境界目标，然后再去充实、检验、凝聚、累积。

3. 相下得益，相上遭损

【原典】

"处朋友，务相下，则得益；相上则损。"

孟源有自是好名之病，先生屡责之。一日，警责方已，一友自陈日来功夫请正。源从旁曰："此方是寻著源旧时家当。"

先生曰："尔病又发！"

源色变，议拟欲有所辨。

先生曰："尔病又发！"因喻之曰："此是汝一生大病根！譬如方丈地内，种此一大树，雨露之滋，土脉之力，只滋养得这个大根。四傍纵要种些嘉谷，上面被此树叶遮覆，下面被此树根盘结，如何生长得成？须用伐去此树，纤根勿留，方可种植嘉种。不然，任汝耕耘培壅，只是滋养得此根。"

【译文】

与朋友相处，务必谦虚甘拜下风，这样就能得到益处；如果相互争高低就会带来损失。

孟源有自以为是、贪图虚名的毛病，先生多次批评他。一天，先生刚刚责备过他，有位朋友谈了他近来的功夫，请先生指正。孟源在旁边说："这事正是我以前最在行的。"

先生说："你的毛病又犯了。"

孟源听了脸色就变了，想为自己辩解。

先生接着说："你的毛病又犯了。"并且打一个比方给孟源听："这正是你人生中最大的缺点。比如在一块一丈见方的地里种一棵大树，那么平时雨露的滋养，土地上的肥料，都用来滋养这个树根了，如果你想在旁边种些有用的谷物，上面被树叶遮蔽，下面被树根盘结缺乏营养，它又怎能生长成熟呢？必须砍去这棵树，连须根也不留，这样才可以种植谷物。否则，任凭你耕耘培土，也只是在滋养这个树根罢了。"

解 读

立世为人，心可高，但气不能傲。与人相处，倘若总是盛气凌人、自傲失礼，不仅会使对方反感，有时甚至还会惹火烧身。有修养的人，就算心再高也能做到谦恭温和、敬人如师。只有这样，人生的道路上才能少一些羁绊，多一些顺畅。

4. 人心天理浑然

【原典】

问："后世著述之多，恐亦有乱正学。"

先生曰："人心天理浑然，圣贤笔之书，如写真传神，不过示人以形状大略，使之因此而讨求其真耳。其精神意气，言笑动止，固有所不能传也。后世著述，是又将圣人所画，模仿誊写，而妄自分析加增，以逞其技，其失真愈远矣。"

【译文】

陆澄问："后世著述纷繁，大概会扰乱正宗的儒学吧。"

先生说："人心和天理浑然一体，圣贤把天理著成书，如同给人画像，只是展示给人一个基本的轮廓，使人们依据轮廓而进一步探求本人。至于人的精神风貌、谈吐举止，本来就是不能完全通过文字来传达的。而后世的著述，是又将圣人所画的模仿抄写，再妄自加以分析增减，以炫耀自己的文才技艺。这就离圣人所要传达的精神越来越远了。"

解 读

明代论学时语录体流行，文本对话简洁直白，似乎人人皆可以不依赖于经典的指引直达内心深处。但阳明更注重经典文本中透露出的圣人形神，而非纯粹的知识传承。

王阳明认为，著述示人以形状大略，才是质朴纯真的表现，稍有冗繁，即犯了文敝之病。

5. 心如明镜

【原典】

问："圣人应变不穷，莫亦是预先讲求否？"

先生曰："如何讲求得许多？圣人之心如明镜，只是一个明，则随感而应，无物不照；未有已往之形尚在，未照之形先具者。若后世所讲，却是如此，是以与圣人之学大背。周公制礼作乐以文天下，皆圣人所能为，尧、舜何不尽为之而待于周公？孔子删述《六经》以诏万世，亦圣人所能为，周公何不先为之而有待于孔子？是知圣人遇此时，方有此事。只怕镜不明，不怕物来不能照。讲求事变，亦是照时事，然学者却须先有个明的工夫。学者唯患此心之未能明，不患事变之不能尽。"

【译文】

陆澄问："圣人能应变无穷，莫非是他们预先探究谋划好了？"

先生说："怎么能探究谋划那么多呢？圣人的心犹如明镜，只因为它很明亮，使它感而必应，无物不照。不可能先前所照的物象还在镜子里，没有照过的物象已经预先出现在镜子上。若按后人的说法，圣人对什么都事先研究过了，这与圣人的学说大相背离了。周公制作礼仪音乐以教化世人，是圣人们都可以做到的，为什么尧舜全部做了而要等到周代让周公做呢？孔子删述《六经》教化后世，也是圣人都能做的，为什么周公不先做了而要等到孔子呢？可见，所谓圣人的光辉事业，遇到这样一个时机，才有这样的事情发生。只怕心镜不明，不怕物来了不能反照出来。探究事物的变化，与镜子照物的道理是相同的，然而学者必须先下工夫使自己的心如明镜。对于学者来说，只怕自己的心不能明亮如镜，而不用怕明镜一样的心不能穷尽事物的变化。"

解　读

阳明先生将心明比喻为明镜，以镜照物，事理无有不明。世事变化多端，但如果心如镜，就能抓住问题的本质。圣人根据现实情况而论道，就如以明镜照物一样，没有镜、没有物，物之形都不可能在镜中显现。自己的内心不明不能照物反而被事物所牵引、蒙蔽，这种人即使能活千年，"知识"撑满脑子，也无法穷尽现实，不但不能认识到问题的本质，还会被外物所支配。

6. 义理无定在，无穷尽

【原典】

曰："然则所谓'冲漠无朕，而万象森然已具'者，其言何如?"

曰："是说本自好，只不善看，亦便有病痛。"

"义理无定在，无穷尽。吾与子言，不可以少有所得，而遂谓止此也。再言之，十年、二十年、五十年，未有止也。"

他日又曰："圣如尧、舜，然尧、舜之上善无尽;恶如桀、纣，然桀、纣之下恶无尽。使桀、纣未死，恶宁止此乎? 使善有尽时，文王何以'望道而未之见'?"

【译文】

陆澄说："那么程颐先生所说的'宇宙间还是一片混沌时，万事万物的理已经在冥冥之中存在了'，这句话应如何理解?"

先生说："这句话本来说得很好，只是颇让人费解，于是便有了问题。"

"天理没有固定不变的，是无穷无尽的。我与你交流，不要因为稍有收获就以为不过如此而已。即使再与你谈十年、二十年，乃至五十年，也没有止境。"

有一天，先生又说："像尧、舜已经够圣明了，然而在尧、舜之上，善也无穷尽;像桀、纣已经是够可恶了，然而在桀、纣之下，恶也无穷尽。倘若桀、纣不死，恶难道就到他们这儿为止了吗? 倘若善能穷尽，周文王因何还要'期望得到天理却好像从来没有见过天理'呢?"

解　读

世界上的许多事情，虽然我们从文字上看，可能认为已经理解透彻了，其实未必。善无止境，恶无尽头，理更无定在无穷尽，希望我们不断深入体会，连周文王都有'望道而未之见'的感叹，可见理、道，真的没有尽头。

7. 人须在事上磨

问："静时亦觉意思好，才遇事便不同，如何？"

先生曰："是徒知养静，而不用克己功夫也。如此，临事便要倾倒。人须在事上磨，方立得住，方能静亦定，动亦定。"

【译文】

陆澄问："安静时我觉得自己的某种思想很好，可是一旦碰到事情，就不能按那种思路去做了，这是什么缘故？"

先生说："这是因为你只知静心修养，而没有下克己功夫。这样，遇到事就会脚跟站不稳。人应该在事情上磨炼自己，才能立足沉稳，才能达到'静止时有定理，行动时也有定理'的境界。"

解 读

阳明先生的这段回答，其中阐明了，修为不仅仅在养心上，理智与潜意识的调和上，更主要的是在"知行合一"的方法上。

8. 下学与上达

【原典】

问上达工夫。

先生曰："后儒教人，才涉精微，便谓上达未当学，且说下学。是分下学、上达为二也。夫目可得见，耳可得闻，口可得言，心可得思者，皆下学也。目不可得见，耳不可得闻，口不可得言，心不可得思者，上达也。如木之栽培灌溉，是下学也；至于日夜之所息，条达畅茂，乃是上达，人安能预其力哉！故凡可用功、可告语者，皆下学。上达只在下学里。凡圣人所说，虽极精微，俱是下学。学者只从下学里用功，自然上达去，不必别寻个上达的工夫。"

【译文】

陆澄向先生请教参悟天理的功夫。

先生说:"后世儒生教学生,涉及一些精微的东西,便说是上达而不便学,而只去讲下学。这是分下学与上达为二物了。凡是眼能看到的,耳能听到的,口能说出的,心可想的,都是下学;眼不能看到的,耳不能听到的,口不能说出的,心不能想的,是上达的学问。就像种树,栽培、灌溉属于'下学',至于树木日夜生长,枝叶茂盛,才是'上达'。人怎能在上达方面加以干预呢?所以凡是可以用功的,可以用语言说的,都是下学,而上达的学问也只在下学里。求学的人只需从下学上用功,自然可以上达,不必另外去寻找上达的功夫。"

解 读

这段话中,阳明先生说,儒者只需要认真下学自然可以上达。下学的功夫到位了,上达自然水到渠成。比如种树,只要施肥、浇水、接受阳光,树木迟早会枝繁叶茂。

9. 唯精唯一

【原典】

问:"'惟精''惟一'是如何用功?"

先生曰:"惟一是惟精主意,惟精是惟一功夫,非惟精之外复有惟一也。'精'字从'米',姑以米譬之。要得此米纯然洁白,便是惟一意;然非加舂簸筛拣惟精之工,则不能纯然洁白也。舂簸筛拣,是惟精之功。然亦不过要此米到纯然洁白而已。博学,审问,慎思,明辨,笃行者,皆所以为惟精而求惟一也。他如博文者,即约礼之功,格物致知者即诚意之功,道问学即尊德性之功,明善即诚身之功,无二说也。"

【译文】

陆澄问:"唯精唯一,应当如何用功?"

先生说:"唯一是唯精的目的,唯精是唯一的功夫,并不是唯精之外又有唯一。'精'字偏旁是'米',姑且用米来打个比方。要让米干净洁白,是唯一的意思,是主旨是目标,但是如果没有舂簸筛拣的功夫,米就不能干净洁白。舂簸筛拣,是唯精的功夫,但也不过是为了让米干净洁白而已。像博学、审问、慎问、明辨、笃行这些,都是要通过唯精达到唯一。其他的如博文是约礼的功夫,格物致知是诚意的功夫,道问学是尊德性的功夫,明善是诚身的功夫,除此之外就没有其他的说法了。"

解 读

做事要讲究方式和方法。我们做事情首先是要确定一个目标，这个称之"一"，就是目标专一，目标不随意改变。那么确定目标之后，怎样才能达到目标呢？必须努力用心地去做。这个称之为"精"。王阳明认为，唯精之外并没有唯一。因为唯一能否实现，关键还是看唯精，没有唯精，就不可能有唯一，即使有，也只是属于海市蜃楼罢了。

10. 知行不分

【原典】

"知者行之始，行者知之成。圣学只一个功夫，知行不可分作两事。"

"漆雕开曰：'吾斯之未能信。'夫子说之。子路使子羔为费宰。子曰：'贼夫人之子。'曾点言志，夫子许之。圣人之意可见矣。"

【译文】

知为行的开始，行为知的结果。圣学只有一个功夫，知行不能分开当做两码事。

孔子的学生漆雕开说："我对做官还没有自信。"孔子听后十分满意。子路指使子羔做费城的邑宰，孔子认为是害人子弟。曾点谈论自己的志向，得到孔子的称赞，圣人之意一目了然啊！

解 读

王阳明认为，知行不可分，行需要知的认识做指导，而知只有经过行的实践才能实现或完成。他反对先知了再去行，认为知与行不过是一个过程的两面。如果只知不行，就是悬空思索；只行不知，就是盲目冥行。

11. 以循理为生

【原典】

问："宁静存心时，可为未发之中否？"

先生曰："今人存心，只定得气。当其宁静时，亦只是气宁静，不可以为未发之中。"

曰："未便是中，莫亦是求中功夫？"

曰："只要去人欲、存天理，方是功夫。静时念念去人欲、存天理，动时念念去人欲、存天理。不管宁静不宁静。若靠那宁静，不唯渐有喜静厌动之弊，中间许多病痛，只是潜伏在，终不能绝去，遇事依旧滋长。以循理为生，何尝不宁静；以宁静为主，未必能循理。"

【译文】

陆澄问："当心存宁静时，可否称为未发之中？"

先生说："现在的人净心时，只不过是为了平定气息。当他宁静时，也只是气息的宁静，不能称为未发之中。"

陆澄说："未发就是中，宁静是求中的功夫吗？"

先生说："只要是去人欲，存天理，才是真正的功夫所在，静时念念不忘去人欲、存天理，动时也想着去人欲、存天理。无论宁静与否。如果只靠静，那么就会逐渐产生喜静厌动的毛病，而且里面有许多缺点暗藏下来不能够除去，当人遇事时这些毛病仍旧会滋长。如果以遵循天理为重，何尝会不宁静呢？但以宁静作为主修的形式，却不一定能遵循天理。"

解 读

阳明先生认为，循理才是"中"，而宁静不是，宁静只是"中"的一种表象。不管宁静还是不宁静，只是去循理而已。应该不论是在思考的时候，还是在具体的行动中，都磨炼自己的心性，探究世间的天理。如果常常静养发呆思考，而没有行动，不仅难以成长，反而容易陷入"喜静厌动"的圈子里，容易有潜伏的毛病在心里。只要遵循天理，内心便能宁静，否则，就算内心宁静了，未必能遵循天理。

12. 三子是有意必

【原典】

问："孔门言志，由、求任政事，公西赤任礼乐，多少实用？及曾晳说来却似耍的事，圣人却许他，是意何如？"

曰："三子是有意必，有意必便偏着一边，能此未必能彼。曾点这意思却无意必，便是'素其位而行，不愿乎其外。''素夷狄，行乎夷狄；素患难，行乎患难，无人而不自得'矣。三子所谓'汝器也'，曾点便有'不器'意。然三子之才，各卓然成章，非若世之空言无实者，故夫子亦皆许之。"

【译文】

陆澄问："孔门弟子共聚一堂，畅谈志向。子路、冉求想从政，公西赤想从事礼乐，这些多多少少还有点实际用处。而曾晳所说的，似乎是玩耍之类的事，却得到孔圣人的称许，这又是怎么回事呢？"

先生说："子路、冉求、公西赤三个人的志向都有点主观猜测、武断绝对，有了这两种倾向，就会偏执一边，顾此失彼。曾晳的志向却没有这两种倾向，正合《中庸》中所说的'安于现在的条件而行事，不做超出条件的事。处在夷狄的位置，就做夷狄该做的事；处在患难的处境，就做患难当做的事。随着时间和地理位置的改变而改变自己，这样无论在什么情况下都能怡然自得'。前三个人是孔子所说的那种'有某种才能的人'，而曾晳是孔子所说的'具备多种才能的人'。但是前三个人各有独特才干，不像世上空谈不实的人，所以孔子也赞许他们。"

解 读

孔子的理想是：给生命以自由自在的空间，任其翱翔飞舞。"曾点气象"正符合孔子的理想。在漫长的几千年岁月里，孔子的这种理想一直在被继承、发展着：从孔子、颜回、曾点、朱熹，一路传到了王阳明手上。

13. 志与功

【原典】

问："知识不长进，如何？"

先生曰："为学须有本原，须从本原用力，渐渐盈科而进。仙家说婴儿，亦善譬。婴儿在母腹时，只是纯气，有何知识？出胎后，方始能啼，既而后能笑，又既而后能识认其父母兄弟，又既而后能立、能行、能持、能负，卒乃天下事无不可能。皆是精气日足，则筋力日强，聪明日开，不是出胎日便讲求推寻得来，故须有个本原。圣人到位天地、育万物，也只从喜怒哀乐未发之中上养来。后儒不明格物之说，见圣人无不知，无不能，便欲于初下手时讲求得尽，岂有此理！"

又曰："立志用功，如种树然。方其根芽，犹未有干，及其有干，尚未有枝，枝而后叶，叶而后花、实。初种根时，只管栽培灌溉，勿作枝想，勿作叶想，勿作花想，勿作实想。悬想何益！但不忘栽培之功，怕没有枝叶花实？"

【译文】

陆澄问："知识得不到长进，怎么办？"

先生说："做学问必须有基础，必须从基础上下工夫，循序渐进，才能有进步。道家用婴儿打比方，说得非常精辟。婴儿在母腹中时纯粹是一团气，有什么知识？出生后，方能啼哭，尔后会笑，后来又能认识父母兄弟，逐渐能站、能走、能拿、能背，最后天下的事无所不能。这都是精气神日渐充足，筋骨力气渐强，智慧日渐提高的结果，而不是自出娘胎之日起就琢磨知识的缘故。所以学习必须从基础上来进步。圣人达到了"天地位焉，万物育焉"的程度，也不过是从"喜怒哀乐之未发，谓之中"上慢慢培养起来的。后世儒生不理解格物的学说，看到圣人无所不知、无所不能，于是就想要在刚开始时就学会所有的学问，哪里有这种道理！"

先生又说："学子立志用功，就如同种树。刚开始只有根芽还没长出树干来，等长出了树干还没长枝，长了树枝之后长叶子，叶子长好后开花、结果。刚种上树根时，你只管培土灌溉，不要想着生枝、长叶、开花、结果。空想那些有什么用？只要不忘了培土灌溉的功夫，何愁没有枝叶和花果？"

解 读

王阳明在这里谈到志与功的问题，他认为，立志与为此做出努力是一致的，要为实现志向不断勤勤恳恳地做一切应当做的事，好的结果自然就会得到。这就如孟子所说的："流水之为物也，不盈科不行。"在阳明看来，知识的长进和志向的实现，如同作物生长一样，是一个自然有序的过程，必须循序渐进、渐积而前，然后才能通达。

14. 心即性，性即理

【原典】

问："看书不能明，如何？"

先生曰："此只是在文义上穿求，故不明。如此，又不如为旧时学问。他到看得多，解得去。只是他为学虽极解得明晓，亦终身无得。须于心体上用功，凡明不得，行不去，须反在自心上体当，即可通。盖《四书》《五经》，不过说这心体。这心体即所谓道，心体明即是道明，更无二。此是为学头脑处。"

"虚灵不昧，众理而万事出。心外无理。心外无事。"

或问："晦庵先生曰：'人之所以为学者，心与理而已。'此语如何？"

曰："心即性，性即理，下一'与'字，恐未免为二。此在学者善观之。"

或曰："人皆有是心，心即理，何以有为善，有为不善？"

先生曰："恶人之心，失其本体。"

【译文】

陆澄问："看书看不明白，怎么办？"

先生说："看不明白的原因是你只局限在字的表面意思上下工夫了，要是这样还不如看程朱的学问。他们的学问倒是看得多了，自然就会理解，只是他们做学问虽然极其清楚明白，但这样你能真正学到什么呢？想学明白，必须得从自己的内心去用功，凡是不明白的、解释不通的，你就换位思考，从自己的内心去体会，就一定能学明白、解释得通畅。所谓的《四书》《五经》，不过是讲心体的，这心体即所说的道心。体明即是道明，没有二法，这是学习的关键。"

《大学》集注说："让心体空灵而不愚昧，各种道理具备，那么万事万物就会显现出来。"这句话更加印证了老师关于除心而外再无真理，再无他事。

有人问："晦庵先生（朱熹）说：'人们学习的东西，心和理而已。'这话说得对吗？"

先生说："心即是性，性即是理。他说的'与'字，恐怕就把两者作为两物来对待了，这点求学的人要善于观察发现。"

有人说："人都有这颗心，既然心即是理，那为什么有的为善有的却为恶呢？"

先生说："恶人的心失去了心之本体。"

解 读

程朱的性，负载的是理，王阳明的心，负载的是良知。良知的核心是良知具有知善去恶的先验的内在的能力，既是道德实践的本体依据，又是道德实践的终极归宿。在王阳明看来，要了解宇宙的奥秘，达到对事物真相的认识，甚至包括把书看明白，都只需要返视探求自己的心性即可。恶人之所以作恶，也是失去了心之本体。

15. 理不容分析

【原典】

问："'析之有以极其精而不乱，然后合之有以尽其大而无余。'此言如何？"

先生曰："恐亦未尽。此理岂容分析？又何须凑合得？圣人说精一，自是尽。"

【译文】

陆澄问："朱熹先生在《大学或问》中说：'分析可以使天理非常精确而不混乱，然后综合天理的各方面使其包罗万象。'这话说得怎么样？"

先生回答说："恐怕不对，天理岂容分析，又怎么会是凑合得了的？孔子说精一，其实已经是把做学问的事说尽了。"

解 读

朱熹一向强调，人之所以为学者，心与理而已。陆澄所问的是朱子在《大学或问》中的一句话。王阳明对此嗤之以鼻，甚至不屑一顾，认为心与理、普遍法则与感性现实在本体意义上原是无可分离、不容解析的。

16. 反省慎独

【原典】

"省察是有事时存养，存养是无事时省察。"

澄尝问象山在人情事变上做功夫之说。

先生曰："除了人情事变，则无事矣。喜、怒、哀、乐，非人情乎？自视、听、言、动以至富贵、贫贱、患难、死生，皆事变也。事变亦只在人情里，其要只在致中和，致中和只在谨独。"

【译文】

反省自察是有事时的修炼，修炼是无事时的反省自察。

陆澄曾经就陆九渊（号象山，字子静，书斋名"存"，世人称存斋先生）关于在人情事变上下工夫的观点请教于先生。

先生回答说："除了人情事变，就没有什么是事了。喜怒哀乐难道不是人情吗？除了自身的视听言动外像富贵、贫贱、患难、生死，这些都是事变。事变含在人情中，关键在于'致中和'，'致中和'要靠慎独的功夫来修炼。"

解 读

古人特别推崇自身修养，用修养调节自己的思想和行为。这其中，自省就是一种重要的修养方法。王阳明在这里先阐明了"自省"与"存养"关系，随后他又提出了"致中和"与·"慎独"。

17. 性、理关系

【原典】

澄问："仁、义、礼、智之名，因已发而有？"

曰："然。"

他日，澄曰："恻隐、羞恶、辞让、是非，是性之表德邪？"

曰："仁、义、礼、智也是表德。性一而已，自其形体也谓之天，主宰也谓之帝，流行也谓之命，赋于人也谓之性，主于身也谓之心。心之发也，遇父便谓之孝，遇君便谓之忠，自此以往，名至于无穷，只一性而已。犹人一而已，对父谓之子，对子谓之父，自引以往，至于无穷，只一人而已。人只要在性上用功，看得一性字分明，即万理灿然。"

【译文】

陆澄问："仁、义、礼、智的名称，是因为表现出来了才获得的吗？"

先生说："是的。"

另一天，陆澄问："恻隐、羞恶、辞让、是非之心，都是本性的表现出来的德行吗？"

先生说："仁、义、礼、智也是本性表现出来的德行。天性是唯一的，就形体而言为天，就主宰而言为帝，就流行而言为命，就赋于人而言为性，就主宰人身而言为心。心的表现，遇到父亲便孝；遇到国君便忠。以此类推，名称可达无数之多，但仅一个性而已。就好像人就是一个，对父亲，这个就是儿子，对儿子，这个就是父亲。以此类推，名称可以无穷尽，但就是这个人而已。所以人只要在天性上用功，把人的天性看分明知清楚了，参悟透彻了，那么世上的一切道理便豁然开朗了。"

解 读

王阳明在回答陆澄时，从天人合一方面论及性、理关系，以为不仅恻隐、羞恶、辞让、是非之四端，即使仁义礼智之四德，都只是性在道德方面的表现。性是不分天、人的。又从天、帝、命而论到性、心，在用语上似沿袭前人之说，但他把天、帝、命与性、心平列，其实是合天道于人性，无形中降低了天的地位，把天命与人性混为一体了。

18. 省察与克治

【原典】

一日，论为学功夫。

先生曰："教人为学，不可执一偏。初学时心猿意马，拴缚不定，其所思虑多是人欲一边，故且教之静坐息思虑。久之，俟其心意稍定，只悬空静守，如槁木死灰，亦无用，须教他省察克治。省察克治之功，则无时而可间，如去盗贼，须有个扫除廓清之意。无事时，将好色、好货、好名等私，逐一追究，搜寻出来。定要拔去病根，永不复起，方始为快。常如猫之捕鼠，一眼看着，一耳听着，才有一念萌动，即与克去，斩钉截铁，不可姑容与他方便，不可窝藏，不可放他出路，方是真实用功，方能扫除廓清。到得无私可克，自有端拱时在。虽曰何思何虑，非初学时事。初学必须思省察克治，即是思诚，只思一个天理。到得天理纯全，便是何思何虑矣。"

【译文】

有一天，师生共同探讨做学问的功夫。

先生说："教人做学问，不能偏执于一种教法。人在刚开始学习时心猿意马，不能集中精力，其心中所考虑的大多是人欲方面的事。所以，姑且先教他静坐，以安定思绪。久而久之，等到他心能安定的时候，如果还只是教他悬空静处，以至于像槁木死灰一般，也就没有什么用了。此时必须教他反省自察克己修身。这种功夫从来不能间断，好比铲除盗贼，要有一个彻底清除的决心。无事时，把好色、贪财、慕名等私欲统统搜寻出来，拔去病根，让它们永不再起，才算痛快。就像猫捉老鼠，眼睛盯着，耳朵听着，才有一丝萌动，就立刻去掉，态度坚决，不能姑息迁就，给它喘息的机会，不能窝藏它，不能放它生路，这才是真正的功夫，如此才能扫尽心中的私欲。等到心中没有私欲可除，自然能做到端身拱手。虽然孔子说过'天下的事物有什么可思考和忧虑的？'，但那不是初学时可以理解的。不过，初学时也必须想着内省自察克制私欲。这就是思'诚'。只思一个天理。等到天理完全纯正时，就是'何思何虑'的境界了。"

解 读

这里，王阳明所提供的功夫步骤是：静坐、省察、克治、天理纯全。阳明指出，省察克治即是思诚，而天理纯全也就达到了天道的境界诚。此时之静坐与阳明在南京之前的静坐不同。在辰中、北京、滁州他所说的静坐是直悟心体，而此时所说的静坐只是使心意稍定，是省察克治的前奏曲或者说是准备工作。这里，他以端拱、何思何虑来指称心之本体。

19. 非鬼迷，心自迷

【原典】

澄问："有人夜怕鬼者，奈何？"

先生曰："只是平日不能集义，而心有所慊，故怕。若素行合于神明，何怕之有？"

子莘曰："正直之鬼不须怕，恐邪鬼不管人善恶，故未免怕。"

先生曰："岂有邪鬼能迷正人乎？只此一怕，即是心邪。故有迷之者，非鬼迷也，心自迷耳。如人好色，即是色鬼迷；好货，即是货鬼迷。怒所不当怒，是怒鬼迷；惧所不当惧，是惧鬼迷也。"

【译文】

陆澄问："有人夜里怕鬼，怎么办？"

先生说："那是因为他平日里不能做到完全出于公义而心中有愧，所以才会怕鬼。如果平时的行为不违神灵，坦荡光明，何怕之有？"

马子莘（陆澄学友）说："正直的鬼不可怕，只恐怕邪恶的鬼就不管你是好人还是坏人，所以难免有些害怕。"

先生说："哪有邪恶的鬼能迷惑正人君子的？只怕是人自己心邪，才有能迷惑你的鬼，那就不是鬼迷惑你，而是你的心已自迷了。例如，人好色，就是色鬼迷；贪财，就是贪财鬼迷；不该怒而怒，就是被怒鬼迷；不该怕而怕，就是被惧鬼迷。"

王阳明认为，许多人之所以容易受到外界的影响，这是因为心不正，被各种欲牵缠住了的缘故。如果你的心光明正大，坦坦荡荡，什么都奈何不了你。人最大的敌人是自己，只有提升自己的心灵，从根本增强自己的素质，才能经得起各种险恶环境的考验。

20. 定是心之本体

【原典】

"定者，心之本体，天理也。动静，所遇之时也。"

澄问《学》《庸》同异。

先生曰："子思括《大学》一书之义为《中庸》首章。"

【译文】

"定为心之本体，即天理。动与静，只是天理在不同时间、不同环境下的表现。"

陆澄向先生请教《大学》《中庸》两书有何异同。

先生说："子思总结概括了《大学》一书的要义，作为《中庸》的第一章。"

解 读

理学所讲的"定"是指心境的稳定、平静、安宁和无烦扰。避离人世、端居默坐去求定，这样的定仍然是外在的、不稳定的东西，只有在任何情况下都能做持这种"定"，才算是达到了真正的定。定的境界可以转化为心之本体。因此阳明说："定者，心之本体，天理也。动静，所遇之时也。"

当陆澄问王阳明《大学》和《中庸》的异同时，王阳明对《大学》进行了一种义理还原。他认为，子思对《大学》做出过深入思考，并克服了心浮气躁，用心之本体悟得了天理，把《大学》之义定为《中庸》的首章。所以，王阳明认为《大学》之义应当从《中庸》切入。

21. 孔子正名

【原典】

问："孔子正名，先儒说'上告天子，下告方伯，废辄立郢'。此意如何？"

先生曰："恐难如此。岂有一人致敬尽礼，待我而为政，我就先去废他，岂人情天理！孔子既肯与辄为政，必已是他能倾心委国而听。圣人盛德至诚，必已感化卫辄，使知无父之不可以为人，必将痛哭奔走，往迎其父。父子之爱本于天性，辄能悔痛真切如此，蒯聩岂不感动底豫？蒯聩既还，辄乃致国请戮。聩已见化于子，又有夫子至诚调和其间，当亦决不肯受，仍以命辄。群臣百姓又必欲得辄为君。辄乃自暴其罪恶，请于天子，告于方伯诸侯，而必欲致国于父。聩与群臣百姓亦皆表辄悔悟仁孝之美，请于天子，告于方伯诸侯，必欲得辄而为之君。于是集命于辄，使之复君卫国。辄不得已，乃如后世上皇故事，率群臣百姓尊聩为太公，备物致养，而始退复其位焉。则君君、臣臣、父父、子子，名正言顺，一举而可为政于天下矣。孔子正名，或是如此。"

【译文】

陆澄问："孔子正名的事迹，按照朱熹先生的说法，孔子是'要对上报告天子，对下告诉诸侯，废除公子辄而拥立公子郢'。朱子的这种说法对吗？"

先生说："恐怕不是这个样子的吧！一个人在位时对我恭敬尽礼，要求辅佐从政，我却先废除他，这难道符合人情天理吗？孔子既然答应出山替卫国国君理政，必定是卫国国君百分之百地信任他，也能听进去他的劝诫。孔圣人的感召力那可是超一流的，必定是感化了卫辄，让他知道了没有父亲不可以成为人，卫辄一定将痛哭奔跑，去迎回他的父亲。父子之爱源于人之本性，辄能反省悔痛的这样真切，他的父亲蒯聩难道不被感动吗？蒯聩回来后，卫辄把国家交给父亲治理，并以此请罪。蒯聩已被儿子深深打动，又有孔子在中间诚心调解，蒯聩当然不会接受，依然让儿子治理国政，群臣百姓也必定会愿意卫辄为国君。卫辄自我检讨自己的罪过，向天子请罪，向各方诸侯公布，表示一定要把位子给父亲。而蒯聩与群臣百姓都说姬辄已经悔悟了且具备了仁孝的美德，也打报告给天子，向各方诸侯公布，一定要让辄成为卫君。于是天命集于卫辄，让他重新做卫国的国君。卫辄不得已，于是像后世太上皇的故事那样，率领群臣百姓尊奉父亲蒯聩为太公，极尽孝养，卫辄才重新做了卫国的国君。这样国君、大臣、父亲、儿子都恪守自己的身份，名正言顺，从此天下就好治理了。大概这才是孔子正名事迹的本来面目吧。"

解 读

阳明先生在这里解读"孔子正名"的事迹，肯定了孔子的正名做法，实际上也表明了自己的观点。

孔子生活在春秋末期，正值"礼崩乐坏"的大变动时代，名分制度已经无法维持。而孔子以为，人类社会秩序的维持，必须有人类共同承认的伦理规范，而伦理规范的制订与实施，则必自澄清人与人的相互关系始，自人伦礼仪观念的厘正开始。在孔子看来，这种社会大混乱的崩溃是由于名实混乱所造成的。事务能否有成效，礼乐能否兴盛，刑罚是否适中，人民能否治理好，关键就在"正名"，要做到君、臣、父、子都严守礼制、名分。

22. 毁不灭性

【原典】

澄在鸿胪寺仓居。忽家信至，言儿病危。澄心甚忧闷不能堪。

先生曰："此时正宜用助。若此时放过，闲时讲学何用？人正要在此时磨炼。父之爱子，自是至情，然天理亦自有个中和处，过即是私意。人于此处多认做天理当忧，则一向忧苦，不知己是'有所忧患，不得其正'。大抵七情所感，多只是过，少不及者。才过，便非心之本体，必须调停适中始得。就如父母之丧。人子岂不欲一哭便死，方快于心；然却曰'毁不灭性'，非圣人强制之也，天理本体自有分限，不可过也。人但要识得心体，自然增减分毫不得。"

【译文】

陆澄跟随先生在南京鸿胪寺居住，忽收家信一封，说儿子病危，他心里万分忧愁，不能忍受。

先生知道后说："这时候正应该在修身养性上下工夫，如果放过这个机会，平时学习有什么用呢？人就是要在艰难时刻才能得到意志的磨炼。父亲关爱儿子，是最自然的感情流露，但天理也有个中正适度，超过这个限度就是私欲。人在这个时候大多认为按照天理应当是一副忧戚状，便一味地悲怆起来，而不知道自己已经是'过度悲伤以至于不能保持天理中正平和'。一般来说，七情六欲一旦发作，往往过分的多，很少有不及的。然而稍稍有点过分，便不是心的本体，必须进行调节直到适中才好。比如父母去世，作为人子难道不想一下子哭死，才能化解心中的悲痛？然而《孝经》却说：'孝子哀伤不能伤害性命。'这并非圣人要强人所难，而是因为天理本体自有限度，不可过度。人只要认识了心本，自然不能增减分毫。"

解 读

毁不灭性的功夫，王阳明说，需要"在此时磨炼"，能及时克制住大悲大喜。说得通俗点就是"节哀顺变"。这就是王阳明的"天理本体，自有分限"，所以"不可过也"。

23. 有是体即有是用

【原典】

"不可谓未发之中，常人俱有。盖体用一源，有是体即有是用。有未发之中，即有发而皆中节之和。今人未能有发而皆中节之和，须知是他未发之中亦未能全得。"

【译文】

先生说："不能说'情感未发时的中正状态'一般人都有。因为'本体和应用是同源的'，有这样的体，就有这样的用。有'情感未发时的中正'，就有'情感发出来符合中正的平和'。现在的人都没有做到'情感发出来符合中正的平和'，应当知道是因为他'情感未发时的中正状态'还没能完全得到。"

解 读

阳明先生一贯认为，中和、道都是人人原有的、本有的。这是从天命之谓性的角度来说的，是从本体角度来说的，是从本有的层面来说的。但是这里阳明先生又说"不可谓未发之中常人俱有"，表面上看似乎和他惯有的观点是矛盾的，其实不然，这两种相反的说法都是很忠实于《中庸》原意的。固然"道也者不可须臾离也"，道源自于天命之性，但性是需要有"率"的功夫，道需要有"修"的功夫，所以《中庸》才强调"率性之谓道，修道之谓教"。所以也才有《中庸》接着说的"是故君子戒慎乎其所不睹，恐惧乎其所不闻。莫见乎隐，莫显乎微，故君子慎其独也"之戒慎不睹、恐惧不闻及慎独等功夫。

24. 阳明与易经

【原典】

《易》之辞是"初九，潜龙勿用"六字，《易》之象是初昼。《易》之变是值其昼。《易》之占是用其辞。

【译文】

先生说："'初九潜龙勿用'六个字是《易经》乾卦的初爻爻辞。其卦象是早晨，其变化是遇到白天，其占卜用的是卦辞和爻辞。"

解 读

王阳明非常重视《易经》，而且把《易经》的第一卦的第一爻视为全部六十四卦的源泉。虽然他的学说与易学无明显的传承关系，但他常常以内心道德修养方法和精神境界解释《易经》卦爻象和卦辞。

25. 存养夜气

【原典】

"'夜气'，是就常人说。学者能用功，则日间有事无事，皆是此气翕聚发生处。圣人则不消说夜气。"

【译文】

先生说："存养'夜气'（指夜晚静思所产生的良知善念）是就普通人而言的。求学的人能在本心修养功夫，无论日间有事无事，心中都有清明和善的心气聚敛。圣人则不必说夜气。"

解 读

"夜气"出自《孟子·告子上》，意为人在夜间生长出来的清明之气，指未与日常种种事物接触时的无利害考虑的精神状态。王阳明认为，孟子的夜气，是对于普通人说的。普通人在夜间与外物脱离接触，可以较为清醒地审视行为的意义，有利于道德思想的存养。如果"学者能用功"，就能随时随地存养夜气，时时处处按道德标准思考、行动。而圣人则无所谓夜气，因为他们本来就能够按道德标准思考、行动了。

26. 动静无端

【原典】

澄问"操存舍亡"章。

曰："'出入无时，莫知其乡'，此虽就常人心说，学者亦须是知得心之本体亦元是如此。则操存功夫始没病痛；不可便谓出为亡，人为存。若论本体，元是无出无入的；若论出入，则其思虑运用是出。然主宰常昭昭在此，何出之有？既无所出，何入之有？程子所谓'腔子'，亦只是天理而已。虽终日应酬而不出天理，即是在腔子里。若出天理，斯谓之放，斯谓之亡。"

又曰："出入亦只是动静，动静无端，岂有乡邪？"

【译文】

陆澄问《孟子》中"操存舍亡"一章之事。

先生说："'出入没有固定时间，不知道方向。'这话虽然是就平常人的心来说的，求学的人也应当知道心之本体也是这样。如此，修炼存天理的功夫才能没有缺陷。不可随便说，善念出就是天理亡，善念入就是天理存。若要说本体，本源是无出无入的，如果论及出入，那么思考运用就是出，然而人的主宰明明就在心里，哪里会有出？既然无所出，又有什么入呢？程子所说的'心要在腔子里'的腔子，也只是天理而已，虽然终日应酬不止，也不会跑出天理的框架，也就是在心胸里。若是超出了天理，这才叫做放，这才叫做亡。"

先生又说："心的出和入也只是动和静，动静是无端的，哪有方向呢？"

解读

阳明先生在这里对《孟子·告子上》中的"操存舍亡"章进行了自己的阐述。王阳明说："'出入无时，莫知其乡。'此虽就常人心说。"估计是门人记述有误，因为"出入无时，莫知其乡"是《中庸》"慎独"的"独"，是没有内外的"与物无对"，也是无将迎的"无待"，不可能"就常人心说"。所谓"就常人心说"，应该是指"操则存，舍则亡"。孟子说："人之所不学而能者，其良能也，所不虑而知者，其良知也。"良知人人具有，但常人被私欲所蒙蔽，需要去做"致"良知的功夫。并且"操则存，舍则亡"是顺承"故苟得其养，无物不长，苟失其养，无物不消"，所以是"就常人心说"，而"出入无时，莫知其乡"则是操存功夫最后所达到的境界。

27. "道"无所谓上下

【原典】

王嘉秀问："佛以出离生死诱人入道，仙以长生久视诱人入道，其心亦不是要人做不好。究其极至，亦是见得圣人上一截。然非入道正路。如今仕者，有由科，有由贡，有由传奉，一般做到大官。毕竟非入仕正路，君子不由也。仙、佛到极处，与儒者略同，但有了上一截，遗了下一截，终不似圣人之全。然其上一截同者，不可诬也。后世儒者，又只得圣人下一截，分裂失真，流而为记诵、词章、功利、训诂，亦卒不免为异端。是四家者，终身劳苦，于身心无分毫益。视彼仙、佛之徒，清心寡欲，超然于世累之外者，反若有所不及矣。今学者不必先排仙、佛，且当笃志为圣人之学。圣人之学明，则仙、佛自泯；不然，则此之所学，恐彼或有不屑，而反欲其俯就，不亦难乎！鄙见如此，先生以为何如？"

先生曰："所论大略亦是。但谓上一截、下一截，亦是人见偏了如此。若论圣人大中至正之道，彻上彻下，只是一贯，更有甚上一截、下一截？'一阴一阳之谓道'，但仁者见之便谓之仁，智者见之便谓之智，百姓又日用而不知，故君子之道鲜矣。仁、智岂可不谓之道？但见得偏了，便有弊病。"

"蓍固是易，龟亦是易。"

【译文】

王嘉秀问："佛家用'超脱生死'来诱使人入佛道，仙家用'长生不老'来诱使人入道教，他们的用心也不是要人做坏事。推究到根本上来说，他们也只是看到了圣人学问的上一截，而并非进入圣道的正路。如今做官的人，有的由科，有的由贡，有的由传奉做到大官，毕竟也不是做官的正道，君子不会这样去做。仙佛修炼到了至高的境界，与儒者大致相同，但只是有了上半部分，丢了下半部分，最终不像圣人那样全面。然而仙佛看到的上半截和儒教的上半截是相同的，这一点不可否认。后世的儒者，却又只学得

了圣人之教的下半部分，并且还分流失真了圣人之学，渐变成记诵、词章、功利、训诂之学，最终免不了变成异端，背诵、词章、功利、训诂四家学者，虽终身苦读，但于身心却没有半分的益处。反而那些仙佛的弟子们，清心寡欲，超然于世俗的负累之外，儒家子弟反而不如他们了。今日的儒学之士不必去排斥仙佛，还是先笃志于圣人之学吧，圣人之学学明白了，那么仙佛之诱自然会在心中泯灭。不然的话，儒生之所学怕是要被仙佛之徒所不屑，想让二道俯首称臣，不是很难吗？我粗浅的想法就是这样，先生认为我说得对吗？"

先生说："你所讲的大体上是对的，但所谓上半部分下半部分，也是人们理解有失偏颇。至于说到圣人大中至正的道，首尾相连，是连贯的一个整体，哪有上半部分下半部分？《易·系辞》上说的'一阴一阳谓之道'，阴阳结合就是天理，然而'仁者见仁，智者见智，老百姓又光知道怎么做却讲不出其中的道理，所以如何成为君子的道理很少有人懂了'。仁与智怎么能不称作道，但认识片面了，难免就成了邪说。"

"用蓍草占卜固然是《易》，但用龟甲占卜也是《易》。"

解 读

王阳明心学具有鲜明的佛禅特色。上面这段话中，王阳明基本上赞同学生的说法，但同时认为，所谓"上一截""下一截"，也是人们主观上的偏见所致而已，因为圣人之学是彻上彻下、一以贯之的，无所谓"上一截""下一截"。比如，阴阳交替变化即是"道"，可是，仁者见这个道就叫"仁"，智者见这个道就叫"智"，而老百姓天天实践这个道却不认识它，可见"道"无所谓上下，只是人们认识上的偏颇所致。值得注意的是，王阳明所讲完整而无上下之分的"道"，是圣人之"道"，是儒家大中至正之"道"，而非佛教之"道"。

28. 仁者恻隐心怀

【原典】

问："孔子谓武王未尽善，恐亦有不满意？"

先生曰："在武王自合如此。"

曰："使文王未没，毕竟如何？"

曰："文王在时，天下三分已有其二；若到武王伐商之时，文王若在，或者不致兴兵，必然这一分亦来归了。文王只善处纣，使不得纵恶而已。"

【译文】

陆澄问："孔子说周武王没有达到尽善，恐怕他对武王也有不满意的地方吧。"

先生说："对武王来说，得到这样的评价已经不错了。"

再问："假如文王没死，结果会怎么样？"

先生说："文王在世时，天下的三分之二已归文王，如果等到武王讨伐商纣时，文王还在，或许就不用兴兵了，剩下那一部分也自然会来归顺。剩下的事儿只是如何妥善处置商纣王，使他不能再放纵作恶罢了。"

解读

这段话中，王阳明显然和孔子一样，对武王以武力推翻纣颇有微词。阳明先生讲内圣之学，彻上彻下，彻里彻外，无不通透。以良知讲本体，天、命、心、性无不贯通；以致良知说功夫，言默动静无不得宜。但说到外王学，仍然是以道德心的延伸直接说外王，终究是难以成立。文王如在，真能不动干戈而得天下？所谓"天下来归"，必须要有两个条件，一要民众有选择的自由，二要民众有分辨善恶的能力，可惜这两个条件古今都不具备。阳明先生一生征伐，多用教化，确见仁者恻隐心怀。但历史有历史的轨道，政治有政治的准则，仁心再莹彻，也正不了正德，化不了刘瑾，救不了大明上上下下。此所以政治之道，必立足于人心之在蔽，难奢望于天理之伸展。

29. 权变之道

【原典】

唯乾问："孟子言'执中无权犹执一'。"

先生曰："中只有天理，只是易。随时变易，如何执得？须是因时制宜，难预先定一个规矩在。如后世儒者，要将道理一一说得无罅漏，立定个格式，此正是执一。"

【译文】

唯乾问："孟子说'执中无权犹执一'是什么含意？"

先生答："中就是天理，就是个变化。天理是随时间的变化而变化的，怎么能固执不变呢？因此必须因地因时制宜，很难预先给中确定一个标准。比如后世儒者总是琢磨着要将中的道理阐述得完美无缺，便先确定个固定的规范放在前面，而这样做恰恰是偏执。"

王阳明在这里对孟子的这种权变之道予以充分肯定，并加以更清楚的解释，认为道德法则虽然有普遍性，但要"因时制宜"。

30. 自愿原则

【原典】

唐诩问："立志是常存个善念，要为善去恶否？"

曰："善念存时，即是天理。此念即善，更思何善？此念非恶，更去何恶？此念如树之根芽，立志者长立此善念而已。'从心所欲，不逾矩'，只是志到熟处。"

"精神、道德、言动，大率收敛为主，发散是不得已，天地人物皆然。"

【译文】

唐诩问："立志就是心中常存一个善念，就是要行善去恶吗？"

先生说："善念存在心中，就是天理。这个意念就是善，还去想别的什么善呢？这个意念不是恶，还要除去什么恶呢？这个意念就像树的根芽。立志的人永远确立这个善念就行了。《论语·为政》篇中说'从心所欲，不逾矩'，这就是志向达到成熟的程度了。"

先生说："精神、道德、言行，常常以收敛为主，向外扩散是出于无奈。天地人物都是这样。"

解 读

阳明之学有别于程朱理学的表现之一，是注意到了被程朱理学完全否定的自愿原则。正统儒学从孔孟到董仲舒直至程朱，认为封建伦理纲常出于天命、天理，人们对天理，只能认识它，自觉地顺应和服从它，而绝不能抗拒。王阳明以内在的良知为本体，因而注重自愿原则："从心所欲不逾矩，只是志到熟处。"所谓"从心所欲不逾矩"即出于自愿，而这是以"志到熟处"为前提的。这就是说，遵循道德规范应贯彻与意志自由相联系的自愿原则。可以说，阳明心学之所以风行，在一定程度上也是因为他突出了久被正统儒学所忽视的自愿原则。

31. 良工心独苦

【原典】

问:"文中子是如何人?"

先生曰:"文中子庶几'具体而微',惜其早死。"

问:"如何却有续经之非?"

曰:"续经亦未可尽非。"

请问。

良久,曰:"更觉'良工心独苦'。"

【译文】

陆澄问:"文中子(王通)是个什么样的人?"

先生说:"文中子差不多已经具备了《孟子·公孙丑上》所说的'具体而微',只可惜他早早地死了。"

陆澄问:"可是他怎么会做出仿造经典这样的事呢?"

先生说:"仿造经典也不都是错误的。"

陆澄问先生原因。

过了很久先生才说:"我更能体会到杜甫所说的'优秀的工匠内心都是很煎熬的'这句话的意思了。"

解 读

在前面的《徐爱录》中,王阳明已在与徐爱的讨论中肯定了文中子王通,在这里,当陆澄问及文中子时,阳明先生再次肯定。面对学生的不理解,阳明先生借用了杜甫《题李尊师松树障子歌》中的"良工心独苦"感叹,意为优秀的功匠匠心独运,却因此而常受到庸人们的非议,可是跟一般俗人又无法沟通,所以很苦闷。

32. "治生说"误人

【原典】

"许鲁斋谓儒者以治生为先之说亦误人。"

【译文】

先生说:"许鲁斋说的'儒者以谋生为先'的说法也是误人子弟的。"

解读

许鲁斋就是许衡,鲁斋是他的号。许衡是宋元之际学者,与姚枢、窦默等讲程朱理学。忽必烈即位后,许衡与刘秉忠等定朝仪官制,为元统治者策划"立国规模",主持元初国学,以儒家六艺为国学内容,对汉、蒙文化融合和交流,起过一定作用。许衡曾经说,为学者先要保证基本的生计,虽则他也强调求生计的财货要讲求道义,但是仍然引起了明清学者的批评。对许衡"治生说"的评说影响最大的当为王阳明。在阳明看来,这失却了为学的纯粹性,即学是保持良心或良知之天理等。

33. 阳明与道教

【原典】

问仙家元气、元神、元精。

先生曰:"只是一件。流行为气,凝聚为精,妙用为神。"

【译文】

陆澄向先生请教道家所谓的元气、元神、元精是指什么?

先生说:"这三者是同一件事物,气即运行,精即凝聚,神即妙用。"

解读

王阳明的心学,道教色彩非常浓厚。他自称八岁即好神仙之学,《年谱》载阳明31岁时,曾"筑室阳明洞中行导引术,久之遂前知"。正德二年(1507年),他在赴贵州龙场途中,本欲远遁异乡以避刘瑾之害,却巧遇铁柱宫道士,经道士指点，阳明遂决意去龙场谪所。这些经历都表明，王阳明与明代道教人士交往甚深。在他的著作中，还记录有不少讨论道教义理的事。这里，陆澄问道家气、神、精之事，他说这三者是同一件事物。

34. 克制私欲

【原典】

"喜、怒、哀、乐本体自是中和的。才自家着些意思，便过不及，便是私。"

【译文】

先生说："喜怒哀乐这几种情感的本体自然是中和的，只是人们人为地加了一些别的意念，就会过度或不足，于是就成了私欲。"

解 读

王阳明承认情感有时会妨碍道德法则的实现，在这个情况下，他称情感为"私""欲"等。然而，他并不以为促进道德法则实现的情感与前者完全独立，而是认为两者在实践上相即不离，它们的好与坏、有价值与否完全在于主体的境界：如果人能以良知为主宰（致良知）而将情感纳于正轨，则情感可以是好的；反之，人如果放任其情感，不能以良知为主宰，则情感是坏的。将情感纳于正轨而不妨碍道德法则，这就是"中和"的境界。

35. 哭则不歌

【原典】

问"哭则不歌"。

先生曰："圣人心体，自然如此。"

【译文】

陆澄问："为什么会哭则不歌。"

先生说："圣人的心体本来就是这样的。"

解 读

《论语·述而》记载，孔子和有丧事的人一起吃饭，只是随便吃一点而已，绝不大吃大喝、酒足饭饱；如果孔子在某一天参加了丧礼，吊丧哭泣过，那么在这一天之内是不唱歌的。阳明先生在这里肯定了孔子的做法，认为圣人的心体理应如此。言外之意，普通人若要修成圣人的心体，也应该这么做。

36. 防微杜渐

【原典】

"克己须要扫除廓清，一毫不存方是；有一毫在，则众恶相引而来。"

【译文】

先生说："克制自己的私欲一定要彻底清除，一丝一毫不留存才行；有一点私欲存在，那么各种各样的罪恶便会接踵而至。"

解 读

王阳明认为，进行心性修养，对心里的私心杂念一定要清除得干净而彻底。要是还有一点欲念留在心里面，这点欲念就会慢慢扩大，引起杂念纷纭。任何事物的发展都是由小到大的，所以在任何事情上，一定要防微杜渐。

37. 儒家与科技

【原典】

问《律吕新书》。

先生曰："学者当务之急，算得此数熟，亦恐未有用，必须心中先具礼、乐之本方可。且如其书说，多用管以候气，然至冬至那一时刻，管灰之飞或有先后须臾之间，焉知那管正值冬至之刻？须自心中先晓得冬至之刻始得，此便有不通处。学者须先从礼、乐本原上用功。"

【译文】

陆澄询问《律吕新书》内容怎么样？

先生说："求学的人应当学习那些急需学习的，把律吕之数算得再熟悉，恐怕也没有用。心中必须有礼乐的根本方可。比如，《律吕新书》上讲常用律管看节气的变化。然而到冬至那一刻，律管中的芦苇灰的飞扬或许先后有短暂的差别，又怎么知道哪个是冬至正点？必须在自己心中有一个冬至时刻才行。此处就有个说不通的问题。所以，求学的人必须先从礼乐的根本上用功。"

解　读

中国人几千年科技源远流长，但科学的成就其实很低，在仅仅几百年的时间内被西方国家远远超越了。这除了长期的君主集中制之外，儒家文化的影响最为直接。

一方面，在儒者看来，对自然界草木器物的研究会妨碍"穷天理、明人伦"和在礼乐本源上用功，这是玩物丧志之举，科学技术成为雕虫小技，处于遭贬抑的地位。另一方面，儒家认为，只有上古先贤的著作才是经典。这种复古主义对科学的发展是一种扼杀。再者，儒家思想中对"经世致用"的推崇，也对科学的发展，尤其是抽象化过程极为不利。他们认为穷根究底的理性思辨是"不急之务""无用之辨"，阻碍了理论系统地发展。

38. 后天修养之功

【原典】

曰仁云："心犹镜也，圣人心如明镜，常人心如昏镜。近世格物之说，如以镜照物，照上用功。不知镜尚昏在，何能照？先生之格物，如磨镜而使之明，磨上用功。明了后亦未尝废照。"

【译文】

徐爱（字曰仁）说："人心犹如镜子。圣人的心就像明亮的镜子，普通人的心就像锈蚀的昏镜。朱熹的格物的学说，如同用镜子照物体，只在照上下工夫，而不知道镜子还是昏暗的，怎么能照清楚呢？先生的格物的学说，正如磨镜子使之变得明亮，先在细磨上下工夫，镜子光亮之后，是不会耽误照的。"

解　读

王阳明的爱徒徐爱所指的修养之功不同于朱熹的道德教化，它是指"磨镜"以恢复先天"明镜之心"良知的功夫。

39. 道无精粗

【原典】

问道之精粗。

先生曰："道无精粗。人之所见有精粗。如这一间房，人初进来，只见一个大规模如此。处久，便柱壁之类，一一看得明白。再久，如柱上有些文藻，细细都看出来，然只是一间房。"

【译文】

陆澄向先生请教道的精深、粗浅。

先生说："圣道本身没有精粗之分，只是人们对圣道的认识有精粗之分罢了。这就如同一间房子，人刚进来住的时候，见到的只是一个大轮廓；在里面待久了，于是房柱、墙壁等也就一一看得清楚明白了；再过得久些，连柱子上的细碎花纹，都看得清清楚楚。然而房子还是这个房子。"

解 读

在王阳明看来，作为良知内容的道，表现为一个统一的整体，它本身并无精粗之分，精粗只是相对于人对道（良知）的体认而言。主体对道的把握，总是由粗而入精，而由粗到精的转化，又具体展开为"初""久""再久"这样一个不间断的致知过程。

40. 私欲如尘土

【原典】

先生曰："诸公近见时少疑问，何也？人不用功，莫不自以为已知，为学只循而行之是矣。殊不知私欲日生，如地上尘，一日不扫便又有一层。着实用功，便见道无终穷，愈探愈深，必使精白无一毫不彻方可。"

【译文】

先生说："各位近来看见我很少有问题问，这是为什么呢？人不下工夫，都满以为已知怎样做学问了，只要循着已知的方法去做就行了。却不知道私欲日渐滋长，像地上的灰尘，一天不打扫就会又多一层。真正踏实用功，就能发现圣道是永无止境的，越挖掘越深奥，必须做到精通明白，无一丝一毫不透彻的境界才行。"

解 读

私欲如尘土，若想心犹镜，就要"着实用功"，只有这样才能"见道无终穷，愈探愈深，必使精白，无一毫不彻方可。"那就是在"心"上下工夫。

41. 克己功夫

【原典】

问："知至然后可以言诚意，今天理、人欲知之未尽，如何用得克己功夫？"

先生曰："人若真实切己用功不已，则于此心天理之精微日见一日，私欲之细微亦日见一日。若不用克己功夫，终日只是说话而已，天理终不自见，私欲亦终不自见。如人走路一般，走得一段方认得一段，走到歧路处，有疑便问，问了又走，方渐能到得欲到之处。今人于已知之天理不肯存，已知之人欲不肯去，且只管愁不能尽知。只管闲讲，何益之有？且待克得自己无私可克，方愁不能尽知，亦未迟在。"

【译文】

陆澄问："《大学》中说'彻底认识了才能讲诚意'。现在对天理私欲还没有完全弄明白呢，怎么能用克己功夫呢？"

先生说："人要是时时告诫自己不断用功修炼，那么他对天理的精微的认识就会一天比一天深刻，对私欲的细巧的认识也一天比一天透彻。如果不在克制私欲上下功夫，整天只是说说而已，终究不会认识清楚天理和私欲。这就像人走路一样，走了一段才能认识一段，走到岔路口时，有疑惑就问，问了再走，才能渐渐到达目的地。今天的人对已经认识到的天理不肯存养，对已经知晓到的私欲不肯去除，只在那发愁不能完全认识天理人欲，只知道嘴里闲讲讲，有什么用处呢？其实只要去克己克得自己无私欲可克，再去忧愁自己不能尽知，也不迟呀。"

王阳明认为，克己功夫就是"存天理，去人欲"，由此，陆澄问不完全了解天理人欲如何用克己功夫时，王阳明回答，天理之澄明只能在真实切己的功夫实践中日见一日，否则，无论讲得如何，也总是闲话，天理毕竟"不自见"。阳明在这里还用走路作为例子，强调了实践的重要性。

42. 道无方体

【原典】

问："道一而已，古人论道往往不同，求之亦有要乎？"

先生曰："道无方体，不可执著，却拘滞于文义上求道，远矣。如今人只说天，其实何尝见天？谓日、月、风、雷即天，不可；谓人、物、草、木不是天，亦不可。道即是天，若识得时，何莫而非道？人但各以其一隅之见认定，以为道止如此，所以不同。若解向里寻求，见得自己心体，即无时无处不是此道。旦古旦今，无终无始，更有甚同异？心即道，道即天，知心则知道、知天。"

又曰："诸君要实见此道，须从自己心上体认，不假外求，始得。"

【译文】

陆澄问："道只有一个，可是古人论道时却个个说的不一样，那么求道也有关键吗？"

先生说："道是没有固定模式的，求道的人不能偏执。如果仅局限于某种文字的表述，那样求道就越求越远了。譬如今人说天，其实他们何尝知道哪个才是真正的天？认为日月风雷是天，不行；说人物草木非天，也不行。其实道才是真正的天！如果认识到这一点，那什么不是道？先人只是各自把自己所认识的道一个方面认做了无所不包的道，以为道仅此而已，所以才会有不同的道出来。如果明白向心里寻求，认识了己心本体，那么，无时无处不是道。从古至今，无始无终，哪有什么异同？心即是道。道即是天。认识了心体就认识了道，就认识了天。"

先生又说："诸位如果确实想认识道，务必从自己的心上体会，不要借助外物去探求才行。"

道无方体，是说本体不能用具体的事物或语言来表示或描述。我们知道，佛教说圣境，是空性光明，或说"不可思议""不可言说"，在逻辑表达方式上，王阳明所说的"道无方体"与这些是一个意思。阳明又说，道不是从眼耳鼻舌身感知，而是由心灵智慧开启，无所不见而又实无所见。不执着在一事一物上，才能见到真理的全体。什么是"不假外求"？就是向心内寻求悟入。

43. 阳明的自然观

【原典】

问："名物度数，亦须先讲求否？"

先生曰："人只要成就自家心体，则用在其中。如养得心体，果有'未发之中'，自然有'发而中节之和'，自然无施不可。苟无是心，虽预先讲得世上许多名物度数，与己原不相干，只是装缀临时，自行不去。亦不是将名物度数全然不理，只要'知所先后，则近道'。"

【译文】

陆澄问："事物的名称、用处和数量这世间百般的学问，也必须预先学习吗？"

先生说："人只要能成就自己的心体，那么运用就包含在其中了。倘若把心体修养得真有一个未发之中，情欲发出来自然会符合中正平和，自然是做什么都没有问题。如果没有这颗心，即使事先学得了许多名物度数，与自己却毫不相干，仅是临时撑撑门面，自然不能处事应物。当然，这并不是说不要去学好名物度数，只是要'知道做事的先后顺序，这就接近圣道了'。"

解 读

王阳明的哲学被称为"心本论"，似乎他只讲"心"的存在，而否认自然界事物的存在，排斥自然知识。其实，王阳明虽然从道德心性修养的方面强调"格心"，要求把握心中的天理，但他又认为，仅仅于此是不够的，还必须在此基础上进一步去认知天下事物，包括自然界事物。因此，只能说王阳明在道德心性修养方面忽视自然知识，而不可以认为他完全否认了自然界事物的存在而排斥自然知识。

44. 随才成就

【原典】

又曰："人要随才成就。才是其所能为，如夔之乐，稷之种，是他资性合下便如此。成就之者，亦只是要他心体纯乎天理。其运用处，皆从天理上发来，然后谓之才。到得纯乎天理处，亦能'不器'。使夔、稷易艺而为，当亦能之。"

又曰："如'素富贵行乎富贵，素患难行乎患难'，皆是'不器'，此惟养得心体正者能之。"

【译文】

先生接着说："人要根据自己的才性成就自己，这才是他所能做到的。例如，夔（舜的乐官）精通音乐，稷（尧舜时主管农事的官）擅长种植，是他们的才性符合，所以如此。成就一个人，也只是要他的心体纯正地合乎天理就行。他做事都是对天理的自然运用，然后称他为有才能的人。达到纯天理的境界，也就能成为'不器'之才。假如让羲和稷改变角色，夔种谷，稷作乐，照样能行。"

先生又说："《中庸》中说的'处于富贵，就做富贵时能做的事。处于患难，就做患难中能做的事'，都属于'不器'。干什么都能成功，这只有把心体修养得纯正的人方可做到。"

解 读

"随才成就"是阳明先生的基本教育方针。他认为每个人也应该选择自己才性相近的专业去努力才有可能成才。从这里来说，也是只有"爱理"才能成就"理"。理为统领，这是一切的道德基础。所谓"纯乎天理"，其实也就是"全乎天理"，这样就能"不器"。

45. 做学问要有源泉

【原典】

"与其为数顷无源之塘水，不若为数尺有源之井水，生意不穷。"

时先生在塘边坐，傍有井，故以之喻学云。

【译文】

先生说："与其掘一个数顷大而没有源泉的池塘，不如挖一口数尺深而有源泉的井，井里的水源源不断，有生机而不会枯竭。"

当时先生正坐在池塘边，旁边有一口井，所以他就用井和池塘来比喻做学问。

解 读

王阳明强调做学问绝不是书本上死的、教条的东西，而是与心融合在一起、具有生命力的"源泉"。很多人在做学问上有一种想法，总以为学得越多越好。其实这是一个误区。如果光有知识，而没有获得一种能力，就只是一池大而无用的死水，远没有一口仅数尺深但有源泉的水井有生机。

46. 贯通古今

【原典】

问："世道日降。太古时气象，如何复见得？"

先生曰："一日便是一元。人平日一时起坐，未与物接，此心清明景象，便如在伏羲时游一般。"

【译文】

陆澄问："如今世风日下，伏羲以前远古时期人类淳朴的景象如何才能再现？"

先生说："一天就好比是世界从开始到消灭的一个周期——一元。人从清晨起床后坐着，还未应事接物，此时心中的清明景象，好像在伏羲时代遨游一般。"

解 读

王阳明认为，如果人能持守本心不被遮蔽浸染，此心便贯通古今、同于圣贤。远古的事情，后人没有直感的接触，如何能够知道呢？因为上古是一派清明通透的景象，毕竟远古的生活是极为简单的，所以其本色都是清朗的。

47. 心统五官

【原典】

问："心要逐物。如何则可？"

先生曰："人君端拱清穆，六卿分职，天下乃治。心统五官，亦要如此。今眼要视时，心便逐在色上；耳要听时，心便逐在声上。如人君要选官时，便自去坐在吏部；要调军时，便自去坐在兵部。如此，岂唯失却君体，六卿亦皆不得其职。"

【译文】

问："心要追求外物，怎么办？"

先生说："国君庄重肃穆地坐在朝堂上，六卿分别履行不同的职责，天下才能治理得好。人的心统治五官，也要这样。现在眼睛要看时，心便去逐色；耳朵要听时，心便去逐声。如果国君要选拔官吏时，亲自坐到吏部去忙活；要调大军时，自己跑去兵部。这样的话，难道仅仅是有损君王的身份吗？六卿也都不能很好地履行自己的职责呀。"

解 读

古人认为心具有思考能力，在各种器官中处于统帅地位，所以将它称为"心君"，而眼睛耳朵不会思考，与外物接触时容易被吸引而误入歧途。所以，只有首先把心树立起来，确定一个目标在心中的绝对权威地位，我们才不会让外物扰乱自己的内心，这样才能做好任何一件事。

48. 一念发动

【原典】

"善念发而知之，而充之；恶念发而知之，而遏之。知与充与遏者，志也，天聪明也。圣人只有此，学者当存此。"

【译文】

先生说："善念萌发时，认识到了，就去充实它发扬它。恶念萌发时，认识到了，就去遏止它。知道扩充善念、遏止恶念，就是心志，是上天赋予人的智慧。圣人只不过是拥有这种智慧，而学做圣人的人，则要时时刻刻都把这放在心上。"

解 读

作为思想修养的一种方法，这"一念发动"的确值得充分注意，这样做是智慧和道德的表现。但学者和圣人不能只在善恶念头上用功夫，还应该去努力改造社会，改造自然，并在改造社会和自然的实践中更好遏止恶念、扩充善念。

49. 静中体悟

【原典】

澄曰："好色、好利、好名等心，固是私欲，如闲思杂虑，如何亦谓之私欲？"

先生曰："毕竟从好色、好利、好名等根上起，自寻其根便见。如汝心中决知是无有做劫盗的思虑，何也？以汝元无是心也。汝若于货、色、名、利等心，一切皆如不做劫盗之心一般，都消灭了，光光只是心之本体，看有甚闲思虑？此便是'寂然不动'，便是'未发之中'，便是'廓然大公'。自然'感而遂通'，自然'发而中节'，自然'物来顺应'。"

【译文】

陆澄问："好色、贪财、务名等心，固然该算是私欲，但像那些闲思杂念，为什么也被叫做私欲呢？"

先生说："闲思杂念归根结底还是从好色、贪财、务名等这些病根上滋生的，你自己寻根溯源时定会发现。这就像你发自内心的绝无干些个抢劫、盗窃的想法，什么原因？因为你根本就没有这份心思。你如果对财色、名利等心思像不做盗贼的心一样，都铲除了，只剩下完完全全的心之本体，还有什么闲思杂念呢？这便是'心本身的宁静不动'，便是'感情的未发之中'，便是'心胸宽广，大公无私'。到此地步，自然会'与万事万物感应相通'，自然'感情发出来时中正平和'，自然可以'遇到不同事情时坦然自如地应对'。"

解 读

人的私欲是影响人心清明的根本原因，所以王阳明主张通过静坐的方式，屏息思虑，去除私欲，恢复自己的良知本性。阳明认为，这种静中体悟的功夫，就是《周易·系辞》所说的"天下何思何虑？天下同归而殊途，一致而百虑"的思想。

50. 持其志

【原典】

问"志至气次"。

先生曰："'志之所至，气亦至焉'之谓，非'极至次贰'之谓。'持其志'，则养气在其中。'无暴其气'，则亦持其志矣。孟子救告子之偏，故如此夹持说。"

【译文】

陆澄向先生请教"志至气次"的问题。

先生说："这说的是志到了一定程度，气也就到了相同程度。并不是像朱熹所说的，必须先立志向，然后才能存养意气。'坚持志向'，那么养气就在其中。'不随便意气用事'，也就是坚持志向。孟子为了纠正告子的偏执，才一分为二来说的。"

解 读

这里讨论志与气的关系，气，应该在心中，才能守气。阳明先生说"'持其志'，则养气在其中。"这里的"志"即指"道"，和气生于道，气和养育其志，志与气，皆在道中，没有先后，主次之分，二者互为兼顾，不可偏废。

51. 圣人如天

【原典】

问："先儒曰：'圣人之道，必降而自卑。贤人之言，则引而自高。'如何？"

先生曰："不然。如此，却乃伪也。圣人如天，无往而非天。三光之上，天也；九地之下，亦天也，天何尝有降而自卑？此所谓大而化之也。贤人如山岳，守其高而已。然百仞者不能引而为千仞，千仞者不能引而为万仞，是贤人未尝引而自高也，引而自高则伪矣。"

【译文】

陆澄问："程子说：'圣人之道，必然自降身份让自己卑微，贤人说话则抬高自己。'这话说得如何？"

先生说："不对，如果这样就虚伪了。圣人就像天，没有到哪里不是天的。在日月星之上它是天，在九泉之下它也是天，天什么时候自降身份让自己卑微了？这就是孟子所说的'大而化之'。贤人像高山的大岳，坚守着自己的高度罢了。但是百仞高的山不能自拔为千仞，同样千仞高的山不能自拔为万仞。所以贤人并没有夸耀抬高自己，抬高自己的，就虚伪了。"

解 读

尽管王阳明说"良知良能，愚夫愚妇与圣人同"，但是在"致良知"上却分出圣人与百姓之别。在他看来，圣人是至高无上的，圣人之道不会降而自卑，因此，圣、愚之间的界限永远不可逾越。

52. 理在心性中

【原典】

问:"伊川谓'不当于喜怒哀乐未发之前求中',延平却教学者看未发之前气象,何如?"

先生曰:"皆是也。伊川恐人于未发前讨个中,把中做一物看,如吾向所谓认气定时做中,故令只于涵养省察上用功。延平恐人未便有下手处,故令人时时刻刻求未发前气象,使人正目而视唯此,倾耳而听唯此,即是'戒慎不睹,恐惧不闻'的功夫。皆古人不得已诱人之言也。"

【译文】

陆澄问:"程颐先生认为'不应当在喜怒哀乐还没表现出来之前就讲求中正平和',李延平先生却教育学生观察感情未发之前的各种情形。他们二人谁说得对?"

先生说:"都对。程颐先生怕常人在未表现出来之前就去追求中正平和,从而把中正看做一件事物,如我先前曾说的把气定当做中,所以让人们只在涵养反省体察上下工夫。李延平先生担心学生找不到下手处,所以让人时时刻刻都去求未发之前的各种情形,让人眼看的、耳听的都只是这个,这就是《中庸》所说的'戒慎不睹。恐惧不闻'的功夫。都是古人不得已诱导人们存养天理才说的话呀。"

解 读

宋明诸儒都认为"性即理""心即理"。也就是说,理就在心性之中。程颐、李延平二人在静坐见性的问题上,尽管说法不同,却都是正确的。这段话不仅可以看做是阳明先生对《中庸》"中和"思想的注释,而且也可以理解为理学"见性"学说的总结。它道出了宋明诸儒静坐养心、求中见性思想的真谛。

53. 已发与未发

【原典】

澄问:"喜怒哀乐之中和,其全体常人固不能有,如一件小事当喜怒者,平时无有喜怒之心,至其临时,亦能中节,亦可谓之中和乎?"

先生曰:"在一时之事,固亦可谓之中和,然未可谓之大本、达道。人性皆善,中和是人人原有的，岂可谓无？但常人之心既有所昏蔽，则其本体虽亦时时发见，终是暂明暂灭，非其全体大用矣。无所不中，然后谓之大本；无所不和，然后谓之达道。唯天下之至诚，然后能立天下之大本。"

曰："澄于中字之义尚未明。"

曰："此须自心体认出来，非言语所能喻。中只是天理。"

曰："何者为天理？"

曰："去得人欲，便识天理。"

曰："天理何以谓之中？"

曰："无所偏倚。"

曰："无所偏倚是何等气象？"

曰："如明镜然，全体莹彻，略无纤尘染著。"

曰："偏倚是有所染著，如著在好色、好利、好名等项上，方见得偏倚。若未发时，美色名利皆未相着，何以便知其有所偏倚？"

曰："虽未相著，然平日好色、好利、好名之心，原未尝无。既未尝无，即谓之有。既谓之有，则亦不可谓无偏倚。譬之病疟之人，虽有时不发，而病根原不曾除，则亦不得谓之无病之人矣。须是平日好色、好利、好名等项一应私心，扫除荡涤，无复纤毫留滞，而此心全体廓然，纯是天理，方可谓之'喜怒哀乐未发之中'，方是天下之大本。"

【译文】

陆澄问："喜、怒、哀、乐等感情的'中正''平和'，就总体来说，普通人不能都具有。比如遇到一件应当感到高兴或者愤怒的小事，如果平素没有喜怒之心，等到事情发生时，表现出来的也就很平和，这也可以称为'中正''平和'吗？"

先生说："在这一时刻这一件事上，虽然可说是中和，然而还不能说通达大道得到本源了。人本性善良，'中正''平和'是人人原本就有的，怎么可以说没有呢？但是平常人的心体已经有所昏蔽，那么本体也就不能时时表现出来，终究是时断时续，并非是心的全体作用。无时无处不'中正'的，才称之为'大本'；时刻'平和'的，才能称作'达道'。只有天下至诚的人，才能确立天下的大本。"

陆澄说："我对于'中'字的意义还是没有弄明白。"

先生说："这必须从自己的心体上才能认识清楚，只可意会无法言传。'中'就是天理。"

陆澄问："何谓天理？"

先生说："只要能剔除所有的私欲，就能认识到天理。"

陆澄问："那天理为什么又叫做中呢？"

先生说："因为天理不偏不倚。"

陆澄说："那不偏不倚是怎样的一种情景呢？"

先生说："就像明镜一样，通体晶莹透彻，一尘不染。"

陆澄说："那么偏倚就是有所玷污了，比如表现在好色、追逐名利上方可看得出来偏倚。如果感情没有发出来，也没有表现在美色、名利上，又怎么知道有所偏倚呢？"

先生说："虽未显现，但平时好色、好名、好利的心不会没有。既然不会没有，就是有；既然有这些念头，就不能说没有偏倚。譬如患有疟疾的人，即使有时候不会发作，但是病根不曾被清除，那么就不能说他是没病的人。必须把平时好色、好名、好利的私心杂念彻底清除干净，没有丝毫留存，此时心才是坦坦荡荡的，纯是天理，才称得上是喜、怒、哀、乐没有发出来时的中正，这才是天下的大本。"

解 读

在王阳明那里，良知一事，无所分别于已发、未发。他不是在有无应事的现象状态来说已发未发的区分，而是在探究心理动机的是否管照上来谈圣学功夫。他讲求的是应事的价值判定，是立志一层之事。一旦应事，即是心志在应事，即在未发之养成时即需讲求心志之立定，即在已发之应事中以心志行之。故而就立志之功夫而言，实无应事不应事之已发、未发之区分。

54. 颜子没而圣学亡

【原典】

问："'颜子没而圣学亡'，此语不能无疑。"

先生曰："见圣道之全者唯颜子。观喟然一叹，可见其谓'夫子循循然善诱人，博我以文，约我以礼'，是见破后如此说。博文、约礼，如何是善诱人？学者须思之。

道之全体，圣人亦难以语人，须是学者自修自悟。颜子'虽欲从之，未由也已'即文王望道未见意。望道未见，乃是真见。颜子没，而圣学之正派遂不尽传矣。"

【译文】

陆澄问："先生说'颜回死后孔子的学说就走向衰亡了'，我对这句话存有疑惑。"

先生说："认识孔子圣道最全面的只有颜回一个人，看颜回逝后孔子的喟然叹息就知道了。他说'孔子教学循循善诱，用广博的知识教育我，用合乎礼节的思想来约束我'，这是他看透、学透后才能说出的话。博文、约礼，哪里善于诱人呢。学者必须细细思量。圣道的全部，圣人也难以用言语表达给人，必须是求学的自我修行自己感悟出来的。颜回'虽然我想追随天理，但还不曾找到突破口'，也就是周文王所说的'远远地望着天理却从来没有真正见到过'的意思。望道未见，才是真见识。所以颜回死后，正宗的孔子学说就不能全部流传下来了。"

解 读

颜回是孔子门下第一高徒，其他如子路、子贡等根本不能与之相比。在孔子诸弟子中，可以说排在首位当数颜回，其次是曾子。然而颜回早夭，年仅三十二岁。但是他的学问修养的确了不得，被后人尊称为"复圣"。在孔子之后儒学的系统中，从名上看，复圣地位要高于孟子的亚圣。王阳明说"颜子没而圣学亡"，也许有些夸张，但是圣学虽然未亡，缺少了颜回则非常可能影响它的进一步发展，却是个事实。曾子一脉虽继承了孔子的学术，却没有继承他的动机。

55. 现成良知

【原典】

问："身之主为心，心之灵明是知，知之发动是意，意之所看为物，是如此否？"

先生曰："亦是。"

"只存得此心常见在，便是学。过去未来事，思之何益？徒放心耳！"

"言语无序，亦足以见心之不存。"

【译文】

陆澄问："身体的主宰是心，心的灵明是知，知发动出来表现为意，意所看到的是物，是这样吗？"

先生答："这样说也对。"

先生说："只要经常存养本心，就是学习。过去未来的那些事，想它有什么好处？只不过失落本心而已！"

先生说："言语没有伦次，也可看出没有存养本心。"

解　读

"现成"一词在阳明学的思想体系当中具有非同一般的特殊含意。当然，在阳明著作当中并没有"现成良知"这一固定词，他比较多地使用的是"见在"一词。此处"只存得此心常见在，便是学"即是一例。阳明所说的"见在"，显然是与"过去""未来"相并列的时间性概念。阳明所强调的是，过去或未来之事，无论怎样去冥思苦想，也得不到任何现实的效果，必须在当下去致良知。

56. 本体不动

【原典】

尚谦问："孟子之不动心与告子异。"

先生曰："告子是硬把捉著此心，要他不动；孟子却是集义到自然不动。"

又曰："心之本体原自不动。心之本体即是性，性即是理。性元不动，理元不动。集义是复其心之本体。"

【译文】

薛侃（字尚谦）向先生请教，孟子讲的"不动心"与告子讲的有什么区别。

先生说："告子是硬捉着心不让它动；孟子是集义到自然不动。"

先生又说："心之本体，原本就是不动的。心的本体就是性，性即理。性原本就是不动的，理也是不动的。聚集正义就是恢复心的本体。"

解　读

阳明先生常教人在静坐中用正念克服杂念。这与禅定不同，禅讲究不起念，阳明认为那是不可能的。他反对因为烦乱便去静坐，这像懒得看书但还是硬去看书一样，是因药发病。他像孟子一样追求"不动心"。他又说，本体是不动的。此处所言之本体就是心之本体、人之本体、理、良知等，它作为一个价值原理的本身是一个普遍的理序。普遍理序自身是永恒不变的，它只是一理序的抽象存在，不是人伦的活动。人伦的活动有动有静，但是理序自身却是无动静对待的，是永恒不动的。

57. 主客消融

【原典】

"万象森然时亦冲漠无朕,冲漠无朕即万象森然。冲漠无朕者,一之父;万象森然者,精之母。一中有精,精中有一。"

【译文】

先生说:"森然万象,就是冲漠无朕。冲漠无朕,亦为森然万象。冲漠无朕是'唯一'之父;万象森然是'唯精'之母。'唯一'中有'唯精','唯精'中有'唯一'。"

解 读

"冲漠无朕,万象森然"之语出自二程遗书,万象森然之句系佛教习语。唯"一"与"精"对举,疑自古文尚书"大禹谟"所谓十六字心传中"唯精唯一"句因袭而来。阳明先生之学所重的是主意与功夫,中国传统讲功夫则必然连着境界一起讲。阳明先生的功夫境界是指向无对,即所谓的"主客消融"。

58. 心外无物

【原典】

"心外无物。如吾心发一念孝亲,即孝亲便是物。"

【译文】

先生说:"本心之外没有物,譬如,我的心中产生了孝敬父母之念头,那么,孝敬父母就为物。"

解 读

孝亲之事确实不能脱离意识而存在,但所孝之亲是否即只是意之所在呢?在王阳明那里,意指向对象的过程,同时也就是事亲、事君的实践过程。作为心之所发,意首先发于道德践履之中。而意之所在,亦首先在于这种实践过程。这样,物已不仅仅是静态的对象,而是与主体的活动息息相关。

59. 时时用力

【原典】

先生曰："今为吾所谓格物之学者，尚多流于口耳。况为口耳之学者，能反于此乎？天理人欲，其精微必时时用力省察克治，方日渐有见。如今一说话之间，虽只讲天理，不知心中倏忽之间，已有多少私欲。盖有窃发而不知者，虽用力察之，尚不易见，况徒口讲而可得尽知乎？今只管讲天理来顿放著不循，讲人欲来顿放著不去，岂格物致知之学？后世之学，其极至，只做得个'义袭而取'的功夫。"

【译文】

先生说："现在和我学格物学说的人，大多只限于口耳相传的方式。更何况从事口耳之学的人，能不这样吗？存养天理去除私欲，其精微之处必须时刻反省体察克制，要有日子才能逐渐领悟。现在人们在言谈之中，虽然嘴里讲着天理，不知道心中刹那间藏着多少私欲！还有私欲潜滋暗长但不自知的情况，即使用功去体察尚且发现不了，更何况仅仅在口头上说说，怎么能全部认识呢？现在只管讲着天理，却不去遵循，谈着私欲而任其留存不知道去除，难道这是我格物致知的学说吗？后世的学子，顶多也是做得个'用偶然合乎天理的举动而博得个好名声'的功夫。"

解 读

王阳明的格物功夫，是将天理作为日常行事的准则，并且"时时用力"。他的格物学说讲理想人格，极致高明，但宣讲容易，履践实难，因为人人心中都有一个私欲驱之不去。在格物学说传播的过程中，最棘手的问题是如何做到"心口如一"，避免流为浮夸，衍化为虚伪。

60. "格"为"正"

【原典】

问："'知止'者，知至善只在吾心，元不在外也，而后志定？"

曰："然。"

问"格物"。

先生曰："格者，正也，正其不正，以归于正也。"

问："格物于动处用功否？"

先生曰："格物无间动静，静亦物也。孟子谓'必有事焉'，是动静皆有事。"

【译文】

陆澄问："做到'大学之道'中的'知止'，就是明白至善只存在于我们的心中，原本就不在外物，然后志向才能坚定。是这样吗？"

先生说："是的。"

陆澄向先生请教格物的含义。

先生说："格是纠正的意思，纠正不正确的使它正确。"

陆澄问："格物是在动的方面下工夫吧？"

先生说："格物不分动与静，静也是事物。孟子说'必有事焉'，说的就是不论动静都要用功。"

解 读

王阳明对"格物致知"的理解不同于朱熹。他认为，朱熹训"格"为"至"为"错训"，正确的解释应训"格"为"正"，解"格物"为"正物"。"格物致知"之本义应为正心之不正以致心之本然"良知"。在阳明眼里，"必有事焉"即是"一定要提起良知面对眼前任何事务而求个德行的贯彻者"之义。不论现实处境之或动或静，都有个动机心念上的提起良知的功夫存在。

61. 做功夫的目标

【原典】

"功夫难处，全在格物致知上。此即诚意之事。意既诚，大段心亦自正，身亦自修。但正心修身工夫，亦各有用力处。修身是已发边，正心是未发边。正心则中，身修则和。"

"自'格物''致知'至'平天下'，只是一个'明明德'。虽'亲民'亦明德事也。明德是此心之德，即是仁。仁者以天地万物为一体，使有一物失所，便是吾仁有未尽处。"

"至善者，性也，性元无一毫之恶，故曰至善。止之，是复其本然而已。"

问："知至善即吾性，吾性具吾心，吾心乃至善所止之地，则不为向时之纷然外求，而志定矣。定则不扰而静，静而不妄动则安，安则一心一意只在此处。千思万想，务求必得此至善，是能虑而得矣。如此说是否？"

先生曰："大略亦是。"

【译文】

先生说："功夫最难的就是格物致知，这就是诚意的事情，意诚了，大部分的心也自然正了，身也自然修了。但是端正心性、修身的功夫也各有各的用功之处。修身是感情发出后的功夫，正心是感情没有发出来时的功夫。心性端正就是中正，修身就是平和。"

先生说："从'格物''致知'到'平天下'，只是一个'明明德'的过程。即使是'亲民'也是'明明德'的事情。'明德'是本心的德行，也是仁爱的表现。程颢说'仁爱的人把天地万物包括自己都视作一个整体'，假如天下有一人一物的失损，就是我心中的仁爱还有没有到达的地方。"

先生说："只说'明明德'而不说'亲民'，就和道佛两家学说没什么区别了。"

先生说："至善是人的天性，天性本来没有丝毫的恶，因此称至善。停止在至善上，只是恢复天性的本来面目而已。"

陆澄问："我总算是明白了至善乃是我的本性，我的本性就是我的心，我的心就至善所要归复的地方。明白了这些我就不会像原来那样急着向外求取，志也就安定了。而定力一旦有了则可摆脱心之纷扰，不纷扰了就能安静下来，安静而不妄动就能安；安就能专心致志在至善处。万虑千思，最终一定要通过上面这些方法达到至善境地的，这都是我静下来思考的结果。我这样说是否正确？"

先生答："大致如此。"

解 读

儒学是关于道德修养的学说，广大宏博，义理精微，功夫悉备，但归根到底只是正心二字，修身、正诚格致莫不是"正心"事。正心即是"明明德"，"自'格物''致知'至'平天下'，只是一个'明明德'，虽'亲民'亦'明德'事也"。此处把"亲民"理解为"安百姓"而非"新民"，与之前徐爱记录的老师言语保持一致。王阳明的"致良知"，和"止于至善"是同一道理，他进一步解释："性原无一毫之恶，故曰至善。止之，是复其本然而已。""致良知"是对人类至善之性的回归。这种对回归的呼唤，是王阳明一切"做功夫"的目标。

62. 孝悌为仁之市

【原典】

问："程子云：'仁者以天地万物为一体。'何墨氏'兼爱'，反不得谓之仁？"

先生曰："此亦甚难言，须是诸君自体认出来始得。仁是造化生生不息之理，虽弥漫周遍，无处不是，然其流行发生，亦只有个渐，所以生生不息。如冬至一阳生，必自一阳生而后渐渐至于六阳；若无一阳生，岂有六阳？阴亦然，唯有渐，所以便有个发端处，唯其有个发端处，所以生；唯其生，所以不息。譬之木，其始抽芽，便是木之生意发端处；抽芽然后发干，发干然后生枝生叶，然后是生生不息。若无芽，何以有干有枝叶？能抽芽，必是下面有个根在。有根方生，无根便死。无根何从抽芽？父子兄弟之爱，便是人心生意发端处，如木之抽芽。自此而仁民，而爱物，便是发干生枝生叶。墨氏兼爱无差等，将自家父子兄弟与途人一般看，便自没了发端处。不抽芽，便知得他无根，便不是生生不息，安得谓之仁？孝弟为仁之本，却是仁理从里面发出来。"

【译文】

陆澄问："程子说'仁者以天地万物为一体'，那为什么墨家说"兼爱"反而被说成是不仁呢？"

先生说："这个很难解释。必须是你们自己体察出来才能得出答案。仁是天地造化生生不息的天理，它弥漫宇宙天边，无处不在，然而它的流行发展，也是有个渐进的过程的，所以才能生生不息。比如每年十一月冬至的一阳初动，一直到来年四月谷雨的六阳生发，都是从初级到高级，从一才能走到六。阴也是这样。因为渐进，所以就有个发端之处。因为有发端处，所以会生长。因为生长，所以生生不息。譬如树木，开始发芽便是树木生成的发端处。发芽后长干，长完干又开始抽枝生叶，然后就繁衍生长永不停止。如果无芽，哪有干有枝叶？能发芽必然是下面有根，有根才能活，没根就死了，无根哪里去抽芽？父子兄弟之爱，便是人心生之意的发端处，像树木的发芽。从这里开始而仁爱百姓，泽及万物，便是抽枝生叶。而墨家的'兼爱''无差'等思想，将自家父子兄弟与陌生人一般看待，就没有了发端处，不抽芽，便知它是无根的，便不是生生不息的。哪里谈得上仁？孝、悌是仁的根本，仁理就是从孝悌中产生出来的。"

解 读

王阳明认为，亲亲是一体之仁的根，这一点与孔子所说的"孝悌也者，其为仁之本与"一脉相承。仁的"根本"终究会长成参天的"大树",但一切端赖于"根本"最初的"萌芽""发端"。根不萌芽便是"死根"。儒家力守这个"根本",而不与墨子兼爱观念妥协,自有其良苦用心在。就爱来说,一般有深浅厚薄之分,但"厚薄原理"不适用于父母兄弟,如果在父母兄弟还分个厚薄、还于心有"忍",那么,仁爱的根子便死掉了,一体的仁理便根本无法发生、无法体现了。这一点正是王阳明深为强调的。

63. 阳明批评佛教

【原典】

问:"延平云:'当理而无私心。'当理与无私心,如何分别?"

先生曰:"心即理也,无私心即是当理,未当理便是私心。若析心与理言之,恐亦未善。"

又问:"释氏于世间一切情欲之私,都不染着,似无私心;但外弃人伦,却似未当理。"

曰:"亦只是一统事,都只是成就他一个私己的心。"

【译文】

陆澄问:"延平先生说:'当理而无私心。'符合天理和没有私心,怎样区别?"

先生说:"心即理。没有私心,就是合于理;不合于理,就是有私心。若分开心与理来谈论,恐怕不妥当。"

陆澄又问:"佛家对于人世间的一切私欲都不沾染,这应该是无私心吧?但他们抛弃人伦,却似乎不符合天理。"

先生答:"佛家和世人其实是一回事,两者都是成就他个人的私心。"

解 读

王阳明认为,当人没有私心就是符合公理。正因人已有私心,才会去强论公理。但对于佛教"世间一切情欲之私都不染着",他持否定态度。这是基于一个儒家价值意识的标准下的批评,儒家的价值意识即是要对天下事务有所承担,要在这个现实的世界中去做一些有利国计民生的事情,如果只顾自己便是有私心,阳明批评释氏不能治天下,逃避君臣父子之义,弃绝现实事务,不为人民服务,又外弃人伦,这些批评都是谨守着儒家的价值标准的批评。

三、薛侃录——一以贯之

薛侃（1486—1545年），字尚谦，号中离，人称中离先生，明代揭阳县龙溪都（今广东潮安县庵埠镇薛陇乡）人。薛侃富有文才，明武宗正德丁丑二年（1517年）考中进士。考中进士后，即以侍养归，与长兄薛俊谈及阳明先生之学，薛俊听后大为赞赏，同薛侃携弟薛侨、子薛宗铠等到江西赣州拜王阳明为师。薛侃落职回乡后，于嘉靖十一年到中离溪畔的中离山办学。他在山中建中离书院，讲授王阳明之学，南方各省共有百余士子闻风而至。由于薛侃积极传播，使阳明之学在岭南有更大的影响。

1. 心之神明

【原典】

侃问："持志如心痛，一心在痛上，安有工夫说闲话，管闲事？"

先生曰："初学工夫，如此用亦好，但要使知'出入无时，莫知其乡'。心之神明原是如此工夫，方有着落。若只死死守着，恐于功夫上又发病。"

【译文】

薛侃问："坚持志向好比心痛，一心在痛上，哪有工夫说闲话、管闲事？"

先生说："刚开始学习时这样下工夫是好的，但是要让自己明白心灵的神明原本就是'出入没有固定的时间，不知道它要到哪里去'，这样功夫才有着落。如果只是死死守着志向，恐怕又是下错了功夫。"

解读

在王阳明眼里，"出入无时，莫知其乡"正是"道也者，不可须臾离也"。"莫知其乡"是"无向"，出入无时、无向，即是没有出入，或者出即入，入即出，这是心之神明至诚无息的境界。而出入有时、有向，则是出入有别，这是"往者屈也，来者信也"的"其次致曲"。人心是一个生机勃勃的活物，思维活动一刻也没有停息过。思维的内容、方式、次序都不受限制，念念相续。只有将心念功夫落实在志向上才行。

2. 不假外求

【原典】

侃问："专涵养而不务讲求，将认欲作理。则如之何？"

先生曰："人须是知学，讲求亦只是涵养，不讲求，只是涵养之志不切。"

曰："何谓知学？"

曰："且道为何而学？学个甚？"

曰："尝闻先生教，学是学存天理。心之本体即是天理。体认天理，只要自心地无私意。"

曰："如此则只须克去私意便是，又愁甚理欲不明？"

曰："正恐这些私意认不真。"

曰："总是志未切。志切，目视耳听皆在此，安有认不真的道理！是非之心，人皆有之，不假外求。讲求亦只是体当自心所见，不成去心外别有个见。"

【译文】

薛侃问："专心于涵养的功夫而不讲求正确的方法，从而误把欲当做理，怎么办？"

先生说："人必须是知学讲求，也只是涵养，讲求方法也不过是修身养性的手段，不讲求方法只是因为修身养性的志向尚不明确。"

薛侃问："知学是什么？"

先生说："且说说你是为何而学？学什么？"

薛侃说："先生曾教导我们说，学就是学'存天理'，心的本体就是天理，体察认知天理，不过就是要使自心无私欲。"

先生说："你既然认识到了这层，那么今后只需要去克制私欲就可以了，还愁什么理欲不明呢？"

薛侃说："只是怕哪是私欲、哪是天理认不真切！"

先生说："还是志向不真切。志向真切了，眼见耳闻都在天理上，哪有认识不清的道理呢？是非之心，人皆有之，不需要借助外界求得。讲求方法也只是体察自己心所见。有自心之外另有一个正确见识呢。"

解 读

修德是以道德为中心的人格培养。王阳明认为，功夫是一种活动而非仅是知识，涵养德行必须求学讲论，而求学讲论又重在志向明确和真切。志向真切，求学也真切，涵养也真切。这个真切功夫不在心外，而在自己心中的体会和揣摩。否则，自身的境界永远无法提升。

3. 不能"只管求"

【原典】

先生问在座之友："比来功夫何似？"

一友举虚明意思。先生曰："此是说光景。"

一友叙今昔异同。先生曰："此是说效验。"

二友惘然，请是。

先生曰："吾辈今日用功，只是要为善之心真切。此心真切，见善即迁，有过即改，方是真切工夫。如此，则人欲日消，天理日明。若只管求光景、说效验，却是助长外驰病痛，不是工夫。"

【译文】

先生问在座的朋友，这阵子功夫进展如何？

一个朋友说自己内心虚明，先生说："这是说表面现象。"

一位朋友讲述了过去和现在的不同。先生说："这是说效果。"

两人茫然不解，请教先生。

先生说："我们现在用功，就是要使为善的心真切，心真切，见善就会向往，有错就会改正，这才是真切的功夫。这样一来，私欲日渐消弭，天理日趋显明。如果只沉迷在求光景、说效果上，却是助长了心灵惯性向外的毛病，就不是真正的格物功夫了。"

解 读

此话说得明明白白，光景、效验可以求，但不能"只管求"，套句现代人通俗的说法，这些都只是过程，不是目的。

4. 王朱异同

【原典】

朋友观书，多有摘议晦庵者。

先生曰："是有心求异，即不是。吾说与晦庵时有不同者，为入门下手处有毫厘千里之分，不得不辩。然吾之心与晦庵之心未尝异也。若其余文义解得明当处，如何动得一字？"

【译文】

朋友们在一起看书，经常批评、议论朱熹。

先生说："这是故意吹毛求疵，是不对的。我的学说和朱熹固然有一些分歧，主要是在学问的入门功夫方面有毫厘千里之别，不能不分辨清楚。但我的终极目标和朱熹的心思是相同的。如果朱熹对文义解释的清晰精确之处，我又怎能改动一个字呢？"

解 读

王阳明继承发展了陆九渊的"心即是理"的本体论，并结合《大学》中的"格物致知"来批评朱熹的理学。朱子认为"格物"有多层次的参究，而王阳明认为"格物"只是一事，即格除心中之物欲。这个过程是通过修身来实现的。因为朱熹是本体与认识分开讲的，而王阳明是统一讲的，所以朱熹是本体决定认识，所以有那种说法。而王阳明没有这种决定论的观念，他认为从身起修，格心中物，即至于圣，如此而已。但王阳明并没有完全摆脱朱熹的影响，他在诠释学上，继承了朱熹的稳健细密。甚至在主观上他就不想彻底摆脱朱熹。所以有人指摘朱熹，王阳明说了这段话。

5. 纯乎天理方是圣

【原典】

希渊问："圣人可学而至，然伯夷、伊尹于孔子才力终不同，其同谓之圣者安在？"

先生曰："圣人之所以为圣，只是其心纯乎天理，而无人欲之杂；犹精金之所以为精，但以其成色足而无铜铅之杂也。人到纯乎天理方是圣，金到足色方是精。

然圣人之才力，亦有大小不同，犹金之分两有轻重。尧、舜犹万镒，文王、孔子犹九千镒。禹、汤、武王犹七八千镒，伯夷、伊尹犹四五千镒。才力不同，而纯乎天理则同，皆可谓之圣人；犹分两虽不同，而足色则同，皆可谓之精金。以五千镒者而入于万镒之中，其足色同也；以夷、尹而厕之尧、孔之间。其纯乎天理同也。盖所以为精金者，在足色，而不在分两；所以为圣者，在纯乎天理，而不在才力也。故虽凡人。而肯为学，使此心纯乎天理，则亦可为圣人；犹一两之金，化之万镒，分两虽悬绝，而其到足色处，可以无愧。故曰'人皆可以为尧、舜'者以此。学者学圣人，不过是去人欲而存天理耳。犹炼金而求其足色，金之成色所争不多，则锻炼之工省，而功易成。成色愈下，则煅炼愈难。人之气质，清浊粹驳，有中人以上、中人以下。其于道，有生知安行、学知利行，其下者必须人一己百，人十己千。及其成功则一。后世不知作圣之本是纯乎天理，却专去知识才能上求圣人，以为圣人无所不知，无所不能。我须是将圣人许多知识才能逐一理会始得。故不务去天理上看工夫，徒弊精竭力，从册子上钻研、名物上考索、形迹上比拟。知识愈广而人欲愈滋，才力愈多而天理愈蔽。正如见人有万镒精金，不务锻炼成色，求无愧于彼之精纯。而乃妄希分两，务同彼之万镒。锡、铅、铜、铁杂然而投。分两愈增而成色愈下。既其梢末，无复有金矣！"

时日仁在傍，曰："先生此喻足以破世儒支离之惑，大有功于后学。"

先生又曰："吾辈用力，只求日减，不求日增。减得一分人欲，便是复得一分天理。何等轻快脱洒！何等简易！"

【译文】

蔡宗兖（字希渊，王阳明的得意弟子）问："人固然可以通过学习成为圣人。然而伯夷、伊尹跟孔子比，才智是不同的，孟子把他们同称为圣人的原因在哪里？"

先生说："圣人之所以成为圣人的原因，只是其内心纯然充斥着天理而无半点私欲的混杂。就像精金之所以精的原因，只是因为成色足而没有铜铅等其他金属成分的混杂。人到纯存天理才是圣人，金到足色才是精金。然而圣人的才智也有大小之分，就像金的分量有轻重不同一样，尧舜犹如万镒重的金，文王孔子犹如九千镒，禹汤武王犹如七八千镒，伯夷伊尹犹如四五千镒。他们的才智虽然各不相同，但都纯存天理，这是相同的，都可以称为圣人，就像金的分量不同，而只要在成色十足，都可称为精金。之所以把相当于五千镒的圣人与相当于一万镒的圣人并称，只是缘于他们的成色是一样的。把伯夷、伊尹放在唐尧、孔丘的身旁并称，也是因为他们的内心都是纯然充斥着天理。成为精金的，在于成色足，而不在分量；成为圣人的，在纯乎天理，而不在才智。所以虽然是普通人，只要肯学习，让此心纯乎天理，就也可以成为圣人。就像重一两的金子，和重万镒的金子相比，分量的确相差悬殊，但就其成色十足而言，则是毫不逊色的。所以说'人人都可以成为尧舜'的原因就在这里。求学的人学习圣人，不过是要学去除私欲存天理。这就像炼金术，其所追求的也不过是黄金的成色更足而已。原料金的成色越足，那么煅烧的工夫就可以省却许多，也更容易成功。成色越低，那么煅烧起来也就愈加费劲。人的天资，清浊混杂，有中等以上的，有中等以下的。人的天资对于求道来说，有生来就知安于实践的，有学习后知道利行的，其下者，则必须是人学一己学百，人学十己学千，这才能勉强追赶上别人。后世之人不知成为圣贤之本是纯乎天理，却专门去知识与才能上去求取成为圣人，以为圣人无所不知，无所不能，我只需把圣人的许多知识才能一一学会就可以了。因此他们不从天理上下工夫，白白浪费精力，从书本上钻研，从名物上考察，从形迹上比拟，知识越广反而私欲会越发滋长，才智越多而天理越被蒙蔽。这样的人一如看见别人有万镒精金，自己不是想着增加自有的一两黄金的成色，使自己的金无愧于他人金的精纯，而一门心思想在分量上赶上人家，所以把锡箔铜铅铁，都混杂着投进去，这样的话分量的确是增加了，可成色却没了，到最后将不再有金。"

当时徐爱在旁边说："先生这个比喻，足以破除前世儒者支离破碎的说法，对后来的学者大有裨益。"

先生又说："我们用功，只求一天天减少私欲，不求一天天增长知识，减去一分私欲，便是恢复一分天理。何等轻快洒脱？何等简单易行啊？"

解 读

王阳明认为，圣人之所以为圣，只是其内心纯乎天理，就好像黄金一样，讲求的是精纯，有杂质在里面。圣不圣，看的是纯度，不是重量。就算是凡人，只要你肯学，也可以成为圣人。哪怕你只有一两，在一万镒面前也没什么可惭愧的。但是王阳明并不要求顿悟，讲究的是渐进，日有所为，日有所增。

6. 朱子之悔

【原典】

士德问曰："格物之说，如先生所教，明白简易，人人见得；文公聪明绝世，于此反有未审，何也？"

先生曰："文公精神气魄大，是他早年合下便要继往开来，故一向只就考索著述上用功。若先切己自修，自然不暇及此。到得德盛后，果忧道之不明，如孔子退修六籍，删繁就简，开示来学，亦大段不费甚考索。文公早岁便著许多书，晚年方悔是倒做了。"

士德曰："晚年之悔，如谓'向来定本之悟'，又谓'虽读得书，何益于吾事？'又谓'此与守书籍，泥言语，全无交涉。'是他到此方悔从前用功之错，方去切己自修矣。"

曰："然。此是文公不可及处。他力量大，一悔便转。可惜不久即去世，平日许多错处皆不及改正。"

【译文】

杨骥（字士德，王守仁的学生）问："'格物说'让先生这么一教，真是简单明白，人人都能理解。朱熹先生聪明绝世，对这一点却没有审慎，为什么呢？"

先生说："朱子早年便志存高远，早年他下定决心要继往开来，因而，他一直在考索著述上苦下工夫。如果他是先从剖析自己修身养性上着手，自然无暇顾及于此。等到他德行盛大之后，果然担心道之不明，就像孔子一样退下来专心修订《六经》，删繁就简，开示来学，也免去了许多本该被删除的大段文章的考据工夫。朱子早年便看许多书，晚年才后悔把治学的次序做倒了。"

杨骥说："朱熹的晚年之悔就体现在他说的这些话吗？如他所说的'以前定本的省悟'，又说'虽读了很多书，对我的事有什么帮助呢？'，又说'这与守着书籍，泥言语，全无关系'，他说这些话的意思就是这时候后悔从前的用功方向用错了，自此开始从剖析自己修身养性上着手。"

先生答："是这样的。这正是朱熹先生的可贵之处。他意志力强悍，一悔悟便自行修正，只可惜没过多久就去世了，之前的许多错处都来不及改正了！"

解 读

朱子是先治经后明道的，他做学问是用传统的方法，他收集了前辈关于"四书"等经典的注解，加以比较研究，再融会贯通。如果我们研究儒学不依靠朱子的《四书集注》是很难搞明白的。但是朱子毕竟是晚年彻悟的，故《四书集注》中难免有模糊之处，但对于彻悟的人来说是无所谓的。不能彻悟怎么办呢？要参照王阳明、藕益、憨山、印光这些人的说法。

后面杨骥引用的三处都出自王阳明编的《朱子晚年定论》一书，王阳明当年研究朱子学说，知道朱熹的弊端，也知道朱熹晚年悟处，为了更好地帮助后来的学者，王阳明在京城的时候，就四处收集朱熹晚年的信件并加以整理，编成《朱子晚年定论》一书。

7. 侃去花间草

【原典】

侃去花间草，因曰："天地间何善难培，恶难去？"

先生曰："未培未去耳。"少间，曰："此等看善恶，皆从躯壳起念，便会错。"侃未达。

曰："天地生意，花草一般，何曾有善恶之分？子欲观花，则以花为善，以草为恶。如欲用草时，复以草为善矣。此等善恶，皆由汝心好恶所生，故知是错。"

曰："然则无善无恶乎？"

曰："无善无恶者理之静，有善有恶者气之动。不动于气，即无善无恶，是谓至善。"

曰："佛氏亦无善无恶，何以异？"

曰："佛氏著在无善无恶上，便一切都不管，不可以治天下。圣人无善无恶，只是无有作好，无有作恶，不动于气，然遵王之道，会其有极，便自一循天理，便有个裁成辅相。"

曰："草既非恶，即草不宜去矣？"

曰："如此却是佛、老意见。草若是碍，何妨汝去？"

曰："如此又是作好作恶？"

曰："不作好恶，非是全无好恶，却是无知觉的人。谓之不作者，只是好恶一循于理。不去，又着一分意思。如此，即是不曾好恶一般。"

曰："去草如何是一循于理，不看意思？"

曰："草有妨碍，理亦宜去，去之而已。偶未即去，亦不累心。若着了一分意思，即心体便有贻累，便有许多动气处。"

89

曰："然则善恶全不在物？"

曰："只在汝心。循理便是善，动气便是恶。"

曰："毕竟物无善恶？"

曰："在心如此，在物亦然。世儒唯不知此，舍心逐物，将格物之学看错了，终日驰求于外，只做得个义袭而取，终身行不著，习不察。"

曰："'如好好色，如恶恶臭'，则如何？"

曰："此正是一循于理，是天理合如此，本无私意作好作恶。"

曰："'如好好色，如恶恶臭'，安得非意？"

曰："却是诚意，不是私意。诚意只是循天理。虽是循天理，亦看不得一分意。故有所忿懥、好乐，则不得其正，须是廓然大公，方是心之本体。知此，即知未发之中。"

伯生曰："先生云：'草有妨碍，理亦宜去。'缘何又是躯壳起念？"

曰："此须汝心自体当。汝要去草，是甚么心？周茂叔窗前草不除，是甚么心？"

【译文】

薛侃在给花圃除草时，顺便问："天地间什么样的善难以培养出来，什么样的恶难以去除？"

先生说："没有所谓的培养也没有所谓的去除。"过了一会儿，又说："这样看善恶，都是从表面上来说的，容易出错。"

薛侃没有懂先生的意思。

先生说："天地间万物生生不息，像花草一样，哪里会有善恶的分别呢？你想赏花，就以花为善，以草为恶。如果你需要用草时，则会认为草是善的。这样善恶区别，都是因为你心中的好恶所引起的。所以是错误的。"

薛侃问："那么就没有善恶之别了吗？"

先生说："没有善没有恶是理的宁静，有善有恶是心的异动。心不动，就没有善和恶之分了，这就是至善的境界。"

薛侃问："佛教也没有善恶的观念，这与先生的主张有何异同？"

先生说："佛教只在无善无恶上下工夫，其他的一切都不管了，这样是不能够治理天下的。圣人讲的无善无恶，只是不要从自身私欲出发从而产生好恶之心，不要随感情的发出而动了本心。然而孔子的'祖述尧舜，宪章文武'归根结底不过就是'循天理'这三个字，如同《易经》中说的那样'裁成天地之道，辅助天敌之宜'。"

薛侃说："既然草不该简单归于恶类，那么就不用将草除掉了。"

先生说："这样说就是佛、道的思想了。草如果有碍花的生长，你除掉它又有何妨呢？"

薛侃说："这样又是有好恶归类了。"

先生说："不从私欲上产生好恶之心，并非完全没有好恶之分，那样岂不成了没有感知的人。所谓不从私欲上分类，是指人的好恶要遵循天理，不另外夹杂丝毫私心杂念。如此，就如同未曾简单分类好恶一般。"

薛侃问："草该不该被除是怎样循天理，而不夹杂私欲呢？"

先生说："草对花的生长有妨碍，理应拔除，那就除去；偶尔有些没有除去，也不要记在心上。如果心中有一分在意，那么心体就会被它所累，便会有许多地方被意气所动。"

薛侃问："那么所谓善恶全然与具体事物无关了？"

先生说："善恶只在你的心是否循理。遵循理就是善，不循理就是恶。"

薛侃问："那么具体事物本身终究是没有善恶的，是吗？"

先生说："在心是这样，在物亦然。世儒不能够认识到这一层，才会舍弃本心的存养而去心外追求事物，因此将格物之学弄反了，整天忙于对外物的格除，最终只是做得个'义袭而取'，终其一生，不过是做了好事也不知道缘由，习以为常后又不知其所以然。"

薛侃问："对于人人都喜欢美女，厌恶恶臭，该如何理解呢？"

先生说："这正是遵循天理的结果，天理本应当如此，本来也没有什么刻意地先分出个好恶来。"

薛侃说："像喜欢美女与厌恶恶臭，怎么能说是刻意地事先分别了好恶呢？"

先生说："这是诚意，不是私欲。诚意就是遵循天理。尽管遵循天理去做事，也不能先在主观上提前分出个好坏来。因此有一丝激愤、怨恨、喜欢、高兴，那么心就不能保持中正平和。必须得是不先入为主，不带成见，这样才是心的本体。明白了这些，也就明白了什么是'未发之中'了。"

孟源在旁边插话说："先生说：'草妨碍到你了，理应拔掉。'怎么又说这是从外表上产生的私念呢？"

先生说："这需要你自己在心里体会。你要除掉草，是什么心思？周敦颐（字茂叔，北宋著名哲学家，是学术界公认的理学派开山鼻祖）不拔掉窗前的草又是什么心思？"

解 读

凡欲除之，皆是人欲。除而未累于心，也是私心。后面薛侃一直追问，但没有追问到王阳明无理处。周茂叔窗前的草不除是因为什么呢？是因为仁。王阳明为什么主张除去花间草？是因为理。但阳明强调，"然则善恶全不在物，只在汝心"，这里的意思是不能执念于物而论善恶，只有将物置于整体意义结构中方才有善恶。不做好做恶，不动于气，就是至善。

8. 为学头脑

【原典】

先生谓学者曰："为学须得个头脑工夫，方有着落。纵未能无间，如舟之有舵，一提便醒。不然，虽从事于学，只做个义袭而取，只是行不著，习不察，非大本达道也。"

又曰："见得时，横说竖说皆是。若于此处通，彼处不通，只是未见得。"

【译文】

先生对来访的学者说："做学问必须有头脑，如此功夫才有着落。纵然做不到一遇即懂，融会贯通，但有了头脑就如船有舵，关键时刻一提便明白。不然的话，虽然苦学用功，但也只是'义袭而取'，只能是做了好事也不知道缘由，习以为常后又不知其所以然。不是天下的大本（根本）与达道（原则）。"

先生接着又说："有了头脑，横说直讲你都能整明白。如果此处明白了，别处又不明白了，只是因为没有用脑。"

解 读

阳明上承了密宗先顿后渐的思辨方法，强调顿悟的先导作用，他把顿悟良知本体之理视做"为学头脑"。认为学问之要，首在头脑，次在志真，头脑正，悟门开，从心发明，从身悟入，则任何问题皆可自化。

9. 志向真切

【原典】

或问为学以亲故，不免业举之累。

先生曰："以亲之故而业举为累于学，则治田以养其亲者亦有累于学乎？先正云'惟患夺志。'但恐为学之志不真切耳。"

【译文】

有人问："为了父母而做学问，难免被科举中第所累吧?"

先生答："要是这样，那么为了侍奉父母而种田，也有碍于思想进步呀？程颐说'只害怕丧失了志向'，是说只怕是求学的志向不真切呀！"

解 读

这是在批评为懒惰而以父母为借口的人。阳明先生的意思很明确，做学问要志向真切。只要志向真切了，其他外在的因素都不能妨碍思想的进步和学问的增长。相反，如果志向不真切，而总是拉客观、找借口，做学问就很难取得成就。

10. 主宰常定

【原典】

崇一问："寻常意思多忙，有事固忙，无事亦忙，何也？"

先生曰："天地气机，元无一息之停，然有个主宰，故不先不后，不急不缓。虽千变万化，而主宰常定，人得此而生。若主宰定时，与天运一般不息，虽酬酢万变，常是从容自在，所谓'天君泰然，百体从令'。若无主宰，便只是这气奔放，如何不忙？"

【译文】

欧阳德（字崇一，王守仁的弟子）问："平时总是觉得意念思想很忙乱，有事时固然会忙，无事时也觉得忙，这是怎么回事？"

先生说："天地间万物的变化本来就没有一刻是会停息的。但有了一个主宰，变化时就会不先不后，不急不缓，即使千变万化，而主宰却是安定的。人有了这个主宰才产生。如果主宰安定了，像天运一般没有障碍，即使日理万机，也从容自在。也就是所谓的'天君泰然不动，百体从撙令而行'。如果没有主宰，只是个意气用事，怎么会不忙呢？"

解 读

王阳明认为，"忙"并不是事多而繁忙，乃因"无主宰"而致"失序"，进而"失据"，与事之多寡无关。主宰常定，变化之先后急缓秩序确定，人事秩序也随之确定，有事无事故得从容自在。主宰缺失，意气用事，秩序无存，有事无事皆忙皆乱。这里阳明所称的主宰指的是心，这主宰就是一片纯然的天理，一个昭明的良知。人心如果中无所主，那还不会百欲交侵、心劳日拙吗？所以心有主宰，真是一个做学问的头脑功夫。

11. 不务空名

【原典】

先生曰："为学大病在好名。"

侃曰："从前岁自谓此病已轻，此来精察，乃知全未。岂必务外为人？只闻誉而喜，闻毁而闷，即是此病发来。"

曰："最是。名与实对，务实之心重一分，则务名之心轻一分。全是务实之心，即全无务名之心。若务实之心如饥之求食，渴之求饮，安得更有工夫好名？"

又曰："'疾没世而名不称'，'称'字去声读，亦'声闻过情，君子耻之'之意。实不称名，生犹可补，没则无及矣。'四十五十而无闻'，是不闻道，非无声闻也。孔子云：'是闻也，非达也。'安肯以此忘人？"

【译文】

先生说："做学问最大的毛病就在好名。"

薛侃说："从去年起，我感觉自己这方面的毛病减轻了许多。近段时间来仔细地内省自视，才知道完全不是那回事。难道我一直很注意外人怎么看吗？听见夸赞就高兴，听闻批评就郁闷，就是好名的毛病在发作的表现。"

先生说："肯定是了！好名与务实相对，务实的心思重一分，那么好名的心思就轻一分。如果自己全是务实的心思，那么好名的心思也就全没了。如果务实的心思犹如饥饿要吃饭，渴了要喝水一样，哪有闲心去好名啊？"

先生又说："孔子说：'君子疾没世而名不称。''称'字读四声，和孟子所说的'声闻过情，君子耻之'是一个意思。实际和名声不相符合，活着还可以补救，死了就没办法再改了。孔子说的'四十五十而无闻'中的'闻'是没有闻道，并非没有名声。孔子还曾说过'是闻也，非达也'。他怎么会用声名来对待别人呢？"

解 读

务实就是讲究实际、实事求是，这是中国农耕文化较早形成的一种民族精神。但很多人总想着出人头地，光宗耀祖。武人打仗打够了，大都要荣归故里；而文人一旦金榜题名，也要衣锦还乡，体验人人仰视的快乐。王阳明反对追虚逐妄，强调名副其实。他以"务实"来去除"务名"之病，排斥虚妄，鄙视华而不实，追求充实而有活力的人生。

12. 以改之为贵

【原典】

侃多悔。

先生曰："悔悟是去病之药，以改之为贵。若留滞于中，则又因药发病。"

【译文】

薛侃经常后悔。

先生说："悔悟是治病的药，以改正为贵。若是留滞于心，怅然不去，那么又会因药而生病了。"

解 读

王阳明认为，一个人有悔恨改过之心是完善自我道德的良药，但最重要的是吸取教训，下次别再重蹈覆辙就行了，没有必要以苦行来折磨自己。人应该有悔悟之心，但不该让它成为负担。

13. 道德实践

【原典】

德章曰："闻先生以精金喻圣，以分两喻圣人之分量，以锻炼喻学者之工夫，最为深切。惟谓尧、舜为万镒，孔子为九千镒，疑未安。"

先生曰："此又是躯壳上起念，故替圣人争分两。若不从躯壳上起念，即尧、舜万镒不为多，孔子九千镒不为少。尧、舜万镒只是孔子的，孔子九千镒，只是尧、舜的，原无彼我。所以谓之圣，只论精一，不论多寡。只要此心纯乎天理处同，便同谓之圣。若是力量气魄，如何尽同得？后儒只在分两上较量，所以流入功利。若除去了比较分两的心，各人尽着自己力量精神，只在此心纯天理上用功，即人人自有，个个圆成，便能大以成大，小以成小，不假外慕，无不具足。此便是实实落落明善诚身的事。后儒不明圣学，不知就自己心地良知良能上体认扩充，却去求知其所不知，求能其所不能，一味只是希高慕大，不知自己是桀、纣心地，动辄要做尧、舜事业，如何做得？终年碌碌，至于老死，竟不知成就了个什么，可哀也已！"

【译文】

刘德章（王阳明的学生）说："听先生用精金比喻圣人，以金的分量比喻圣人才智的大小，用金的锻造提炼比喻学者的修养功夫，真是深刻呀！只是先生把尧、舜比作万镒重的金子，而把孔子比作九千镒的金子，我怀疑不太妥当。"

先生说："这又是从表面上去考虑的，这才替孔子争分量。如果是从心上起来的念头，即便说尧舜是一万镒也不算多，说孔子九千镒也不为少。尧舜的一万镒也相当于是孔子的，孔子的九千镒也相当于是尧舜的，本来也不分彼此。之所以称为圣人，只看心体是否'精一'，而不论才智的大小。只要他们内心的纯粹天理是相同的，便统称他们为圣人。若是论及他们的才智气魄怎么可能完全相同呢？后来的儒生就是因为思想意识总是停留在分量的较量层面上，所以才流于功利之心。如果去掉了比较分量的心思，每个人尽自己所能，只在存养天理上下工夫，即会各有收获，素质好的成就大，素质一般的也小有成就，不需要凭借外力，自可修成正果。此乃实实在在明德修身的事。后世儒生不明白圣人的根本，不知道从自己心体的良知良能上去体会、认识与拓展，却去求知其所不知，求能其所不能，一味地好高骛远，爱慕虚荣，全不知自己这已经是桀、纣的心体，却动不动就想做尧、舜的事业，这怎么能做到？终年碌碌无为，直到终老死去，都不知道到底成就了些什么，真是悲哀呀！"

解 读

阳明先生在这里再次阐发了人类最高可能的平等性，以及人的差异性和共同性，孔孟的尽性知命的情怀在他这里得到了圆通！阳明先生指点出了人们真正应该追求的是学做圣人，无论是谁，只要真心实意这么追求了，便能"大以成大，小以成小"以致"人人自有，个个圆成"。

14. 体用一源

【原典】

侃问："先儒以心之静为体，心之动为用，如何？"

先生曰："心不可以动静为体用。动、静，时也。即体而言用在体，即用而言体在用，是谓体用一源。若说静可以见其体，动可以见其用，却不妨。"

【译文】

薛侃问："先儒认为'静是心的本体，动是心的应用'，这话怎么样？"

先生说："心不能用动静来区分本体和应用。动与静都是暂时的、相对的。就本体而言，应用在本体之中；就应用而言，本体也寓于在应用之中。所以说'体用一源'。如果说静时可以看见心的本体，动时可以看见心的作用，倒也没什么问题。"

解　读

在王阳明眼里，体和用是一回事，动不是用，静也不是体，体用只是人们对于心的一种判断。除了心的分别作用，别无其他。王阳明在这里实际是否定了存在体与用了，因为在这里心的作用只是自我的分别，本身没有体与用的分别了。

15. 不肯移

【原典】

问："上智、下愚，如何不可移？"

先生曰："不是不可移，只是不肯移。"

【译文】

薛侃问："孔子为什么说上智之人与下愚之人不能互相转变？"

先生说："不是不能转变，孔子的意思是他们不肯转变。"

解　读

孔子曾说"上智"是"生而知之"，即超人或天才，孔子说自己不是。"下愚"是指先天素质很不好的人。阳明的解释着重在自觉学习，在于自己的志向和后天的努力。不论是谁，只要自己肯下工夫，"良知"都是可以达到的。

16. 善用俱是

【原典】

问"子夏门人问交"章。

先生曰："子夏是言小子之交，子张是言成人之交。若善用之，亦俱是。"

【译文】

薛侃向先生请教"子夏门人问交"这一章。

先生说："子夏说的是小孩子之间的交往，子张说的是成人之间的交往。如果善于应时应用，都是对的。"

解 读

孔子弟子子夏的门人，向师叔子张请教如何交朋友。子张说："子夏怎么说？"门人回答："子夏说：'可以跟他交朋友的就交，那些不能交朋友的人就拒绝和他交。'"子张说："跟我所听到不大一样：君子尊重贤德的人，而且能容纳众多的普通人；赞美那些有才能的人，而且尊重怜惜那些没有才能的人。我自己如果是很贤德的人，对别人还有什么不能容纳？我自己如果不是贤德的人，别人可能会拒绝和我交朋友，哪里用得着自己再去拒绝别人呢？"

关于论语这篇，南怀瑾《论语别裁》得出了"有容德乃大"的结论。甚至推论出，圣人之学到第二代、第三代已经开始分化了。而王阳明亦以为然。所不同的是，"后儒"们只看表面，不如阳明先生透彻——若善用之，亦俱是。

17. 主体性觉醒

【原典】

子仁问："'学而时习之，不亦说乎？'先儒以学为效先觉之所为，如何？"

先生曰："学是学去人欲，存天理。从事于去人欲，存天理，则自正。诸先觉考诸古训，自下许多间辨思索存省克治功夫。然不过欲去此心之人欲，存吾心之天理耳。若曰'效先觉之所为'，则只说得学中一件事，事亦似专求诸外了。'时习'者，'坐如尸'，非专习坐也，坐时习此心也；'立如斋'，非专习立也。立时习此心也。'说'是'理义之说我心'之'说'。人心本自说理义，如目本说色，耳本说声，惟为人欲所蔽所累，始有不说。今人欲日去，则理义日洽浃。安得不说？"

【译文】

冯恩（字子仁，王阳明的学生）问："'学而时习之，不亦说乎？'先儒认为学习就是效仿先觉们的行为。是这样吗？"

先生说："学是要学如何'去人欲，存天理'，你只要每件事上都去人欲存天理，那么自己就比先觉们都正心。如果你从事于古训的考诂工作，在过程中自然就下了许多思考、考据、辨误、理解、记忆、简化等功夫，然而也不过还是去内心之人欲，存心之天理罢了。如果说效法先觉者的作为，则只是说中了学习过程中的一件事，这事还有点专于物外寻找真理的味道。'时习'的人'坐如尸'并不是专来学老老实实坐着的，而是安心坐在那儿修习自心的；'立如斋'，也不是专心学习怎么个立法，而是学习立时纯洁内心。'说'是'理义之悦我心'的'悦'"，人心本来就以理义为悦，就像眼睛以色为悦，耳朵以声为悦，只是因为被私欲遮蔽才有不喜欢的时候。现在私欲渐去，则理义自通，哪能不高兴呢？"

解　读

朱子将"学而时习之"的"学"字解为"效"而不解为"觉"。王阳明不同意，他批评朱子将"学"解释为"效"，求之于外，违反"学"之作为"主体性觉醒"之原意，并重新解释。

18. 体未立，用安从生

【原典】

国英问："曾子三省虽切，恐是未闻一贯时功夫？"

先生曰："一贯是夫子见曾子未得用功之要，故告之。学者果能忠恕上用功，岂不是一贯？一如树之根本，贯如树之枝叶。未种根，何枝叶之可得？体用一原，体未立，用安从生？谓'曾子于其用处，盖已随事精察而力行之，但未知其体之一'，此恐未尽。"

【译文】

陈桀（字国英，王阳明的学生）问："曾子曰三省吾身虽然深切，但恐怕是在听闻孔子那句'吾道一以贯之'教导前的学习方法吧？"

先生说："'一以贯之'是孔子见曾子没领会用功的要领，所以告诉他。求学的人果真能够在忠、恕两个字上用心，难道不是一贯吗？'一'就像树的根，'贯'就像树的枝叶，没有根，哪来

的枝叶？体和用一体。体没立，哪来的用？说'曾子于其用处盖已随事精察而力行之，但未知其体之一'，我觉得这话恐怕不全对。"

解 读

王阳明以"体用一原"概念中之"体"解释孔子"一以贯之"的"一"，批评朱注，认为所谓"一贯"是指"体"，但这个"体"的具体含义如何，王阳明在此并未明言。但从阳明思想脉络推测，应是指"良知之本体"，颇具心性论之意涵。

19. 在心地上用功

【原典】

黄诚甫问"汝与回也，孰愈"章。

先生曰："子贡多学而识，在闻见上用功。颜子在心地上用功，故圣人问以启之。而子贡所对又只在知见上。故圣人叹惜之，非许之也。"

"颜子不迁怒，不贰过，亦是有未发之中始能。"

【译文】

黄宗贤（字诚甫，王阳明的学生）向先生请教《论语》中"汝与回也，孰愈"这一章怎么理解。

先生说："子贡聪明博学，在博闻强记上用功。而颜回却是在自心的理解辨识上用功。所以孔子才有此问，来启发子贡。但是子贡的回答却认为自己与颜回的差距仅是体现在知与见的层次上，所以孔子为之叹惜，并不是认同他。"

先生说："颜回遇有不顺的事儿不会迁怒于别人，同样的错误不会犯两次，这也是具备了'未发之中'的功夫才能做到的。"

解 读

在《传习录》上卷里，阳明比较强调"心上功夫"。他明确反对子贡的"在闻见上用功"，而推崇颜子的"在心地上用功"。因为他认为，不能把"格物之学"错看成"舍心逐物"的"动处用功"。

20. 立志贵专一

【原典】

"种树者必培其根，种德者必养其心。欲树之长，必于始生时删其繁枝；欲德之盛，必于始学时去夫外好。如外好诗文，则精神日渐漏泄在诗文上去，凡百外好皆然。"

又曰："我此论学，是无中生有的工夫，诸公须要信得及只是立志。学者一念为善之志，如树之种，但勿助勿忘，只管培植将去，自然日夜滋长，生气日完，枝叶日茂。树初生时，便抽繁枝，亦须刊落，然后根干能大，初学时亦然。故立志贵专一。"

【译文】

先生说："种树者必培其根，种德者必养其心。想要树生长，必须开始的时候就修剪它的繁枝；要想德行高尚，必须在刚开始学习时就去除外在的喜好。譬如你喜欢诗文，则精神就会日渐漏泄在诗文上去。其他爱好的效果也是如此。"

先生又说："我在此处讲学，它是一种无中生有的功夫，你们要相信的话，就必须立志。求学的人要有一心向善的志向，一如树的种子，只要不忘记，不助长，一直栽培下去，它自然就会生长、发育，枝繁叶茂。小树刚长出来时，有了分枝，应该剪掉，然后主干才能长高长壮。初学者也是这个道理。所以说立志贵在专一。"

解 读

在王阳明看来，立志是功夫中的第一个步骤，但立志要专一，这是成圣与否的关键。初学者要守住心性，立志专一，不分神过杂，一以贯之在根上、源头上，凡与圣学无关之闲技能皆应废去。

21. 无所偏颇

【原典】

因论先生之门，某人在涵养上用功，某人在识见上用功。

先生曰："专涵养者，日见其不足；专识见者，日见其有余。日不足者，日有余矣；日有余者，日不足矣。"

【译文】

大家在一起议论先生的诸位弟子时，谈到某人是在修养身心上用功，某人在知识见闻上用功。

先生说："专在修养上用功，每天能发现自己的不足；专在知识见闻上用功，每天都会觉得自己懂得越来越多。每天发现不足的人，德行将会一天天提高。每天感到自己知识越来越多的人，其德行上的不足会一天天多起来。"

解 读

重涵养而日不足，是说知识上不广博（所谓日不足），但知识上的不广博，却使得德行上内自充足（所谓日有余）。专见识者恰好相反：似乎在知识上丰富广博，但在德行上却有所欠缺。阳明之意，是涵养与见识合一，无所偏颇。

22. 居敬穷理

【原典】

梁日孚问："居敬、穷理是两事，先生以为一事，何如？"

先生曰："天地间只有此一事，安有两事！若论万殊，礼仪三百，威仪三千，又何止两！公且道居敬是如何？穷理是如何？"

曰："居敬是存养工夫，穷理是穷事物之理。"

曰："存养个甚？"

曰："是存养此心之天理。"

曰："如此，亦只是穷理矣。"

曰："且道如何穷事物之理？"

曰："如事亲便要穷孝之理，事君便要穷忠之理。"

曰："忠与孝之理在君亲身上？在自己心上？若在自己心上，亦只是穷此心之理矣。且道如何是敬？"

曰："只是主一。"

曰："如何是主一？"

曰："如读书便一心在读书上，接事便一心在接事上。"

曰："如此则饮酒便一心在饮酒上，好色便一心在好色上，却是逐物，成甚居敬功夫！"

日孚请问。

曰："一者，天理。主一是一心在天理上。若只知主一，不知一即是理，有事时便是逐物，无事时便是着空。惟其有事无事，一心皆在天理上用功，所以居敬亦即是穷理。就穷理专一处说，便谓之居敬；就居敬精密处说，便谓之穷理。却不是居敬了别有个心穷理；穷理时别有个心居敬，名虽不同，功夫只是一事。就如《易》言'敬以直内，义以方外'，敬即是无事时义，义即是有事时敬，两句合说一件。如孔子言'修己以敬'，即不须言义；孟子言'集义'，即不须言敬。会得时，横说竖说，功夫总是一般。若泥文逐句，不识本领，即支离决裂，功夫都无下落。"

问："穷理何以即是尽性？"

曰："心之体，性也，性即理也。穷仁之理，真要仁极仁；穷义之理，真要义极义。仁、义只是吾性。故穷理即是尽性。如孟子说'充其恻隐之心，至仁不可胜用'，这便是穷理工夫。"

日孚曰："先儒谓'一草一木亦皆有理。不可不察'，如何？"

先生曰："夫我则不暇。公且先去理会自己性情，须能尽人之性，然后能尽物之性。"

日孚悚然有悟。

【译文】

梁焯（字日孚，王阳明的学生）问："程朱学派认为居敬与穷理是两件事，而先生认为是一件事，为什么呢？"

先生说："天地间只有一件事，怎么会有两件事？若论事物各不相同，那么礼仪三百、威仪三千，又何止两件？你先说一下什么是居敬？什么是穷理？"

梁焯说："居敬是存养功夫，穷理是穷极万物深妙之理。"

先生说："存养些什么？"

梁焯说："存养自己内心的天理。"

先生说："这样解释居敬也就是穷理了。"

先生接着说："那你说说怎样推究事物的道理？"

梁焯说："譬如孝敬双亲便要穷极孝的道理；辅佐国君就要穷极忠的道理。"

先生说："忠和孝的道理，是在国君、父母身上，还是在自己心上？如果在自己心上，也就是要穷极此心的道理了。你再说说什么是居敬？"

梁焯说："居敬，就是主一。"

先生问："怎样才算是主一？"

梁焯说："譬如读书便一心一意在读书上，办事便一心一意在办事上。"

先生说："这样说来，喝酒便一心一意在喝酒上，好色就一心一意在好色上。

这是追逐外在物欲，怎么能称为居敬功夫呢？"

梁焯于是就向先生请教怎样才能做到主一。

先生说："一就是天理，主一就是一心一意在天理上。如果只懂得主一，却不明白它就是天理，那么有事时就是向外追逐物欲，无事时就是凭空幻想。只有不管有事无事都一心一意在天理上用功，这才是真正的主一。这样居敬也就是穷理。就穷理的专一而言，穷理就是居敬；就居敬的精密上来说，居敬就是穷理。这可绝不是说你居敬了，另外还有个心思去穷理；穷理的时候，另外还有个心思在居敬。两者名称虽然不同，功夫却是一个事，这就像《易经》中所说的'内心恭敬而正直，待人接物则要行为合乎正义'。这里敬就是无事时的义，义就是有事时的敬，两句话说的是同一个事物。如孔子说'恭恭敬敬地修养身性'时，就不需要说义；孟子说'积累善德而行为合乎正义'时，也不需要说敬。体会到了这层，横说竖说，下的工夫总是一样的。如果拘泥于文句，不了解根本，只会把完整的东西弄得支离决裂，功夫就没有着落处。"

梁焯问："穷理为何就是尽性呢？"

先生说："心的本体就是天性，天性就是天理。穷尽仁的道理，就是使仁成为至仁；穷尽义的道理，就是使义成为至义。仁与义只是我们的天性，所以穷理就是尽性。孟子所说的'扩充恻隐之心，到仁的程度就会取之不尽'，就是穷理的功夫。"

梁焯说："程颐先生说的'一草一木亦皆有天理，不能不仔细考察'，这句话先生怎么看？"

先生说："这我就没工夫去一一研究了。你先要做的只是先去修养自己的身性，只要真正做到穷尽人的本性，然后才能穷尽事物的本性。"

梁焯因此忽然警醒并有所感悟。

解读

王阳明从"心即理"的立场出发，对朱熹（亦含程颐）的"居敬穷理说"提出了尖锐的批评，全文颇长，但很值得回味。阳明的思路非常明确，在他看来，不论是居敬还是穷理，也不论是读书还是接事，固然需要由"一心"来主导，但更要追问的是，此所谓"一心"究为何意？如果只是指意识集中，那么譬如"饮酒""好色"之行为，也会达到意识集中的状态，因此如果我们放弃对"一心"之本质内涵的追问，仅仅强调主一无适，那不仅是毫无意义的，甚至会使人心走入歧途却又茫然不知。至此，阳明的结论已很明显：须将"一心"往上提升，理解为形而上的"心体"，亦即"心即理"意义上的超越之道德本心，唯有从道德本心的立场出发，主敬功夫才有意义。

23. 知是理之灵处

【原典】

唯干问："知如何是心之本体？"

先生曰："知是理之灵处：就其主宰处说，便谓之心；就其禀赋处说，便谓之性。孩提之童，无不知爱其亲，无不知敬其兄。只是这个灵能不为私欲遮隔，充拓得尽，便完，完是他本体，便与天地合德。自圣人以下，不能无蔽，故须格物以致其知。"

【译文】

唯干问："知为什么是心之本体？"

先生说："知是理之灵处。就其主宰的方面说就是心，就其禀赋的方面说就是性。孩提之童，无不知爱其双亲，无不知敬其兄长。要使这种灵不为私欲遮隔，就要时时使之盈满心田，这样的心便完全是他本体了，便与天地合德。自圣人以下，凡人哪有灵慧一点也不被遮隔的呢？因此才需要格物以致其知。"

解 读

王阳明心学中的灵明是先天就已存在的。借助灵明，即人之本心的澄明，人们的良知才可显现出来。他认为除了圣人，没有人的本心不被蒙蔽，所以每个人都应该格物致知，达到内心的灵明。

24. 本体无一物

【原典】

守衡问："《大学》工夫只是诚意，诚意工夫只是格物，修齐治平，只诚意尽矣，又有'正心之功，有所忿懥好乐，则不得其正'，何也？"

先生曰："此要自思得之。知此则知未发之中矣。"

守衡再三请。

曰："为学工夫有浅深，初时若不着实用意去好善恶恶，如何能为善去恶？这着实用意便是诚意。然不知心之本体原无一物，一向着意去好善恶恶，便又多了这分意思，便不是廓然大公。《书》所谓'无有作好作恶'，方是本体。所以说'有所忿懥、好乐，则不得其正'。正心只是诚意功夫里面体当自家心体，常要鉴空衡平，这便是'未发之中'。"

【译文】

守衡问："《大学》的功夫就是诚意，诚意的功夫就是格物，修身、齐家、治国、平天下的功夫，只一个诚意就可以包括完了，可是《大学》中还有正心的功夫，说'心里总是念念不忘于愤怒或快乐，则正不了心'，这是为什么呢？"

先生说："这就得你独立思考才能领会了，领会到了也就明白什么是未发之中了。"

守衡怎么也想不明白，于是再三请教于先生。

先生说："为学的功夫有深有浅，在刚开始时如果不能着实用心地去好善憎恶，又怎么能做到为善除恶呢？这里的着实用心就是诚意。然而一般人不明白心的本体原本就是空灵的，刻意去好善恶恶，反倒是多了这分有意为善憎恶的心思，心的本体就不是廓然大公了。《尚书》中所说的'不有意为善作恶'，这才是心的本体。所以《大学》中才说，'心里总是念念不忘于愤怒或快乐，则正不了心'。正心就是从诚意功夫上体认自己的心体，使它经常像镜子一样明亮，像秤杆一样平稳，这就是未发之中。"

解 读

王阳明认为，本体是无一物的。所谓的无一物，就是无一私欲念虑。人人心中有天理、私欲的辩争，有很多种事事物物的实践在其中，但是本体自身自是本体，不关人心念虑。人心念虑事物万千，本体中原无念虑，是心性之纯然状态，故而无物。

25. 戒惧慎独

【原典】

正之问曰："戒惧是己所不知时工夫，慎独是己所独知时工夫，此说如何？"

先生曰："只是一个工夫。无事时固是独知，有事时亦是独知。人若不知于此独知之地用力，只在人所共知处用功，便是作伪，便是'见君子而后厌然'。此独知处便是诚的萌芽。此处不论善念恶念，更无虚假，一是百是，一错百错。正是王霸、义利、诚伪、善恶界头。于此一立立定，便是端本澄源，便是立诚。古人许多诚身的工夫，精神命脉全体只在此处，真是莫见莫显，无时无处，无终无始，只是此个工夫。今若又分戒惧为己所不知，即工夫便支离，亦有间断。既戒惧，即是知。己若不知，是谁戒惧？如此见解，便要流入断灭禅定。"

曰："不论善念恶念，更无虚假，则独知之地，更无无念时邪？"

曰："戒惧亦是念。戒惧之念，无时可息。若戒惧之心稍有不存，不是昏聩，便已流入恶念。自朝至暮，自少至老，若要无念，即是己不知，此除是昏睡，除是槁木死灰。"

【译文】

黄弘纲（字正之，王阳明的学生）问："戒惧是自己不知道时下的功夫，慎独是自己独处时所下的功夫，可以这么解释吧？"

先生说："其实是一个工夫。没事时固然是独知，有事时也是独知。人要是不懂得在独知处用功，只在人所共知处用功，便是弄虚作假，岂不成了《诗经》上说的'见到君子后掩饰自己的罪行'。这独知的地方便是诚意萌芽的地方。在这个关键的地方不论是善念还是恶念，那是没有真假可言的，一荣俱荣，一损俱损。此正是王霸、义利、诚伪、善恶的界限，在此处立心正了，就是正本清源，就是诚心正意。古人的许多诚心修身功夫，其精神命脉全都在这里了，那真是看不见也摸不着，须臾不离，无始无终，只是这一个功夫。你今天如果立心要把'戒惧'划分到自己不知道时的功夫，这慎独的功夫就被弄得支离破碎，中间就有阻隔了。既然戒惧就是自己知道知的功夫，自己如果不知道，那又是谁在戒惧呢？那样的见解就要沦落为佛家的禅定断灭之中去了。"

黄弘纲问："先生说'不论是善念还是恶念，那是没有真假可言的'，那么，自己独处时就没有无所思虑的时候了吗？"

先生说："戒惧也是意念。戒惧的意念，从来不会止息，如果戒惧之心稍有放松，不是昏聩，就是起了邪恶的意念。从早到晚，从小到老，要是没有了意念，就是没知觉了，这种情形，如果不是昏睡，就是形如槁木，心如死灰了。"

解 读

在王阳明看来，戒惧慎独都是一个功夫，即独知。人必须于独知处用力，在大家所共知之处用功夫，就是作伪，善念恶念都是出自此独知之处。古人许多诚身的功夫，其实质精神，都是在此独知处。保持"自然的戒慎恐惧"才是"独知"功夫。

26. 尊孟贬荀

【原典】

志道问："荀子云：'养心莫善于诚'，先儒非之，何也？"

先生曰："此亦未可便以为非。'诚'字有以功夫说者。诚是心之本体，求复其本体，便是思诚的工夫。明道说'以诚敬存之'，亦是此意。《大学》：'欲正其心，先诚其意。'荀子之言固多病，然不可一例吹毛求疵。大凡看人言语，若先有个意见，便有过当处。'为富不仁'之言，孟子有取于阳虎。此便见圣贤大公之心。"

【译文】

管志道（字登之，王阳明门人耿定的弟子）问："荀子说：'养心最好的办法是思诚'，二程认为不对，这是为什么？"

先生说："这也不能就认为不对。对于'诚'字，有人是从存养天理的功夫上来理解的。诚是心的本体，求得恢复心体的功夫，就是思诚的功夫。程颢先生说'用诚敬的心存养它'，也是此意。《大学》中说'要端正人的心体，必须先端正他的思想'。荀子的话固然有语病，但不要吹毛求疵。一般看别人的学说，如果你先对他有了成见，肯定就会挑出过分的地方。'为富不仁'这句话，就是孟子引用阳虎的话，由此可见圣贤阔大公正的心。"

解读

荀子是战国时代的儒学宗师，也是当时最有学术成就和社会影响的思想家之一。荀子对孔子相当尊重，而对孟子及其学派却有尖锐的批评。在某种意义上，他有把自己作为孔子正宗传人的意愿。以当时的社会影响而言，"孔孟之道"与"孔荀之道"并存的可能性是存在的。至唐代，韩愈昌明"道统"之说，不仅表现出尊孟贬荀的倾向，而且已经把荀子排斥出儒学正宗的体系之外。在宋代理学大盛时期，荀子更受到空前的贬抑，朱熹甚至告知弟子可以不理会荀子。正因此故，王阳明说的这段话，意味是十分深长的。

27. 保全真己

【原典】

萧惠问："己私难克，奈何？"

先生曰："将汝己私来替汝克。"

先生曰："人须有为己之心，方能克己；能克己，方能成己。"

萧惠曰："惠亦颇有为己之心，不知缘何不能克己？"

先生曰："且说汝有为己之心是如何？"

惠良久曰："惠亦一心要做好人，便自谓颇有为己之心。今思之，看来亦只是为得个躯壳的己，不曾为个真己。"

先生曰："真己何曾离着躯壳！恐汝连那躯壳的己也不曾为。且道汝所谓躯壳的己，岂不是耳、目、口、鼻、四肢？"

惠曰："正是。为此，目便要色，耳便要声，口便要味，四肢便要逸乐，所以不能克。"

先生曰："'美色令人目盲，美声令人耳聋，美味令人口爽，驰骋田猎令人发狂'，这都是害汝耳、目、口、鼻、四肢的，岂得是为汝耳、目、口、鼻、四肢！若为着耳、目、口、鼻、四肢时，便须思量耳如何听，目如何视，口如何言，四肢如何动；必须非礼勿视、听、言、动，方才成得个耳、目、口、鼻、四肢，这个才是为著耳、目、口、鼻、四肢。汝今终日向外驰求，为名、为利，这都是为著躯壳外面的物事。汝若为着耳、目、口、鼻、四肢，要非礼勿视、听、言、动时，岂是汝之耳、目、口、鼻、四肢自能勿视、听、言、动？须由汝心。这视、听、言、动皆是汝心。汝心之视，发窍于目；汝心之听，发窍于耳；汝心之言，发窍于口；汝心之动，发窍于四肢。若无汝心，便无耳、目、口、鼻、四肢。所谓汝心，

亦不专是那一团血肉。若是那一团血肉，如今已死的人，那一团血肉还在，缘何不能视、听、言、动？所谓汝心，却是那能视、听、言、动的，这个便是性，便是天理。有这个性，才能生。这性之生理，便谓之仁。这性之生理，发在目，便会视；发在耳，便会听；发在口，便会言，发在四肢，便会动，都只是那天理发生。以其主宰一身，故谓之心。这心之本体，原只是个天理，原无非礼。这个便是汝之真己，这个真己是躯壳的主宰。若无真己，便无躯壳。真是有之即生，无之即死。汝若真为那个躯壳的己，必须用着这个真己，便须常常保守着这个真己的本体，戒慎不睹，恐惧不闻，唯恐亏损了他一些。才有一毫非礼萌动，便如刀割，如针刺，忍耐不过，必须去了刀，拔了针。这才是有为己之心，方能克己。汝今正是认贼做子，缘何却说有为己之心不能克己！"

【译文】

萧惠问："自己的私欲不容易克除，怎么办？"

先生答："你把自己的私欲来替换你自己。"

又说："人需要有为自己着想的心才能克去私欲，能够克去私欲，才能成就自己。"

萧惠说："我也有为自己着想的心，但不知为什么还是不能够克制自己。"

先生说："那你且谈谈你为自己的心是怎样的？"

萧惠沉思良久说："我也一心想做个好人，便觉得这就算是有了为己之心。现在想来，也只是为求得一个外在的自己，而不是一个内在的自己。"

先生说："真正的自己什么时候离开过躯体？恐怕你连那外在的自己也不曾为过，那么你所谓外在的自己，岂不成了专指耳、目、口、鼻、四肢吗？"

萧惠说："正是为了这些。眼睛贪恋美色，耳朵贪恋美声，口贪恋美味，四肢贪图安逸，所以才不能克制自己。"

先生说："美色让人看不见真相，美声让人听不到实音，美味只是令嘴巴舒爽，跑马射猎使人愉悦，所有这些，对你的耳目口鼻和四肢都有损害，怎么是为了满足耳目口鼻和四肢的需求呢？如果真的是为了耳目口鼻和四肢，便该思量耳朵怎样听，眼睛专注于哪儿，嘴怎样说话，四肢怎样活动，必须做到不合于礼的就不看、不听、不说、不动，这样才是真正地为了五官四肢。你现在每天只知道向外寻求，为名为利，这都是为了心外的私欲。你如果真的为五官四肢，就要做到不合于礼的就不看、不听、不说、不动，难道你的耳目口鼻和四肢会自动不看、不听、不说、不动吗？这是由你的心来决定的。这看、听、说、做，其实都是自你的内心发出的。你的心支配眼睛去看，支配耳朵去听，支配嘴巴去说，支配四肢去运动。如果你的心不存在，就没有你的耳目口鼻和四肢的活动。所谓你的心，也不单是那一团血肉。若心仅是那一团血肉，如今已死的人，那一团血肉还在，缘何不能视听言动呢？因此你的心就是那个能支配视听言动的心，这个就是本性，就是天理。有了这个本性，才能产生这性的生存之理，也就是仁。这个本性之上的生存之理，表现在眼睛上就是看，表现在耳朵上就是听，表现在嘴巴上就是说，表现在四肢上就是动，这些都是天理在起作用，因为天理主宰着人的身体，所以称为心。这个心的本体，本源其实就是天理，原本也没有什么是不合于礼的，这才是你真正的自己。它是人的躯体的主宰。如果没有真正的自己，也就没有了躯体。有了真己人就有生命，没有真己人就会死去。你如果真的是为了躯体的自己，必须依靠这个真己，时刻存养这个真己的本体。警戒在别人看不见处，恐惧于别人听不着时，唯恐对这个真己的本体有一丝损伤。刚有一丝一毫不合于礼的思想波动，便感觉如刀割针刺一般不堪忍受，必须扔了刀、拔掉针才好。这样才是一个为己的心思，才能够克制自己的私欲。你现在的认识类似于认贼作子，怎么还说自己虽有为己之心却无法克制自己的私欲呢？"

解 读

王阳明这段话阐述了，真正的自己其实是本性、是天理、是大道，容不得一丝私欲。他指出，能主宰自我的良知才是人真实的自我，没有真己，如同行尸走肉，要能克制私己才能保全真己。克己是实实在在的功夫。后来所谓"王学末流"就忽略了阳明这种教训，才发生流弊。

28. 贵目贱心

【原典】

有一学者病目，戚戚甚忧。先生曰："尔乃贵目贱心！"

【译文】

一个学生的眼睛患了病，很是忧戚的样子。见此，先生说："你这是看重眼睛而轻视本心。"

解 读

阳明先生言虽简短，意蕴却颇深长。当然，他的意思并不是说眼睛有病不要去治，而是借这个例子批评某些人，一个人眼睛有病就这么忧心忡忡，而那些更有价值的事物我们却注意不到，呼吁大家要珍惜自己最有价值的东西。这位病目的学子，眼睛只是小恙，忧思伤心，身体反而要弄出大毛病来了。

29. 萧惠好仙、释

【原典】

萧惠好仙、释。

先生警之曰："吾亦自幼笃志二氏，自谓既有所得，谓儒者为不足学。其后居夷三载，见得圣人之学若是其简易广大，始自叹悔，错用了三十年气力。大抵二氏之学，其妙与圣人只有毫厘之间。汝今所学，乃其土苴，辄自信自好若此，真鸱鸮窃腐鼠耳！"

惠请问二氏之妙。

先生曰："向汝说圣人之学简易广大，汝却不问我悟的，只问我悔的！"

惠惭谢，请问圣人之学。

先生曰："汝今只是了人事问，待汝辨个真要求为圣人的心来与汝说。"

惠再三请。

先生曰："已与汝一句道尽，汝尚自不会。"

【译文】

萧惠喜好佛家和道家之学。

先生警戒他说："我年轻时也热衷于此，自以为有所收获，认为儒家学说不值得学习。后来我在贵州龙场三年，才发现儒家学说原来如此简易而高远，这才后悔自己枉花了三十年的工夫。大抵佛道之学的玄妙处与圣人之学相较只在毫厘之间，无所谓高下。你今天所学到的，不过是其皮毛末节，就自我感觉良好到这种地步，岂不像似猫头鹰捉了个死耗子！"

萧惠向先生请教佛道两家的玄妙之处。

先生说："刚刚和你说过儒学的简易高远，你不问我为何有此感悟，却来问我所后悔的研学。"

萧惠惭愧谢罪，转而请问儒学。

先生说："你现在只是为了敷衍我才问的，等你明辨是非真有了想当圣人的心的时候，再来问我吧！"

萧惠再三恳请。

先生说："已经跟你一句话说透了，你还是自己不理解！"

王阳明在相当长的时间内是信奉佛教并且认为儒学是不值得去学习的，但是在贵州龙场三年里，他看到了儒学在生活中的实践和明显的功效。所以他后悔自己前三十年选择——居夷三年就是王阳明被贬龙场驿的三年，这三年是被后人称为"龙场悟道"的三年。王阳明对于门下弟子喜好道家、佛家是不支持的，他自己讲到他是非常悔恨自己早年的选择的。

30. 真知即是行

【原典】

刘观时问："'未发之中'是如何？"

先生曰："汝但戒慎不睹，恐惧不闻，养得此心纯是天理，便自然见。"

观时请略示气象。

先生曰："哑子吃苦瓜，与你说不得。你要知此苦，还须你自吃。"

时曰仁在傍，曰："如此才是真知，即是行矣。"

一时在座诸友皆有省。

【译文】

刘观时问："'未发之中'是什么样的状态？"

先生答："你只要做到在独处时谨慎警戒，在别人听不见时恐慌畏惧，存养本心至纯至精为天理，这时你就看见了未发之中的状态。"

刘观时请先生大略地说说未发之中的具体状态。

先生说："这就像哑巴吃苦瓜，没法跟你说。你要想知道苦瓜有多苦，必须你亲自尝尝。"

这时徐爱在旁边说："这样才会真正明了知就是行。"

一时间在座的诸位都有不同程度的省悟。

解 读

戒慎恐惧，是说无论是在有人和无人的时候都能够做到心存善念，逐渐培养自己无论何时何地遇到什么样的事情都能够心有天理。但重要的是知行合一，也就是徐爱总结的"真知即是行"。王阳明劝说人们要在实践中磨砺，需要在遇到事情时仔细体会与磨炼，就像要想知道苦瓜是什么滋味就一定要先自己吃，自然就会明白其滋味了。

31. 死生之道

【原典】

萧惠问死生之道。

先生曰："知昼夜即知死生。"

问昼夜之道。

曰："知昼则知夜。"

曰："昼亦有所不知乎？"

先生曰："汝能知昼？懵懵而兴，蠢蠢而食，行不著，习不察，终日昏昏，只是梦昼。唯'息有养，瞬有存'，此心惺惺明明，天理无一忌间断，才是能知昼。这便是天德，便是通乎昼夜之道，而知更有甚么死生？"

【译文】

萧惠向先生请教生死的道理。

先生说："明白了昼夜的变化就明白了生死。"

萧惠又请教昼夜的道理。

先生说："明白了白天，就明白了黑夜。"

萧惠说："白天还有不明白的地方吗？"

先生说："你所明白的白天，不过是懵懵懂懂起床，胡嚼乱咽地吃饭，行为举止没有着落，所作所为不能自省自察，一整天昏昏度日，这只是在白日梦游。只有时刻存养自己的本心，使它清澈明亮，天理没有片刻中断，才能明白什么是白天。这便是晓了昼夜之道而明白的，还有什么生死的问题弄不明白呢？"

解 读

从义理上说，阳明在这里并没有谈论生死问题，他所论的是生活的终极意义问题，而终极意义只是做君子圣人时时践行的事而已。王阳明认为，充实生，可以超越死。所以，他强调要能"息有养，瞬有存"，把握生命的每一时刻，充实生命，完成自我，存养天心，然后才能将此心直通天心。反之，如果每天不知珍惜生命时光，只会浑浑噩噩、昏昏沉沉，即如行尸走肉，生亦如死。王阳明这种积极充实人生的态度，可以说与孔子的"未知生，焉知死"的看法一脉相承，与孟子的"尽心则知天"的观点相映成辉，但更富有深意。

32. 性、道、教

【原典】

马子莘问："'修道之教'，旧说谓'圣人品节'吾性之固有，以为法于天下，若礼、乐、刑、政之属，此意如何？"

先生曰："道即性即命。本是完完全全，增减不得，不假修饰的，何须要圣人品节？却是不完全的物件！礼、乐、刑、政是治天下之法，固亦可谓之教，但不是子思本旨。若如先儒之说，下面由教入道的，缘何舍了圣人礼、乐、刑、政之教，别说出一段戒慎恐惧工夫？却是圣人之敢为虚设矣！"

子莘请问。

先生曰："子思性、道、教皆从本原上说。天命于人，则命便谓之性；率性而行，则性便谓之道；修道而学，则道便谓之教。率性是诚者事，所谓'自诚明，谓之性'也；修道是诚之者事，所谓'自明诚，谓之教'也。圣人率性而行，即是道。圣人以下未能率性于道，未免有过不及，故须修道。修道则贤知者不得而过，愚不肖者不得而不及，都要循着这个道，则道便是个教。此'教'字与'天道至教''风雨霜露，无非教也'之'教'同。'修道'字与'修道以仁'同。人能修道，然后能不违于道，以复其性之本体，则亦是圣人率性之道矣！下面'戒慎恐惧'，便是修道的工夫，'中和'便是复其性之本体。如《易》所谓'穷理尽性以至于命'。'中和位育'便是尽性至命。"

【译文】

马子莘问："《中庸》有关修道的教化，朱熹说是圣人的人品、节操、悟性是天生的，拿来作为法条供天下人效法，像礼、乐、刑、政之类。是不是这样呢？"

先生说："道就是人性，就是天命。道原本是完完全全的一个整体，不需要增减，也不需要修饰。它本身哪里需要圣人的品节呢？只有不完整的东西才需要。礼、乐、刑、政是治理天下的法则，固然也可以称之为教化，但这不是子思所说的'教'的本义。如果真像朱熹先生所说的，资质偏下的人通过教化才能领悟圣道，为何舍弃圣人的礼、乐、刑、政的教化，而另外说出一段'戒慎恐惧'的功夫来？圣人之教难道仅为一种摆设。"

子莘请问其详。

先生说："子思所说的性、道、教都是从本源上说的。天命赋予人的就是本性；按照本性去做事就叫做道；慕道而勤于修习就是教。率性是诚心的意思，也就是

《中庸》中所说的'自明诚，谓之性'；修道是心诚的意思，也就是《中庸》中所说的'自明诚，谓之教'。圣人按自己的本性而行，就是修养圣道。圣人以下的普通人不能按照自己的本性而行，对于圣道难免有过分或不及的地方，故此需要修道。修道使贤明的人不至于做过了头，才智愚钝的人不至于出现做得欠缺的地方，而会遵循圣道。这里圣道便有教化的意思了。这个'教'字与'天道至教''风雨霜露，无非教也'中的'教'字意思相同。'修道'两个字也与'修道以仁'中的'修道'相同。人能修道，而后能不违背圣道，恢复其天性的本体，那么也就和圣人所说的'率性之道'一样了。《中庸》后面所说的'戒慎恐惧'就是修道的功夫，'中和'就是恢复人性的本体。即如《易经》中所说的'穷理尽性以至于命'，'中和位育'就是充分发挥天性，完全遵循天命行事。"

在王阳明看来，性、道、教浑无分别，《中庸》《易经》趋于同质。人若能修辞立诚，率性于道，便是践行了圣人尽性至命之教，这样，《中庸》的"性""道""教"与《周易》的"穷理尽性以至于命"便圆融为一体，"戒慎恐惧"便是修道的功夫，"中和"便是复其性之本体，如《易》所谓"穷理尽性以至于命"，中和位育便是尽性至命。"中和位育"即修养功夫之极致，类似于《系辞》中的"无思也，无为也，寂然不动，感而遂通天下之故。"

33. 解偏救弊

【原典】

黄诚甫问："先儒以孔子告颜渊为邦之问，是立万世常行之道，如何？"

先生曰："颜子具体圣人，其于为邦的大本大原，都已完备。夫子平日知之已深，到此都不必言，只就制度文为上说。此等处亦不可忽略。须要是如此方尽善。又不可因自己本领是当了，便于防范上疏阔。须是要'放郑声，远佞人'。盖颜子是个克己向里、德上用心的人；孔子恐其外面末节或有疏略，故就他不足处帮补说。若在他人，须告以'为政在人，取人以身，修身以道，修道以仁'，'达道''九经'，及'诚身'许多工夫，方始做得，这个方是万世常行之道。不然，只去行了夏时，乘了殷辂，服了周冕，作了《韶》舞，天下便治得？后人但见颜子是孔门第一人，又问个为邦，便把做天大事看了。"

【译文】

黄诚甫问："朱熹认为《论语》'颜渊问为邦'篇中孔子回答颜回关于治国的问题，乃系传之于万世而颠扑不破的真理，先生怎么看？"

先生说："颜回基本上具备了圣人的条件，他对治国兴邦的大计方针都已悉数掌握。这一点孔子平日是十分了解的，到了这会儿也就无须多言了。这段话其实是孔子仅就制度、文化等方面来简单补充说一说的。当然这方面也是不可忽略的，必须加进去这些才算完善。但又不可因为自己的治国方略已经很得当了，就在细节防范上疏于醒察，必须'禁止郑国那样的靡靡之音，远离阿谀逢迎的小人'才行。颜回是个克己遵礼的人，他老师对此是深知的，只是怕他在细枝末节上偶有疏漏，这才就他这些或有的不足之处提醒一下。如果对于其他人，孔子一定会告诉他'为政在人，取人以道，修身以道，修道以仁''达道''九经'以及'诚身'等许多功夫，这才可以去治理国家，也才是万世不悖之道。不然，只去行了个夏时，乘了殷辂，服了周帽，听了《韶》《武》那样的音乐，就能把天下治好吗？后人是因为颜回是孔子最得意的门生，又是问治国安邦的问题，就把孔子这番有针对性的几句话当成天大的事来看了。"

解 读

王阳明在这里纠正了人们对"颜渊问为邦"的错误理解，同时也赞同孔子因材施教、解偏救弊的教学方法。事实确实如此，孔子在回答学生们的同一个问题时，均能针对各人的个性弱点指出努力的方向，语言既带有勉励和要求，同时也表明了自己的观点。

34. 功夫是恢复明德

【原典】

蔡希渊问："文公《大学》新本，先'格致'而后'诚意'工夫。似与首章次第相合。若如先生从旧本之说，即'诚意'反在'格致'之前。于此尚未释然。"

先生曰："《大学》工夫即是'明明德'。'明明德'只是个'诚意'。'诚意'的工夫只是'格物''致知'。若以'诚意'为主，去用'格物''致知'的工夫，即工夫始有下落。即为善去恶，无非是'诚意'的事。如新本先去穷格事物之理，即茫茫荡荡，都无着落处。须用添个'敬'字，方才牵扯得向身心上来，然终是没根原。若须用添个'敬'字，缘何孔门倒将一个最紧要的字落了，直待千余年后要人来补出？正谓以'诚意'为主，即不须添'敬'字。所以举出个'诚意'来说。正是学问的大头脑处。于此不察，真所谓毫厘之差，千里之谬。大抵中庸工夫只是'诚身'。'诚身'之极便是'至诚'；《大学》工夫只是'诚意'。'诚意'之极便是'至善'：工夫总是一般。今说这里补个'敬'字，那里补个'诚'字，未免画蛇添足。"

【译文】

蔡希渊问："朱熹先生修改过的《大学》，强调先格致而后诚意的功夫次序，似乎与《大学》首章的次序也是相吻合的。如果按照先生的'从旧本'之说，那么诚意反而在格物致知之前，对此我一直不太明白。"

先生说："《大学》中的功夫就是明明德，明明德就是诚意，诚意的功夫就是格物、致知。如果以诚意为根本，去下格物致知的功夫，这功夫才有了落脚点。就是说行善去恶无非是'诚意'的功夫。如果像新本中朱熹说的那样，先去推究事物的道理，那么功夫就会茫茫荡荡无边际，没有落脚点，所以必须添加一个'敬'字，才能把功夫引导到身心上来，然而这终究缺乏根基。假如真的必须添加一个'敬'字，为何孔子的门生倒把一个最关键的字给遗漏了，而要等到千年以后要别人来补出来呢？这正说明以诚意为根本，并不需要添加'敬'字。之所以举这个'诚意'的例子来说明，正是因为这是做学问的关键点。在这一点上弄不明白，就真的是差之毫厘，失之千里了。大抵上说来，《中庸》中讲的功夫就是诚身，诚身的极处就是至诚；《大学》中讲的功夫就是诚意，诚意的极处就是至善。它们所讲的功夫都是相通的。现在如果在这里加上个'敬'字，那里添个'诚'字，未免就显得画蛇添足了。"

解 读

朱子以"敬"来让物上穷理和身心联系起来，阳明认为方向既然反了，这里的平添一字是画蛇添足，不是孔门教法。从朱子和阳明对《大学》的解释可以看出，二人在为学的趋向上之不同。朱子"格物致知""居敬涵养"双向并进。而阳明先生极力表彰复良知之本体，以诚意功夫统率格致诚正。

中 卷

《传习录》中卷主要是出自王阳明亲笔所写的七封书信，
实际上是七封论学书，此外还有两篇针对教育方法的文章。

一、答人论学书——知行合一

《答人论学书》又名《答顾东桥书》,《答人论学书》是钱德洪序的名称,《阴阳全书》则用《答顾东桥书》。顾东桥(1476—1545年),名鳞,字华玉,号东桥。江苏江宁人。进士,官至南京刑部尚书。擅写诗。《答人论学书》在卷中很有影响,着重阐述了"知行合一"。

1. 特倡诚意

【原典】

来书云:"近时学者,务外遗内,博而寡要。故先生特倡'诚意'一义,针砭膏肓,诚大惠也!"

吾子洞见时弊如此矣,亦将同以救之乎?然则鄙人之心,吾子固已一句道尽,复何言哉!复何言哉!若"诚意"之说,自是圣门教人用功第一义,但近世学者乃做第二义看,故稍与提掇紧要出来,非鄙人所能特倡也。

【译文】

你来信说:"现代儒家学者治学都是重视外在的知识追求而忽视了本心的存养,知识虽然广博但不得要领。所以先生特别提倡'诚意'一说,可谓针砭时弊,使那些病入膏肓的人有所醒悟,真是大有裨益呀!"

你洞察时弊如此透彻,想必会与我辈共同来拯救学术危机吧?显然我的思想观点,你已经悉数领略,我还有什么好说的呢?我还有什么好说!至于"诚意"的学说,本来就是圣人教育人如何用功的第一要义,不过是近现代学者把它当成了第二位的,所以我才简略地把它的重要性单独提出来,并不是我本人的特别提倡。

解读

这段文字是王阳明给友人顾东桥所回书信的开头语,阐明了自己着意突出倡扬

"诚意"的本意,是针砭时弊的。王阳明早期曾强调"诚意"的重要性,他所著的《大学古本序》第一句就是:"《大学》之要,诚意而已也矣。"

2. 与空虚顿悟之说相反

【原典】

来书云:"但恐立说太高,用功太捷,后生师傅,影响谬误,未免坠于佛氏明心见性、定慧顿悟之机,无怪闻者见疑。"

区区"格致诚正"之说,是就学者本心日用事为间,体究践履,实地用功,是多少次第、多少积累在,正与空虚顿悟之说相反。闻者本无求为圣人之志,又未尝讲究其详,籧以见疑,亦无足怪。若吾子之高明,自当一语之下捷了然矣。乃亦谓立说太高,用功太捷,何邪?

【译文】

你在来信中说:"只怕先生的学说立论太高,用功方法途径太过容易,学生传播时出现谬误,未免会堕入禅宗明心见性、定慧顿悟的逻辑,也难怪听了先生学说的人会产生疑惑。"

其实格物、致知、诚意、正心之说,本就是融于学子的内心和日常生活、工作之中。理论,实践,再理论,再实践,这要经过多少的反复、多少的积累才能明晓,这正与佛教的空虚顿悟相反。乍闻之人本来没有做圣人的志向,又不曾仔细推敲我的学说,所以会心存疑惑,也不足为怪。但以你的修养高度,自然会对我的学说一点就透,仍然还说立论高峻、用功太过容易之类的话,这是为什么?

解 读

"明心见性"是佛教禅宗的主张,意为让自己心底清澈明亮,待看见自己的真性,就可以成佛,而无须于文字上抠求。"定慧顿悟"中的"定慧"是佛教的修养功夫,指禅定与智慧。除去心中的杂念为定,明了事物的道理为慧;"顿悟"意为突然之间明白了困惑已久的佛理,一悟成佛。在王阳明看来,自己的"格物、致知、诚意、正心"之说与佛教禅宗的空虚顿悟之说截然相反，其中的体究践履，实地用功，有许多次第、积累在。

3. 功夫次第

【原典】

来书云："所喻知行并进，不宜分别前后，即《中庸》'尊德性而道问学'之功交养互发，内外本末一以贯之之道。然工夫次第，不能无先后之差，如知食乃食，知汤乃饮，知衣乃服，知路乃行。未有不见是物，先有是事。此亦毫厘倏忽之间，非谓截然有等今日知之，而明日乃行也。"

既云"交养互发、内外本末一以贯之"，则知行并进之说，无复可疑矣。又云"功夫次第，不能无先后之差"。无乃自相矛盾已乎？"知食乃食"等说，此尤明白易见，但吾子为近闻障蔽，自不察耳。夫人必有欲食之心，然后知食。欲食之心即是意，即是行之始矣。食味之美恶，必待入口而后知，岂有不待入口而已先知食味之美恶者邪？必有欲行之心，然后知路。欲行之心即是意，即是行之始矣。路岐之险夷，必待身亲履历而后知，岂有不待身亲履历而已先知路岐之险夷者邪？"知汤乃饮，知衣乃服"，以此例之，皆无可疑。若如吾子之喻，是乃所谓不见是物而先有是事者矣。吾子又谓"此亦毫厘倏忽之间，非谓截然有等今日知之，而明日乃行也"，是亦察之尚有未精。然就如吾子之说，则知行之为合一并进，亦自断无可疑矣。

【译文】

你信中说："你所说的知行应该并举，不宜分出谁先谁后，就是《中庸》提到的'尊德性'和'道问学'功夫，是互相存养、互相促进、内外本末、一以贯之之道。然而修行的功夫还是要有个先后顺序的，不可能没有先后的区别，就像知道那是食物这才吃，知道那是汤这才喝，知道那是衣服这才穿，知道那有路这才行。从来没有还没见到事物就先做事的。这中间的先后顺序也是瞬间微妙的，不会截然分明的，不是说今天知道了事物，明天就去实践。"

既然说"交养互发，内外本末，一以贯之"，那么知行并举的说法就没什么可被质疑的了。又说："功夫次第，不能无先后之差"，这难道不是自相矛盾吗？至于你后边的"知食乃食"等说法，更是显而易见的。那般说只是因为你被朱熹先生说的知先行后的观点所蒙蔽而不自知罢了。人必然有想吃东西的心，然后才会去认识食物，想吃的心就是意念，也就是行动的开始。至于食物是否是美味，那是要等到进了口之后才能感觉到的，哪有没等吃进嘴里就先知道好不好吃的？一定先有想走的心，然后才会去认识路，想走的心就是意念，也就是行走的开始。至于路途是歧峭抑或是平坦，那也是要等走过了才会知道，哪有不等亲身体验就先知道歧峭或平坦的？至于"知汤乃饮，知衣乃服"其实都是同一个道理，没有什么可怀疑的。如果真像你说的那样，才正是"不见是物而先有事"。你又说"此亦毫厘倏忽之间，非谓截然有等，今日知之而明日乃行也"，这也是你学业尚未精通的表现。但你所说的知和行并举、不宜分出谁先谁后还是无可置疑的。

解 读

顾东桥问阳明"功夫次第"问题，阳明认为弟子之问自相矛盾。阳明认为必须是知行并进才可，才有尽德修业的成就。而程朱意见是要先知了之后才可能有正确的行为。

4. 知行合一的理论基础

【原典】

来书云："真知即所以为行，不行不足谓之知，此为学者吃紧立教，俾务躬行则可。若真谓行即是知，恐其专求本心，遂遗物理，必有暗而不达之处。抑岂圣门知行并进之成法哉？"

知之真切笃实处即是行，行之明觉精察处即是知。知行功夫本不可离，只为后世学者分作两截用功，失却知行本体，故有合一并进之说。"真知即所以为行，不行不足谓之知"，即如来书所云"知食乃食"等说可见，前已略言之矣。此虽吃紧救弊而发，然知行之体本来如是，非以己意抑扬其间，姑为是说，以苟一时之效者也。

"专求本心，遂遗物理"，此盖失其本心者也。夫物理不外于吾心，外吾心而求物理，无物理矣。遗物理而求吾心，吾心又何物邪？心之体，性也，性即理也。故有孝亲之心，即有孝之理；无孝亲之心，即无孝之理矣。有忠君之心，即有忠君之理；无忠君之心，即无忠君之理矣。理岂外于吾心邪？晦庵谓"人之所以为学者，心与理而已。心虽主乎一身，而实管乎天下之理；理虽散在万事，而实不外乎一人之心"，是其一分一合之间，而未免已启学者心理为二之弊。此后世所以有"专求本心，遂遗物理"之患，正由不知心即理耳。

夫外心以求物理，是以有暗而不达之处。此告子"义外"之说，孟子所以谓之不知义也。心一而已，以其全体恻怛而言谓之仁，以其得宜而言谓之义，以其条理而言谓之理；不可外心以求仁，不可外心以求义，独可外心以求理乎？外心以求理，此知行之所以二也。求理于吾心，此圣门知行合一之教，吾子又何疑乎！

【译文】

你来信说："真正的知即是行，知而不行也就无所谓知了。这是学生学懂弄通的关键，必须踏实躬行才可以。如果真的以为行即是知，恐怕人们只专心求诸本心，而荒于事物的道理，那样对于事物的认识肯定会有晦暗不明的地方，这难道不是背离了圣学中所说的知行并举了吗？"

知的最终落脚点是行，而行得明白无误处就是知。知和行两者的功夫本不可以分割，只因为后世学者把它们分作两截来用功，先失去了知行的本体，所以才有知行合一并举的说法。真正的知即是行，知而不能行也就无所谓知了。犹如来信所讲"知食乃食"等例子也可说明，前边已大致说过了。这虽然是紧急纠正时弊时才说的，然而知行本就一体的，无须单凭己意抑此扬彼地寻个圆全说法，以追求一时的效果。

至于专门求诸本心而荒于推究事物的道理的说法，这大概是失去了本心。事物的道理不存在于本心之外，在心外推究事物的道理，也就没有事物的道理了；荒于事物的道理而求诸本心，那么本心又是什么呢？心的本体就是性，性就是理。故此，人有了孝顺之心，这才有孝顺之理；没有孝顺之心，也就没了孝顺之理。有了忠君之心，这才有了忠君之理；没有忠君之心，也就没了忠君之理。理岂在我心之外呀？朱熹先生认为"人做学问不外心与理而已。人心虽表面上是只掌控着自己的身体，而实际上统管着天下万物的道理；道理虽然体现在万事万物上，而实际上存在于人心之中"，他这样把心和理时分时合的说法，就未免让学生生出心、理各为一端的错误思想。这也就是你所担忧的"专求本心，遂遗物理"的根源，究其原委正是没弄懂心即是理啊！

在心外推究事物的道理，就会有晦暗不明之处。这实际上就是告子的"义外"之说，孟子斥之为不懂得什么是义。心是一个整体，以它对所有人的恻隐之心来说称之谓仁，以它合乎时宜来说称之谓义，以它条理分明来说称之谓理。不可以在心外探求仁、义，怎么唯独可以在心外探求理呢？在心外求理，就是把知行看做是两件事。在心里寻求理，这正是圣学知行合一的教诲，你又何必疑惑呢？

解读

朱子将知行分为两事，是根源于他"析心与理为二"的思想。将心与理分而为二，在外界的事物上求理，则理与心割裂，就与作为主体的人没有直接联系，自然不要求主体的人立即行动，知与行也就分离为二了。而王阳明的"知行合一"的理论基础是"心即理"。换言之，"心即理"是他的"知行合一"说的本体论根据。所谓"心即理"是说"心"与"理"合二为一，不可分离。"理"是"心"之理，在"心"之中，而"心"则包含万"理"，与"理"不离。

5. 阳明的进学路线

【原典】

来书云："所释《大学》古本，谓'致其本体之知'，此固孟子尽心之旨，朱子亦以虚灵知觉为此心之量。然'尽心'由于'知性'，'致知'在于'格物'。"

"尽心由于知性，致知在于格物"，此语然矣。然而推本吾子之意，则其所以为是语者，尚有未明也。

朱子以尽心、知性、知天为格物、致知，以存心、养性、事天为诚意、正心、修身，以夭寿不贰，修身以俟为知至、仁尽，圣人之事。若鄙人之见，则与朱子正相反矣。

夫尽心、知性、知天者，生知安行，圣人之事也；存心、养性、事天者，学知利行，贤人之事也；夭寿不贰，修身以俟者，困知勉行，学者之事也。岂可专以尽心、知性为知，存心、养性为行乎？吾子骤闻此言，必又以为大骇矣。然其间实无可疑者，一为吾子言之。

夫心之体，性也；性之原，天也。能尽其心，是能尽其性矣。《中庸》云："唯天下至诚，为能尽其性。"又云："知天地之化育，质诸鬼神而无疑，知天也。"此唯圣人而后能然，故曰：此"生知、安行，圣人之事也"。存其心者，未能尽其心者也，故须加存之之功。必存之既久，不待于存而自无不存，然后可以进而言尽。

盖"知天"之"知"，如"知州""知县"之"知"。知州则一州之事皆己事也，知县则一县之事皆己事也，是与天为一者也。事天则如子之事父，臣之事君，犹与天为二也。天之所以命于我者，心也，性也，吾但存之而不敢失，养之而不敢害，如"父母全而生之，子全而归之"者也。故曰：此"学知利行，贤人之事也"。至于"夭寿不贰"，则与存其心者又有间矣。存其心者虽未能尽其心，固已一心于为善，时有不存则存之而已。

今使之夭寿不贰，是犹以夭寿二其心者也。犹以夭寿二其心，是其为善之心犹未能一也。存之尚有所未可，而何尽之可云乎？今且使之不以夭寿二其为善之心。

若曰死生夭寿皆有定命，吾但一心于为善，修吾之身以俟天命而已，是其平日尚未知有天命也。事天虽与天为二，然已真知天命之所在，但唯恭敬奉承之而已耳。若俟之云者，则尚未能真知天命之所在，犹有所俟者也，故曰所以立命。"立"者"创立"之"立"，如"立德""立言""立功""立名"之类。凡言"立"者，皆是昔未尝有而今始建立之谓，孔子所谓"不知命，无以为君子"者也。故曰：此"困知勉行，学者之事也"。

今以尽心、知性、知天为格物、致知，使初学之士尚未能不二其心者，而遽责之以圣人生知、安行之事，如捕风捉影，茫然莫知所措。其心几何而不至于"率天下而路"也？今世致知格物之弊，亦居然可见矣。吾子所谓"务外遗内，博而寡要"者，无乃亦是过软？此学问最紧要处。于此而差，将无往而不差矣。此鄙人之所以冒天下之非笑，忘其身之陷于罪戮，呶呶其言，其不容己者也。

【译文】

你来信说："先生所注释的《大学》旧本中说'致知'乃'致其本体之知'，这固然与孟子'尽心'的宗旨相一致，但朱熹也用虚灵知觉来指人心的全体，而他认为，尽心由于知性，致知在于格物。"

"尽心由于知性，致知在于格物"这话是对的。不过我仔细推究你的意思，你之所以这般说话的本意还在于有未明之处。

朱熹认为"尽心、知性、知天"就是格物致知，以为"存心、养性、事天"就是诚意、正心、修身，认为"夭寿不贰，修身以俟"就是认识的最高境界、仁爱的顶点，是圣人才能做的事。我的观点与朱熹先生正好相反。

"尽心、知性、知天"，天生就知道，生来就能实践，这是圣人。"存心、养性、事天"，能学而知之利而行之，这是贤人。"夭寿不贰，修身以俟"，艰难地获得知识，勉强用于实践，这是学者。岂可只把"尽心知性"当做是知，把"存心养性"当做是行呢？你骤闻此言，必然又会大吃一惊了！然而这中间确实没有什么可以怀疑的，下面我一一为你解释清楚。

心的本体是本性，本性的本源是天理。能尽其心，就是尽本性。《中庸》中说："唯天下至诚，为能尽其性。"又说："知天地之化育，质诸鬼神而无疑，知天也。"这些只有圣人才能做到，所以我说，生而知之、安而行之是圣人才能做到的事情；存养心性，是还不能充分发挥心性，所以必须加上个存养的功夫；心性存养的时间久了，其后就是不再需要刻意存养，也断无不增进的道理，之后可以进而说尽心了。

"知天"中的"知"，一如"知州""知府"中的"知"一样。知州，那么，一个州的事情都是自己的事；知县，那么，一个县的事情都是自己的事。"知天"

就是自心与天合为一体。"事天"就像儿子侍奉父亲，大臣辅佐君王一样，还没有和天合为一体。天之所以主宰着我，是由于我的心，我的本性，我只要旦夕存之于心而不敢忘，存养而不加以损害，一如《礼记》所说的"父母全而生之，子全而归之"一样。所以我说这是学习了就能知道、并能顺利实践，是贤人才能做的事。至于天寿不二，则与存养本心的人又有不同了。存养本心的人，虽一时未能尽自己的心性，但已经是一心为善了。偶有不存，存之则可。

现今要求人不论天寿始终如一，这依然是将天寿一分为二。用天寿把心分为二，是为善的心还不能够恒久坚定，存养它尚且有些不可能，何谈尽心呢？当下最紧要的是不要以天寿无常来动摇为善的心，就好比说生死天寿都是天命，个人能做的不过是一心向善，修养自己的身性等待天命的降临，这是因为平日里还不知道有天命的存在。"事天"虽然未曾与天合二为一，然而至少表明已经知道天命的存在了，只是恭恭敬敬地顺应它罢了。如那些等待天命降临的人，就是还不能真正知道天命之所在，还在等待。所以孟子说："这就是安身立命。""立"就是"创立"的"立"，譬如"立德""立言""立功""立名"之类的。大凡说"立"的，都是以前未曾有过，这才会在今天被创立，这也就是孔子所说的"不知命，无以为君子"。所以说艰难知之，勉强而行之是学者的事情。

现在如果按照朱熹先生所说的，把"尽心、知性、知天"作为格物致知，就会在初学的人还不能做到一心一意时，就指责他达不到像圣人那样生而知之、安而行之的境界，简直是捕风捉影，让人茫然不知所措，这不是让天下读书人找不到进学之路吗？现在社会上格物致知的弊端已经显而易见了。你所说的"务外遗内，博而寡要"，难道不也是这种过失吗？这是做学问最关键的地方，在这儿弄错了，将会时时处处出差错。这也是我之所以敢冒天下之非议，或被当做笑柄，或陷于众口齐伐之境地，还要喋喋不休的原因。

解 读

这封信，阳明先生写得可谓言辞恳切，从"天命"之说而进一步推及格物，耐心地为学生逐一解惑。在朱熹看来，想要成圣，首先是要格物致知，然后在对外物进行研究的过程中诚意而为，以致体悟到天理，最终，能够按照这种天理修身则为圣人所为。而王阳明则提出与朱熹不同的进学路线，他认为圣人是"生知安行"的，即"尽心、知性、知天"；贤人稍差些，"学而知之"；而学者则比贤人的境界又要低些，要"立德、立言、立功"，通过知行合一让自己的知性合于天道。

127

6. 合心与理为一

【原典】

来书云："闻语学者，乃谓即物穷理之说亦是玩物丧志，又取其厌繁就约、涵养本原'数说，标示学者，指为晚年定论，此亦恐非。"

朱子所谓"格物"云者，在"即物而穷其理"也。即物穷理，是就事事物物上求其所谓定理者也，是以吾心而求理于事事物物之中，析心与理为二矣。夫求理于事事物物者，如求孝之理于其亲之谓也。求孝之理于其亲，则孝之理其果在于吾之心邪？抑果在于亲之身邪？假而果在于亲之身，则亲没之后，吾心遂无孝之理欤？见孺子之入井，必有恻隐之理，是恻隐之理果在于孺子之身欤？抑在于吾心之良知欤？其或不可以从之于井欤？其或可以手而援之欤？是皆所谓理也。是果在于孺子之身欤？抑果出于吾心之良知欤？以是例之，万事万物之理莫不皆然，是可以知析心与理为二之非矣。夫析心与理而为二，此告子义外之说，孟子之所深辟也。务外遗内，博而寡要，吾子既已知之矣，是果何谓而然哉？谓之玩物丧志，尚犹以为不可欤？

若鄙人所谓致知格物者，致吾心之良知于事事物物也。吾心之良知，即所谓天理也。致吾心良知之天理于事事物物，则事事物物皆得其理矣。致吾心之良知者，致知也。事事物物皆得其理者，格物也。是合心与理而为一者也。合心与理而为一，则凡区区前之所云，与朱子晚年之论，皆可以不言而喻矣。

【译文】

你来信说："听你对学生讲'即物穷理之说就是玩物丧志'，又把朱熹的一些关于'厌繁就约''涵养本原'等观点的书信给学生看，认为是朱熹的晚年定论，这恐怕不对。"

朱熹所说的格物，其实质就是'即物穷理'，也就是在万事万物上穷尽其理，是用自己的心在万事万物上推究理，这就把心和理一分为二了。求理于万事万物的想法，就像求孝顺之理于其双亲。求孝顺之理于其双亲，那么孝顺之理是在我们的心呢，还是在于双亲之身呢？假如果真在于双亲之身，那么双亲过世之后，我们的心中随即就没有孝顺之理了吗？看见小孩子掉到井里，人肯定会有恻隐之心，那么恻隐之理是在孩子身上还是在我们内心的良知上呢？我们或者是跳进井里把他救上来，或者是搭把手把他捞出来。这都是所谓的理。那么，理在孩子身上，还是在我们内心的良知上呢？以此类推，万事万物的理都是这样，以此可知把心与理一分为二是不对的。把心与理一分为二，这是告子的"义外"学说，曾被孟子深刻批判过。"务外遗内，博而寡要"，既然你已明白这些，它到底该怎么说？我说"即物穷理"是玩物丧志，你还认为不对吗？

如我所说的格物致知，是把我们心中的良知用到万事万物上。我们本心的良知也就是所谓的天理。把我们心中的良知天理应用到万事万物上，那么万事万物都得到天理了。使我们的心纯系良知就是致知，各种事物都得到理，即为格物。此乃心理合一。把心与理合二为一，那么凡是我前面所讲的，以及我对于朱熹先生晚年之论的说法，就都可不言自明了。

解 读

在这封书信中，王阳明批评了朱熹的格物说，是即物穷理，故而分心理为二，是告子"义外"之说。而阳明自己的格物致知说，是致吾心之良知于事事物物，使事事物物皆得其理，是合心与理为一。

7. 学、问、思、辨、行

【原典】

来书云："人之心体，本无不明，而气拘物蔽，鲜有不昏。非学、问、思、辨以明天下之理，则善恶之机、真妄之辨，不能自觉，任情恣意，其害有不可胜言者矣。"

此段大略似是而非。盖承沿旧说之弊，不可以不辨也。夫学、问、思、辨、行皆所以为学，未有学而不行者也。如言学孝，则必服劳奉养，躬行孝道，然后谓之学。岂徒悬空口耳讲说，而遂可以谓之学孝乎？学射，则必张弓挟矢，引满中的；学书，则必伸纸执笔，操觚染翰。尽天下之学，无有不行而可以言学者，则学之始固已即是行矣。笃者，敦实笃厚之意，已行矣，而敦笃其行，不息其功之谓尔。盖学之不能以无疑，则有问。问即学也，即行也。又不能无疑，则有思。思即学也，即行也。又不能无疑，则有辨，辨即学也，即行也。辨既明矣，思既慎矣，问即审矣，学既能矣，又从而不息其功焉，斯之谓笃行，非谓学、问、思辨之后而始措之于行也。是故以求能其事而言，谓之学；以求解其惑而言；谓之问；以求通其说而言，谓之思；以求精其察而言，谓之辨；以求履其实而言，谓之行。盖析其功而言，则有五；合其事而言，则一而已。此区区心理合一之体，知行并进之功，所以异于后世之说者，正在于是。

今吾子特举学、问、思、辨以穷天下之理，而不及笃行，是专以学、问、思、辨为知，而谓穷理为无行也已。天下岂有不行而学者邪？岂有不行而遂可谓之穷理者邪？明道云："只穷理，便尽性至命。"故必仁极仁，而后谓之能穷仁之理；义极义，而后谓之能穷义之理。仁极仁，则尽仁之性矣；义极义，则尽义之性矣。学至于穷理至矣，而尚未措之于行，天下宁有是邪？是故知不行之不可以为学，则知不行之不可以为穷理矣。知不行之不可以为穷理，则知知行之合一并进，而不可以分为两节事矣。

夫万事万物之理，不外于吾心，而必曰穷天下之理，是殆以吾心之良知为未足，而必外求于天下之广，以裨补增益之，是犹析心与理而为二也。夫学、问、思、辨、笃行之功，虽其困勉至于人一己百，而扩充之极，至于尽性知天，亦不过致吾心之良知而已。良知之外，岂复有加于毫末乎？今必曰穷天下之理，而不知反求诸其心，则凡所谓善恶之机、真妄之辨者，舍吾心之良知，亦将何所致其体察乎？吾子所谓'气拘物蔽'者，拘此蔽此而已。今欲去此之蔽，不知致力于此，而欲以外求，是犹目之不明者，不务服药调理以治其目，而徒怅怅然求明于其外。明岂可以自外而得哉！任情恣意之害，亦以不能精察天理于此心之良知而已。此诚毫厘千里之谬者，不容于不辨。吾子毋谓其论之太刻也。

【译文】

你来信说："人心的本体，原本是明白清澈的，然而由于气的拘束和物欲的蒙蔽，故很少有不昏暗的。如果不借助学习、询问、思考、辨析来明白万物之理，那么善恶的原因、真假的异同，就不能自觉约束自己，就会任情恣意，所产生的危害是说不尽道不完的。"

以上这段话我觉得大部分似是而非。大概是继承了朱熹学说的弊端，在这里我不能不提出来与您共同探讨。学习、询问、思考、辨析、实践都是学习的步骤，没有谁学习不是为了运用到实践上的。比如说学习孝顺，则必须能够任劳任怨地奉养双亲，身体力行合于孝顺之道，这才能说他没白学。难道只是夸夸其谈、空口说说，就说他孝道学得很好了？再比如说学射术吧，就必须亲自张弓拉箭，射中靶心；学书法，就必须备好笔墨纸砚，提笔书写。天底下的学问，没有不实践就可以说自己学会了的，因而学习的开始本身就是在实践。"笃行"的"笃"字含有切实认真的意思，说已经去行了，就是切实行连续的功夫。学习的过程中不可能没有疑惑，这就需要问，问与学互相印证，这也是行的表现。问了之后可能还有疑惑，那么就需要思考，思考的过程也是学的过程，当然也是行的表现。思考了可能还有疑问，那么就需要辨析，辨析也是学习，也是行。辨析明白了，思想就有了条理，疑惑也消失了，学问就存储于心了，从而达到了心思清明践行所学的最高境界，这才称之谓笃行，并非学、问、思、辨之后，才去笃行。所以就追求能做某事而言称做学，就追求能解除疑惑而言称做问，就理解所学融会贯通而言叫做思，就求得学问精确明白无误而言叫做辨，就具体履行实践而言叫做行。从以上分析可知，学的整个过程包含着五个方面，综合它们所干的事，唯有一件。这就是心理合一的道理所在，这也就是知行合一的功夫，所以我的学说和朱熹先生的观点的区别正在于此。

现在，你信中只举出学、问、思、辨来穷究天下之理，却不讲笃行，这是专门把学、问、思、辨作为知，认为穷理的过程不包括行罢了。天下哪有不笃行却学业有成的人呢？哪里有不践行就可以称做穷理的呢？程颢说："只要穷尽事理，就可以充分发挥天性，从而知道天命。"所以必须在践行中达到仁爱的最高境界，才能称做穷尽仁爱的道理；在践行中达到义的最高境界后，才能说穷尽义的道理。达到仁爱的最高境界，则穷尽了仁的本源；达到义的最高境界，则穷尽了义的本源。学做到了穷尽事理的高境界就算完事了，但还没有去践行，天下有这样的学吗？所以知而不行就不能学习，知而不行就不能穷尽事物的道理。从这一点可以看出，知行必须合一并举的，而不能够把它们分成两件事。

万事万物的道理不存在于我们的心外，那种整日里说要穷尽天下万物之理的说法，恰好是说明了他的心中还没有足够的良知，而必须从外面的包罗万象之中来求取，以裨补增益自己的良知，这仍是把心与理一分为二了。学、问、思、辨、笃行的功夫，虽然天资比较困顿的人得比别人多付出百倍的努力，努力扩充到了极点，以至于充分发挥天性而知道天命，但说穿了终归不过是寻求本心的良知而已。良知之外，还有一丝其他东西吗？今日之学者动辄说要穷尽天下的事理，而不知道反过来向我们的本心寻求，那么凡是善恶的原因、真假的异同，舍弃我们心中的良知，又从哪儿能体察出来呢？你所说的"气拘物蔽"，正是受以上观点的拘束和蒙蔽。现在想要清除这一弊端，不明白致力于致知，却想从外在的格物去求取，就好像眼睛有毛病的人，不吃药调理治疗眼睛，而只是徒劳地去眼睛外面探寻光明，光明怎么能从眼睛之外求得呢？至于不能自觉约束自己、任情恣意的害处，也是因为不能从我们内心的良知上精细洞察天理的原因，这真是差之毫厘谬以千里呀，不能不详细分辨。你不要怪我的论断太尖刻了。

解 读

这段宏论围绕着学、问、思、辨、行，反复比拟、论证，最终还是落实在一个"知行合一"上。尽管学、问、思、辨、行分属不同的功夫层面，但就圣学"日日新、又日新"的修养论而言毕竟仍是一事。推而广之，社会生活的实践是十分丰富、复杂、生动、具体的，但相应与本体都是生命意义实现的功夫——不能与本体分离的功夫。

8. 格物致知说之意旨

【原典】

来书云："教人以致知明德，而戒其即物穷理，试使昏暗之士，深居端坐，不闻教告，遂能至于知致而德明乎？纵令静而有觉，稍悟本性，则亦定慧无用之见，果能知古今，达事变，而致用于天下国家之实否乎？其曰'知者意之体，物者意之用，格物如格君心之非'之'格'。语虽超悟独得，不蹈陈见，抑恐于道未相吻合？"

区区论致知格物，正所以穷理，未尝戒人穷理，使之深居端坐而一无所事也。若谓即物穷理，如前所云务外而遗内者，则有所不可耳。昏暗之士，果能随事随物精察此心之天理，以致其本然之良知，则"虽愚必明，虽柔必强"。大本立而达道行，九经之属，可一以贯之而无遗矣，尚何患其无致用之实乎？彼顽空虚静之徒，正唯不能随事随物精察此心之天理，以致其本然之良知，而遗弃伦理，寂灭虚无以为常，是以要之不可以治家国天下。孰谓圣人穷理尽性之学，而亦有是弊哉！

心者，身之主也，而心之虚灵明觉，即所谓本然之良知也。其虚灵明觉之良知，应感而动者谓之意，有知而后有意，无知则无意矣。知非意之体乎？意之所用，必有其物，物即事也。如意用于事亲，即事亲为一物；意用于治民，即治民为一物；意用于读书，即读书为一物；意用于听讼，即听讼为一物。凡意之所用，无有无物者。有是意即有是物，无是意即无是物矣，物非意之用乎？

"格"字之义，有以"至"字之训者，如"格于文祖""有苗来格"，是以"至"训得也。然"格于文祖"，必纯孝诚敬，幽明之间无一不得其理，而后谓之"格"。有苗之顽，实以文德诞敷而后格，则亦兼有"正"字之义在其间，未可专以"至"字尽之也。如"格其非心""大臣格君心之非"之类，是则一皆"正其不正以归于正"之义，而不可以"至"字为训矣。且《大学》"格物"之训，又安知其不以"正"字为训，而必以"至"字为义乎？如以"至"字为义者，必曰"穷至事物之理"，而后其说始通。是其用功之要全在一"穷"字；用力之地，全在一"理"字也。若上去一"穷"、下去一"理"字，而直曰"致知在至物"，其可通乎？夫"穷理尽性"，圣人之成训，见于《系辞》者也。苟"格物"之说而果即"穷理"之义，则圣人何不直曰"致知在穷理"，而必为此转折不完之语，以启后世之弊邪？

盖《大学》"格物"之说，自与《系辞》"穷理"大旨虽同，而微有分辨。"穷理"者，兼格、致、诚、正而为功也。故言"穷理"则格、致、诚、正之功皆在其中；言"格物"则必兼举致知、诚意、正心而后其功始备而密。今偏举"格物"，而遂谓之穷理，此所以专以"穷理""属知"，而谓"格物"未常有行。非唯不得"格物"之旨，并"穷理"之义而失之矣。此后世之学所以析知行为先后两截，日以支离决裂，而圣学益以残晦者，其端实始于此。吾子盖亦未免承沿积习，则见以为"于道未相吻合"，不为过矣！

【译文】

你来信说："先生教学生致知、明德，却不让他们从事物上推究天理，假如让糊涂的人深居简出，不听圣人的教诲和告诫，难道就能令得这人达于致知进而明德的境地吗？纵然他们在静坐时有所觉悟，对于本性稍有了解，那也是佛家的禅定与智慧一类没实用价值的见解。难道真能通晓古今、通达事变，对治理国家有实际作用吗？先生说'知是意的骨架，物是意的运用''格物的格就是格君心之非的格'，此话虽有超悟，有独到不落俗套之处，但恐怕与圣道不相吻合吧？"

我所说的格物致知，就是要人去穷尽天理，不曾禁止人们穷尽事物的道理，鼓动他们深居简出无所、事事地端坐在那里。如果说在事物上推究道理，就像你前面所说的"务外而遗内"之类，那么就不对了。糊涂的人，如果真能做到随时随地，随事随物地精察到自己内心的天理，发现其原本的良知，那么"即使愚蠢也必定能变得聪明，即使柔弱也必定能变得强大"。于是就能够立大本，行达道，九经之类就可以一以贯之、一览无余，还怕他没有治理国家的实际才能吗？你所说的那些玩空虚静寂的佛道弟子，正是不能够随时随地随事随物精察自心天理，从而发现其心中原本的良知，所以才会抛弃伦理，成了追求寂灭虚无的佛教徒，当然是不可以治国平天下了。谁说圣人的穷理尽性之学也有这样的弊病呢？

心是身体的主宰，而心的虚灵明觉，就是人的本体良知。虚灵明觉的良知因为感应而发动，就是意念。心是先有知而后才会有意，没有知当然也就不会有意了。那么知是不是意的本体？意的指向，必有具体的物，物和事的性质是一样的。如果意念指向侍奉双亲，那么侍奉双亲就是一件事情；意念指向治理百姓，那么治理百姓就是一件事情；意念指向读书，那么读书就是一件事情；意念指向听讼，那么听讼就是一件事情。凡是意的指向，没有不存在事物的。有什么样的意念就有什么样的事物，没有什么样的意念就没有什么样的事物，事物难道不是意念的运用吗？

"格"字的意思，有人用"至"字来解释的，比如"格于文祖""有苗来格"都是说这里的"格"当"至"讲的。然而"格于文祖"必定是至孝至敬，对于阴阳两世的道理都通晓，然后才能叫做"格"。"有苗来格"也是如此，先是因苗黎之民顽劣，不服教化，后文德广被，再而后有"格"，则这里的"格"字就兼有矫正的"正"字的意思，不可以只用"至"字来解释"格"的含义。再如"格其非心""大臣格君心之非"等中的"格"，都是"纠正错误使它归于正确"的意思，而不能用"至"字来解释。况且《大学》中曾参对于"格物"的解释，你又怎么能知道它不能用"正"字而必须用"至"字来解释呢？如果认为"至"字的解释才是正确的，那就必须得说"穷至事物之理"而后这个说法才说得通。这句话或者说这个说法的用功要领全在一个"穷"字上，用功的对象全在一个"理"上。如果前面去掉一个"穷"字，后面去掉一个"理"字，而直接说"致知在至物"，能说得通吗？"穷理尽性"是圣人既定的教诲，在《易传·系辞》中可以看到。假如"格物"的学说真的就是穷理的意思，那么圣人为什么不直接说"致知在穷理"，而一定要来一个转折，使语意不完整，导致后来的弊端呢？

《大学》的"格物"说其宗旨与《易传·系辞》上的"穷理"说大义虽近，只是稍微有点微妙的区别。穷理是包含了格物、致知、诚意、正心这些方面功夫的，所以谈到穷理，那么格物、致知、诚意、正心等功夫都在其中，说到"格物"则必须接着说致知、诚意、正心，这样"穷理"才是周密而圆满的。现在你单独把"格物"拿出来，然后就说它和"穷理"是一回事，这是认为"穷理"属于"知"的范畴，而"格物"是不常有的"行"，这非但没有抓住"格物"的宗旨，而且连"穷理"的本义也一并丢失了。这就是后来的学者之所以把知、行一分为二，使其一天天地支离破碎，而圣学也日渐残缺晦涩的原因，其思想发端实际就在这里。你继承过去的观点也在所难免，认为我的观点与道不相一致，认为我的见解和圣道不相吻合，如此也不足为怪了。

解 读

在这里，王阳明理论上重点在强调"意"与"物"之诠释上的同一立场，以及"格物"之"格"字义应为"正"字义而非"至"字义，又以穷理说在《易传·系辞》之本意表述格物致知说之意旨。阳明先生明确表示，要以"正"字义而非"至"字义说格物之格，因此成为知行合一的本体功夫，而非仅为认知义的功夫而已。

9. 诚意、致知、格物

【原典】

来书云："谓致知之功，将如何为温清？如何为奉养？即是'诚意'，非别有所谓'格物'，此亦恐非。"

此乃吾子自己意揣度鄙见而为是说，非鄙人之所以告吾子者矣。若果如吾子之言，宁复有可通乎！盖鄙人之见，则谓意欲温清，意欲奉养者，所谓"意"也，而未可谓之"诚意"。必实行其温清奉养之意，务求自慊而无自欺，然后谓之"诚意"。知如何而为温清之节，知如何而为奉养之宜者，所谓"知"也，而未可谓之"致知"。必致其知如何为温清之节者之知，而实以之温清；致其知如何为奉养之宜者之知，而实以之奉养，然后谓之"致知"。温清之事，奉养之事，所谓"物"也，而未可谓之"格物"。必其于温清之事也，一如其良知之所知，当如何为温清之节者而为之，无一毫之不尽；于奉养之事也，一如其良知之所知，当如何为奉养之宜者而为之，无一毫之不尽，然后谓之"格物"。温清之物格，然后知温清之良知始致；奉养之物格，然后知奉养之良知始致，故曰"物格而后知至。"致其知温清之良知，而后温清之意始诚；致其知奉养之良知，而后奉养之意始诚，故曰"知至而后意诚"。此区区"诚意、致知、格物"之说盖如此。吾子更熟思之，将亦无可疑者矣。

【译文】

你来信说："你说的'致知'的功夫，其实就是怎样让父母冬暖夏凉，如何奉养父母等，孝行发自内心地做到位，也就是'诚意'了，并非别有个格物，这也恐怕不对吧。"

这是你以自己的意思来揣度我的观点，我可没这样对你说过。如果真像你说的那样，怎么可能说得通呢？我的看法是：意欲使父母冬温夏凉、意欲使父母安享晚年，这里所谓的"意欲"的"意"不能称做诚意，而必须是真正实践了使父母冬暖夏凉、侍奉他们的愿望，并且务求自己对此感到愉快而不是违心，然后才能叫做诚意。知道怎么做、何时做才能适时使父母冬暖夏凉，知道如何做才是适宜的奉养父母的方式方法，这只能称做知，而尚不能说是致知。只有正确运用关于冬暖夏凉的知识，切实做到了让父母冬暖夏凉；运用关于奉养正恰的知识，切实做到了奉养正恰，然后才能称做致知。冬暖夏凉这事，安度晚年这事，都是具体的事物，但不能说知道了这些就是格物了，必须遵循自己的良知要求做到了使父母冬暖夏凉和侍奉适宜的事，而且没有丝毫的保留，然后才能说是"格物"了。父母冬暖夏凉的物"格"了，而后知冬暖夏凉的良知才算是"致"了；奉养父母适宜的物"格"了，而后知安度晚年的良知才算是"致"了。所以《大学》里说："物格而后知至"。达到了那个知道冬暖夏凉的良知，而后务使父母冬暖夏凉的意才会诚；达到了那个知道适宜奉养的良知，而后务使父母安度晚年的意才会诚。所以《大学》中说"知至而后意诚"。我的诚意、致知、格物的学说大概就是这样。你再仔细思考它们，也就没有什么可疑惑的了。

解 读

阳明先生在这里举了个例子来谈论格、致、诚、正的道理，强调行动要跟上，完全、一毫不剩地落实到实际中去，在诚意、致知、格物这条逻辑链上，知与行并非两个端，它们互为起点和终点。

10. 道之大端易于明白

【原典】

来书云："道之大端，易于明白，所谓'良知良能，愚夫愚妇可与及者，'至于节目时变之详，毫厘千里之缪，必待学而后知。今语孝于温清定省，孰不知之？至于舜之不告而娶，武之不葬而兴师，养志养口，小杖大杖，割股庐墓等事，处常处变，过与不及之间，必须讨论是非，以为制事之本，然后心体无蔽，临事无失。"

"道之大端，易于明白"，此语诚然。顾后之学者，忽其易于明白者而弗由，而求其难于明白者以为学，此其所以"道在迩而求诸远，事在易而求诸难"也。孟子云："夫道若大路然，岂难知哉？人病不由耳。"良知、良能，愚夫愚妇与圣人同。但唯圣人能致其良知，而愚夫愚妇不能致，此圣愚之所由分也。

节目时变，圣人夫岂不知？但不专以此为学。而其所谓学者，正唯致其良知，以精审此心之天理，而与后世之学不同耳。吾子未暇良知之致，而汲汲焉顾是之忧，此正求其难于明白者以为学之弊也。夫良知之于节目时变，犹规矩尺度之于方圆长短也。节目时变之不可预定，犹方圆长短之不可胜穷也。故规矩诚立，则不可欺以方圆，而天下之方圆不可胜用矣；尺度诚陈，则不可欺以长短，而天下之长短不可胜用矣；良知诚致，则不可欺以节目时变，而天下之节目时变不可胜应矣。毫厘千里之缪，不于吾心良知一念之微而察之，亦将何所用其学乎？是不以规矩而欲定天下之方圆，不以尺度而欲尽天下之长短，吾见其乖张谬戾，日劳而无成也已。

吾子谓："语孝于温凊定省，孰不知之？"然而能致其知者鲜矣。若谓粗知温凊定省之仪节，而遂谓之能致其知，则凡知君之当仁者，皆可谓之能致其仁之知；知臣之当忠者，皆可谓之能致其忠之知，则天下孰非致知者邪？以是而言，可以知致知之必在于行，而不行之不可以为致知也，明矣。知行合一之体，不益较然矣乎？

夫舜之不告而娶，岂舜之前已有不告而娶者为之准则，故舜得以考之何典，问诸何人，而为此邪？抑亦求诸其心一念之良知，权轻重之宜，不得已而为此邪？武之不葬而兴师，岂武之前已有不葬而兴师者为之准则，故武得以考之何典，问诸何人，而为此邪？抑示求诸其心一念之良知，权轻重之宜，不得已而为此邪？使舜之心而非诚于为无后，武之心而非诚于为救民，则其不告而娶与不葬而兴师，乃不忠不孝之大者。而后之人不务致其良知，以精察义理于此心感应酬酢之间，顾欲悬空讨论此等变常之事，执之以为制事之本，以求临事之无失，其亦远矣。其余数端，皆可类推，则古人致知之学，从可知矣。

【译文】

你来信说："圣道的主要含义容易明白，就像你所说的'良知良能，即使蠢汉愚妇也有可以明白的地方'。只是待到具体应用变化，则差之毫厘失之千里，必得通过学习而后才能掌握。你现在就父母的冬暖夏凉、早晚向父母请安上谈论孝道，谁能不知晓呢？至于舜不告诉父母就娶妻，武王没有安葬文王就兴师伐纣，曾子赡养父亲是遵从父亲的意愿、而曾元赡养父亲只是让父亲活命，父亲用小杖打则应该承受、用大杖打则应该逃走，割股肉而治父母的病，为亲人守丧三年等事情，在正常与不正常之间、过分与不足之间，必须要讨论一个是非准则，作为解决事情的依据。然后人的心体才能不被蒙蔽，遇到事情才能不出差错。"

圣道的主要含义容易明白，这话说得对。环顾后世学者，皆是忽视其易于明白而不用，反而追求那些难以理解的东西作为学问，这就是孟子所说的"道在旁边却偏偏向远不可及的地方寻求，简单的事情偏偏要使它复杂化"啊！孟子说："圣道就像大路一样，难道很难认识吗？人们的问题在于不去探求罢了。"在拥有良知良能上，愚夫愚妇和圣人是相同的。但是只有圣人能致其良知，而愚夫愚妇则不能，这就是圣人和普通人的区别。

至于具体的应用变化，圣人难道会不知道？只是不专门把这当做学问罢了。圣人所谓的学问，只是致其良知以精确体察心中的天理，因而才成为其区别于后世学者的关键所在。你还没有去致良知，而在那里慌张地担心这些小问题，这正是远离了易于明白的而趋于难于明白的学术毛病。良知对于具体应用变化，就像规矩尺度对于方圆长短一样。具体内容随时间变化是不可事先预测的，就像方圆长短的变化是无穷无尽的。因此，规矩定了，方圆与否就不可遮掩，而天下的方圆也就不可胜用；尺度定了，长短与否就不可遮掩，而天下的长短也就不可胜用；良知确实达到了，那么具体内容随时间的变化也就暴露无遗，天下不断变化的具体内容就都能应付了。差之毫厘就会谬之千里，不在自己内心良知的变化间去省察差别，那你的所学将何以致用呢？因此，不用规矩去测量而随意说这是方那是圆，不用尺度去丈量而随便说这个长那个短，我觉得这是一种乖张的谬误，只会一天天徒劳而无所收获。

你说"语孝于温清定省，孰不知之？"然而真正能致孝的良知的人还是很少的。如果说粗略地知晓温清定省的礼节，就能致孝顺的良知；那么凡是知晓作为君主应当实行仁政的人，就都能致仁义的良知，凡是知晓作为臣下应当忠诚君主的人，就都能致忠君的良知，那天下谁又不是能致良知的人呢？可见，"致知"的关键在于"行"，"不践行"就不能说是"致知"，这个道理就很明白了。知行合一的概念，不就更加明白了吗？

至于舜不告诉父母就娶妻，之前哪有不告而娶的准则可作为参考，虞舜又是翻阅了什么典章，请教了什么人，才这么做的？他不过是根据自己内心的良知，权衡轻重缓急、利弊得失，不得已而为之罢了！姬发没有安葬文王就兴师讨伐商纣，之前哪有不葬而伐的案例作为准则，姬发又是翻阅了什么典章，请教了什么人，才这么做的？他也不过是根据自己内心的良知，权衡轻重缓急、利弊得失，不得已而为之罢了！假使虞舜在心里不是真怕没有后代，武王在心中不是真的要救百姓于水火之中，那么他们不告诉父母就娶妻和不安葬父亲就兴师伐纣，就是天下最大的不孝不忠。后世的人不孜孜以求于致其良知，不在处理事情时精心体察天理，却在酬酢之间凭空讨论此等应变处常的事，幻想以此作为临事机变的准则，以求得遇到任何事情都能没有过失，这也太离谱了。其余几件事都可以以此类推，那么《大学》关于致知的本意，从此就可以明白了。

解读

王阳明认为，忽视易于明白的大道理而不用，反而追求难以理解的东西当成学问；事理上分清了，行动起来又糊涂了；行为上不离规制，事理上又有了偏离。这些都是不能"致良知"的原因。舜不告而娶，武王不葬而兴师，然而舜与武皆成为中国儒家的道德之典范。只因其子之为子，臣之为臣之准则正是来源于自由自律之"良知"。良知唯在心中致，离开本体之心则无良知可致。

11. 知行合一之功

【原典】

来书云："谓《大学》格物之说，专求本心，犹可牵合。至于《六经》《四书》所载'多闻多见''前言往行''好古敏求''博学审问''温故知新''博学详说''好问好察'是皆明白求于事为之际，资于论说之间者，用功节目固不容索矣。"

"格物"之义，前已详悉，牵合之疑，想已不俟复解矣。至于"多闻多见"，乃孔子因子张之务外好高，徒欲以多闻多见为学，而不能求诸其心，以阙疑殆，此其言行所以不免于尤悔，而所谓见闻者，适以资其务外好高而已。盖所以救子张多闻多见之病，而非以是教之为学也。

夫子尝曰："盖有不知而作之者，我无是也。"是犹孟子"是非之心，人皆有之"之义也。此言正所以明德性之良知非由于闻见耳。若曰"多闻择其善者而从之，多见而识之"，则是专求诸见闻之末，而已落在第二义矣，故曰"知之次也"。夫以见闻之知为次，则所谓知之上者果安所指乎？是可以窥圣门致知用力之地矣。夫子谓子贡曰："赐也，汝以予为多学而识之者欤？非也，予一以贯之。"使诚在于"多学而识"，则夫子胡乃谬为是说，以欺子贡者邪？"一以贯之"，非致其良知而何？《易》曰："君子多识前言往行，以畜其德。"夫以畜其德为心，则凡多识前言往行者，孰非畜德之事？此正知行合一之功矣。

"好古敏求"者，好古人之学，而敏求此之心理耳。心即理也。学者，学此心也；求者，求此心也。孟子云："学问之道无他，求其放心而已矣。"非若后世广记博诵古人之言词以为好古，而汲汲然唯以求功名利达之具于外者也。

"博学审问"，前言已尽。

"温故知新"，朱子亦以"温故"属之尊德性矣。德性岂可以外求哉？唯夫"知新"必由于"温故"，而"温故"乃所以"知新"，则亦可以验知行之非两节矣。

"博学而详说之者，将以反说约也。"若无"反约"之云，则"博学详说"者果何事邪？

舜之"好问好察"，唯以用中而致其精一于道心耳。道心者，良知之谓也。君子之学，何尝离去事为而废论说；但其从事于事为论说者，要皆知行合一之功，正所以致其本心之良知，而非若世之徒事口耳谈说以为知者，分知行为两事，而果有节目先后之可言也。

【译文】

你来信说："你认为《大学》中的'格物'是专指于本心来格求的，尚且勉强说得过去。至于《六经》《四书》中记载的多闻多见、前言往行、好古敏求、博学审问、温故知新、博学详说、好问好察等，这些都很明显是在处事和辩论的过程中求得的，功夫的节目、顺序是不可紊乱的。"

"格物"的含义，前面已经详细解析过了，勉强说得过去的疑虑，想必已经不需要重复解释了。至于"多闻多见"，是孔子因为子张好高骛远才说的，子张以多闻多见作为学问，而不能自内心格求，存疑懈怠，这样他的言行不免会后悔，而他所谓的见闻恰恰助长了他好高骛远的气焰。这是孔子纠正子张专以多闻多见为学问的治学毛病的说法，而不是在教子张把多闻多见当做学问。

孔子曾经说过："大概有一种人，什么都不知道却喜欢凭空瞎说一通，我不是这种人。"这和孟子的"是非之心，人皆有之"是一个意思，这话正说明格明自己内心的良知不是由于多闻多见。至于孔子所说的"多闻，择其善者而从之，多见而识之"，则是专门探求见闻的细枝末节，而这也是第二位的事情了，所以孔子才又加上一句"这是次一级的知了"。以多见多闻的知为第二位的，那么首要的学问又指的是什么呢？从这里可以窥见圣学致知用功的地方。孔子对子贡说："端木赐呀，你以为我是博闻强记的人吗？不是这样的，其实我是靠'一以贯之'的。"假使良知果真在于多闻多见，那么孔子不就是在欺骗子贡吗？一以贯之，不是致良知又是什么？《易经》中说："君子多识前言往行，以畜其德。"如果以积蓄存养德行为目的，那么凡是更多地了解圣人言行的

人，难道不是在做积蓄德行的事吗？这正是知行合一的功夫。

"好古敏求"就是喜好古人的学问而勤奋追求自心天理。心即是理。学什么？学自心。求什么？求自心。孟子说："学问的道理没有别的，只要把它放在心上就行了。"不是像后人以广记博诵古人的言辞博好古之名，而实际目的却是汲汲于求功名显达于人前。

"博学审问"，前面已经谈过。

"温故知新"，朱熹也认为"温故"属于尊德行。德行难道能从心外求得吗？知新必须通过温故，温故才能知新，那么也可以证明知行是不可以被分作两截的。

至于"博学而详说之"，目的在于融会贯通后返归简约。如果没有返归简约的说法，那么"博学详说"到底是为了什么？

舜好问好察，就是用中正平和使其心至精至纯达到天理的境界。道心就是良知。君子学习，什么时候离开过践行、抛弃过辩论呢？但是从事践行和辩论，都要遵循知行合一的功夫，这正是致其本心的良知，而并非像后世学者只把空谈作为知，把知和行分成了两件事，从而产生了节目有先有后的说法。

解 读

在阳明看来，能够致吾本心之良知，事事物物便可各得其理，这就是知行合一之功。按照"知行合一"的体用关系来认识日常事情，那么人的一切行为，如多闻多见、前言往行、好古敏求、博学慎思、温故知新等都是知行合一的，绝非两截功夫。

12. 拔本塞源之论

【原典】

来书云："杨、墨之为仁义，乡愿之辞忠信，尧、舜、子之之禅让，汤、武、楚项之放伐，周公、莽、操之摄辅，谩无印证，又焉适从？且于古今事变，礼乐名物，未尝考识，使国家欲兴明堂，建辟雍，制历律，草封禅，又将何所致其用乎？故《论语》曰'生而知之'者，义理耳。若夫礼乐名物、古今事变，亦必待学而后有以验其行事之实，此则可谓定论矣。"

所喻杨、墨、乡愿、尧、舜、子之、汤、武、楚项、周公、莽、操之辨，与前舜、武之论，大略可以类推。古今事变之疑，前于良知之说，已有规矩尺度之喻，当亦无俟多赘矣。至于明堂、辟雍诸事，似尚未容于无言者。然其说甚长，姑就吾子之言而取正焉，则吾子之惑将亦可少释矣。

夫明堂、辟雍之制，始见于吕氏之《月令》，汉儒之训疏。《六经》《四书》之中，未尝详及也。岂吕氏、汉儒之知乃贤于三代之贤圣乎？齐宣之时，明堂尚有未毁，则幽、历之世，周之明堂皆无恙也。尧、舜茅茨土阶，明堂之制未必备，而不害其为治。幽、历之明堂，固犹文、武、成、康之旧，而无救于其乱。何邪？岂能"以不忍人之心，而行不忍人之政"，则虽茅茨土阶，固亦明堂也。以幽、历之心，而行幽、历之政，则虽明堂，亦暴政所自出之地邪？武帝肇讲于汉，而武后盛用于唐，其治乱何如邪？天子之学曰辟雍，诸侯之学曰泮宫，皆像地形而为之名耳。然三代之学，其要皆所以明人伦，非以辟不辟、泮不泮为重轻也。

孔子云："人而不仁，如礼何！人而不仁，如乐何！"制礼作乐，必具中和之德，声为律而身为度者，然后可以语此。若夫器数之末，乐工之事，祝史之守，故曾子曰："君子所贵乎道者三"，"笾豆之事则有司存"也。尧"命羲和，钦若昊天，历象日月星辰"，其重在于"敬授人时"也。舜"在璇玑玉衡"，其重在于"以齐七政"也。是皆汲汲然以仁民之心而行其养民之政，治历明时之本，固在于此也。羲和历数之学，皋、契未必能之也，禹、稷未必能之也。尧、舜之知而不遍物，虽尧、舜亦未必能之也。然至于今，循羲和之法而世修之，虽曲知小慧之人、星术浅陋之士，亦能推步占候而无所忒，则是后世曲知小慧之人反贤于禹、稷、尧、舜者邪？

"封禅"之说尤为不经，是乃后世佞人谀士所以求媚于其上，倡为夸侈，以荡君心而靡国费。盖欺天罔人，无耻之大者，君子之所不道，司马相如之所以见讥于天下后世也。吾子乃以是为儒者所宜学，殆亦未之思邪？

夫圣人之所以为圣者，以其生而知之也。而释《论语》者曰："'生而知之'者，义理耳。若夫礼乐名物，古今事变，亦必待学而后有以验其行事之实。"夫礼乐名物之类，果有关于作圣之功也，而圣人亦必待学而后能知焉，则是圣人亦不可以谓之'生知'矣。谓圣人为'生知'者，专指义理而言，而不以礼乐名物之类。则是礼乐名物之类无关于作圣之功矣。圣人之所以谓之'生知'者，专指义理，而不以礼乐名物之类，则是'学而知之'者，亦唯当学知此义理而已；"困而知之"者，亦唯当困知此义理而已。今学者之学圣人，于圣人之所能知者，未能"学而知之"，而顾汲汲焉求知圣人之所不能知者以为学。无乃失其所以希圣之方欤？

凡此皆就吾子之所惑者而稍为之分释，未及乎"拔本塞源"之论也。

夫"拔本塞源"之论不明于天下，则天下之学圣人者，将日繁日难。斯人沦于禽兽、夷狄，而犹自以为圣人之学。吾之说虽或暂明于一时，终将冻解于西而冰坚于东，雾释于前而云滃于后，呶呶焉危困以死，而卒无救于天下之分毫也已。

夫圣人之心，以天地万物为一体，其视天下之人，无外内远近。凡有血气，皆其昆弟赤子之亲，莫不欲安全而教养之，以遂其万物一体之念。天下之人心，其始亦非有异于圣人也，特其间于有我之私，隔于物欲之蔽，大者以小，通者以塞。人各有心，至有视其父、子、兄、弟如仇雠者。圣人有忧之，是以推其天地万物一体之仁以教天下，使之皆有以克其私，去其蔽，以复其心体之同然。其教之大端，则尧、舜、禹之相授受，所谓"道心惟微，惟精惟一，允执厥中"；而其节目，则舜之命契，所谓"父子有亲，君臣有义，夫妇有别，长幼有序，朋友有信"五者而已。唐、虞、三代之世，教者唯以此为教，而学者唯以此为学。当是之时，人无异见，家无异习。安此者谓之圣，勉此者谓之贤，而背此者，虽其启明如朱，亦谓之不肖。下至闾井、田野，农、工、商、贾之贱，莫不皆有是学，而唯以成其德行为务。何者？无有闻见之杂，记诵之烦，辞章之靡滥，功利之驰逐，而但使孝其亲，弟其长，信其朋友，以复其心体之同然。是盖性分之所固有，而非有假于外者，则人亦孰不能之乎？

学校之中，唯以成德为事。而才能之异，或有长于礼乐，长于政教，长于水土播植者，则就其成德，而因使益精其能于学校之中。迨夫举德而任，则使之终身居其职而不易。用之者惟知同心一德，以共安天下之民，视才之称否，而不以崇卑为轻重，劳逸为美恶。效用者亦唯知同心一德，以共安天下之民，苟当其能，则终身处于烦剧而不以为劳，安于卑琐而不以为贱。当是之时，天下之人，熙熙皞皞，皆相视如一家之亲。其才质之下者，则安其农、工、商、贾之分，各勤其业，以相生相养，而无有乎希高慕外之心。其才能之异，若皋、夔、稷、契者，则出而各效其能。若一家之务，或营其衣食，或通其有无，或备其器用，集谋并力，以求遂其仰事育之愿，唯恐当其事者之或怠而重己之累也。

故稷勤其稼，而不耻其不知教，视契之善教，即己之善教也；夔司其乐，而不耻于明礼，视夷之通礼即己之通礼也。盖其心学纯明，而有以全其万物一体之仁，故其精神流贯，志气通达，而无有乎人己之分，物我之间。譬之一人之身，目视、耳听、手持、足行，以济一身之用。目不耻其无聪，而耳之所涉，目必营焉；足不耻其无执，而手之所探，足必前焉。盖其元气充周，血脉条畅，是以痒痾呼吸，感触神应，有不言而喻之妙。此圣人之学所以至易至简，易知易从，学易能而才易成者，正以大端唯在复心体之同然，而知识技能非所与论也。

三代之衰，王道熄而霸术昌。孔孟既没，圣学晦而邪说横，教者不复以此为教，而学者不复以此为学。霸者之徒，窃取先王之近似者，假之于外，以内济其私己之欲，天下靡然而宗之，圣人之道，遂以芜塞。相仿相效，日求所以富强之说、倾诈之谋、攻伐之计，一切欺天罔人，苟一时之得，以猎取声利之术，若管、商、

143

苏、张之属者，至不可名数。既其久也，斗争劫夺，不胜其祸，斯人沦于禽兽、夷狄，而霸术亦有所不能行矣。

世之儒者，慨然悲伤，搜猎先圣王之典章法制，而掇拾修补于煨烬之余，盖其为心，良亦欲以抚回以先王之道。圣学既远，霸术之传，积渍已深，虽在贤知，皆不免于习染，其所以讲明修饰，以求宣畅光复于世者，仅足以增霸者之藩篱，而圣学之门墙，遂不复可睹。于是乎有训诂之学，而传之以为名；有记诵之学，而言之以为博；有词章之学，而侈之以为丽。若是者，纷纷籍籍，群起角立于天下。又不知其几家，万径千蹊，莫知所适。世之学者如入百戏之场，戏谑跳踉，骋奇斗巧，献笑争妍者，四面而竞出，前瞻后盼，应接不遑，而耳目眩瞀，精神恍惑，日夜遨游淹息其间，如病狂丧心之人，莫自知其家业之所归。时君世主亦皆昏迷颠倒于其说，而终身从事于无用之虚文，莫自知其所谓。间有觉其空疏谬妄，支离牵滞，而卓然自奋，欲以见诸行事之实者，极其所抵，亦不过为富强功利五霸之事业而止。

圣人之学日远日晦，而功利之习愈趋愈下。其间虽尝瞀惑于佛、老，而佛、老之说卒亦未能有以胜其功利之心；虽又尝折衷于群儒，而群儒之论终亦未能有以破其功利之见。盖至于今，功利之毒沦浃于人之心髓，而习以成性也，几千年矣。相矜以知，相轧以势，相争以利，相高以技能，相取以声誉。其出而仕也，理钱谷者则欲兼夫兵刑，典礼乐者又欲与于铨轴，处郡县则思藩臬之高，居台谏则望宰执之要。故不能其事则不得以兼其官，不通其说则不可以要其誉。记诵之广，适以长其敖也；知识之多，适以行其恶也；闻见之博，适以肆其辩也；词章之富，适以饰其伪也。是以皋、夔、稷、契所不能兼之事，而今之初学小生皆欲通其说，究其术。其称名僭号，未尝不曰吾欲以共成天下之务，而其诚心实意之所在，以为不如是则无以济其私而满其欲也。

呜呼！以若是之积染，以若是之心志，而又讲之以若是之学术，宜其闻吾圣人之教，而视之以为赘疣枘凿；则其以良知为未足，而谓圣人之学为无所用，亦其势有所必至矣！

呜呼！士生斯世，而尚何以求圣人之学乎？尚何以论圣人之学乎？士生斯世，而欲以为学者，不亦劳苦而繁难乎！不亦拘滞而险艰乎！呜呼！可悲也已！所幸天理之在人心，终有所不可泯，而良知之明，万古一日，则其闻吾"拔本塞源"之论，必有恻然而悲，戚然而痛，愤然而起。沛然若决江河，而有所不可御者矣。非夫豪杰之士无所待而兴起者，于谁与望乎？

【译文】

你信中说："杨朱、墨子的义与仁，乡愿的近乎忠信，尧、舜、子之的禅让，商汤、周武王、项羽的流放与杀伐，周公、王莽、曹操的摄政，这些事烦琐而无从考证，又怎么分辨与学习呢？更何况对于古今事变、礼乐名物不曾考察识别，假使国家要建造明堂、设立学校、制定历法乐律、进行封禅大典，又能发挥什么作用呢？所以《论语集注》中说'生而知之者，义理耳。若夫礼乐、名物、古今事变，亦必待学而后有以验其行事之实'。这句话可以称得上是定论了。"

你信中提到的杨朱、墨翟、乡愿、唐尧、虞舜、子之、商汤、周武、项羽、姬旦、王莽、曹操之间的分别，与之前所说的"虞舜的不告而娶""姬发的不葬而伐"的论说，大致是类似的。对于古今事变的疑问，前面在说良知时，已经用规矩尺度做过比喻，此处不再重述。至于建造明堂、设立学校等事，似乎不能不说，可这话说起来就太长了，暂且就你信中提到的来谈一下吧，你的疑惑就会少些了。

明堂、学校的规制，始见于《吕氏春秋》的《月令》章，后来汉朝大儒们的训疏。《六经》《四书》之中都没有详细记载。难道吕不韦、汉儒们的学问都要高于三代的圣贤们吗？齐宣王的时候，周天子的明堂还没有被损毁，这说明就算是幽王、厉王的时代，周的明堂应该都安然无恙。尧舜的时候，大家住的用的都是茅屋、土桌椅，明堂的规制还没有呢，但这并不影响他们很好地治理天下。幽王、厉王在位的时候，是沿袭文王、武王、成王、康王时的明堂，却也没有防止得了天下大乱，什么道理呢？这不正表明：用仁爱之心推行仁政，那么即使是茅屋和土台阶，也可以作为明堂；而以幽厉的心性，行幽厉般的专政，就算是有明堂，那明堂也是个施暴政的地方。汉武帝曾经与臣子们谈论过立明堂的事，武则天曾毁了乾元殿而修建明堂，他们的治乱情形如何呀？天子所设的学校叫辟雍，诸侯所设的学校叫做泮宫，都是因为周边的地形而起的名字。可是夏商周三代时学问的要点都是要人明白伦常，并不在意建筑的样子像不像璧环，是不是建造在水边。

孔子说："人如果没有仁爱之心，有礼又如何？人如果没有仁爱之心，有乐又如何？"制礼作乐的人，肯定是要具备中和的德行。只有那些发出声音可以作为旋律，自身修为可以作为法度的人，才有资格出来制订礼乐。诸如礼仪乐器的细节和技巧，则是乐工和庙祝太史的职责，所以曾参说："君子重视的道有三个方面，至于行礼过程中的具体事项，则由有关官员负责安排。"尧"命令羲氏、和氏遵循天意，观测推算日月星辰的运行情况"，重点在于"恭敬地授予百姓农时"。舜"观测北斗七星的运行"其重点在于"安排好七种政事"。这些都是争取尽快地用仁爱百姓的心来施行养民的政策。制订历法、明晓时令的根本就在这儿了。羲氏、和氏在历法和数学方面的学问，皋陶和契未必能比得上，大禹和后稷也未必有；根据《孟子》中"尧舜的智慧不能知晓万物"的说法，即使尧舜也未必能做到。可是至今，遵循羲、和二人的方法再进行世世代代的修正积累，即使一知半解稍有智慧的人，观星术浅陋的人，也能够正确地推算历法、占卜天象。那么难道后世稍一知半解稍有智慧的人反而比大禹、后稷、唐尧、虞舜更贤明能干吗？

"封禅"的做法尤其荒诞不经，是后世的奸佞之人溜须拍马以求皇帝宠幸，夸大其词，蛊惑君心，靡费国帑，可以称得上祸国殃民，是最大的无耻，这不是君子所该干的事儿，这就是司马相如被天下耻笑的原因。你竟然以为这是儒学后生该学习的内容，恐怕是没有认真思考吧？

圣人之所以成为圣人，是因为他们是生而知之的。而朱熹解释《论语》时说："生而知之者，义理耳。若夫礼乐名物、古今事变，亦必待学而后有以验其行事之实。"如果像他说的那样，礼乐名物之类确实是成圣功夫，圣人必须学习过后才能知晓，那么圣人就不能称为"生而知之"了。其实，说圣人"生而知之"是专指义理而言的，而不包括礼乐名物之类，那么礼乐名物之类是无关做圣的功夫。之所以说圣人"生而知之"是专指义理而不是礼乐名物之类，则是因为它们属于"学而知之"的范畴，也就是所谓的学而后知义理。至于"困而知之"也是疑惑之后通晓义理而已。现在的学者学习圣人，对于圣人能知晓义理，不能去学习知晓，却反过来念念不忘地去探求圣人所不知晓的东西作为学问，这难道不是迷失了成为圣人的方向吗？

以上都是仅就你所疑惑的方面稍加解释，并非正本清源之论。

正本清源之论如果不能昌明于天下，那么天下学习圣人的人，将会感到越来越烦琐艰难，其人即便堕入禽兽、夷狄的人伦纲常，却还以为自己学的是圣人的学说。我的学说虽然可能通明于一时，但终归似数九寒天的坚冰一样，西边刚消融可东边却又给冻实了；也终究像深秋的浓雾一般，前面的雾刚散开后面的云又涌了上来，我就是不顾艰难险阻喋喋不休地进行宣传，困惑致死，也丝毫不能起到拯救天下的作用。

圣人的心性与天地万物为一体。在他的眼里，人无分内外远近，但凡有生命的都是他的手足兄弟、黎庶子民，均欲教养他们，以成全他与天地万物为一体的意念。普天下的所有人心，其出生之时与圣人本来并没有什么差异，只是因为后来有了自我的私欲，被物欲所蒙蔽，为公的大心变成了为私的小心，通达的心被堵塞了，人人各怀心事，甚至于还有那种视其父兄子侄尚不如仇人的。圣人对此十分担忧，这才推广他的天地万物为一体的仁爱之心来教育天下人，其目的就是务使人人都能格除私欲、掀去前尘，归复人心本体的自然之性。圣人教化的主要内容，就是尧舜禹相沿袭的"道心唯微，唯精唯一，允执厥中"；而它的具体内容，就是舜让契教化天下的"父子有亲，君臣有义，夫妇有别，长幼有序，朋友有信"这五点。尧、舜、夏、商、周时代，老师教的就是这些，而学生也仅仅学这些。当时，人人没有不同意见，家家没有不习惯，能自然遵循这些内容的就是圣人，能通过勉励自己得以实践的就是贤人，而背离这些的人即使聪明如丹朱，也被称做不肖之徒。下至穷街陋巷、田间地头、农、工、商、贾，也都要学习这些，把成就其德行当做第一要事。为什么会是这样的学习风气呢？不过是既没有杂乱的见闻，也没有死记硬背的繁难，也没有繁文缛节的泛滥，更没有功利之心的诱惑，只是孝敬父母，尊敬兄长，信任朋友，来恢复人心本体所固有的本性良知。这是人性中本来就有的，不着外务驰求，那么哪个人不能做到呢？

学校里所做的事，只是为了成就德行。人的才能各异，有的擅长礼乐，有的擅长政治教化，有的擅长水利、肥土、种植，这就需要依据他们所成就的德行，也在学校中进一步培养各自的才能。根据他们各自的德行才能使他们终身担任某一职务不变。用人者都仅知道同心同德，共同使天下百姓安居乐业，只看他的才能是否称职，而不以身份高低分轻重，不以职业分贵贱。被任用的人也只知道同心同德，齐心协力使天下百姓安居乐业，若自己的才能适宜，那么哪怕是工作再繁重也不觉得自己辛苦，安心干些卑琐的工作也不觉得比人矮一头。那时候，所有的人都高高兴兴，亲如一家。个人才智不高的，就安于农、工、商、贾的职业本分，各自在自己的岗位上就就业业，互相为对方提供生活必需品，相互间不攀比不嫉妒。而那些才智出众的，譬如皋陶、夔、后稷和契，则出来做官以发挥他们的才能。整个天下就像一个大家庭，有人负责衣食的生产，有人负责经商互通有无，有人负责制造器具备用，大家集思广益，协力同心，来实现赡养父母、教养子女的心愿，都生怕自己从事的事情做不好给大家带来损失，因而特别重视自己的职责。

所以后稷负责农业，不怕别人笑话自己不知道教化，把契的善于教化当做自己的善于教化。夔负责音乐管理，也不为自己不明白礼仪发愁，他视伯夷的通晓礼仪为自己通晓礼仪。这都是由于他们心术纯正、充溢天理，才能成就"以天下

万物为一体"的仁政，所以他们的精神、志气流贯通达，而没有你我之分，人和物之分。这就像一个人的身体，目视、耳听、手持、足行，都是为了满足自身的需要。眼睛不怕自己听不到，而耳朵听到什么，眼睛自然会跟过去看；足不怕自己拿不起东西，而手一伸过去，足肯定自动趋前。这是因为人体元气充沛循环，血脉畅通，所以痒痛呼吸都能做出神奇的反应，有言语所不能描绘的奇妙。而圣人之学所以非常简单，好懂易学，容易实践的原因，正是因为它的中心思想只在于恢复人心本体所共有的良知，至于知识技能的学习不是这里要讨论的。

夏、商、周三代以后，王道衰而霸术兴，孔孟逝而圣学隐，圣学隐而邪说横。当时，教师不再教圣学，学生也不再学圣学。讲授霸术的人，盗用与先王相近似的东西，假借外在的技能来掩盖，以满足自己内心的私欲，致天下读书人昏昏然拜服其门下，圣人之道于是就荒芜阻塞了。世人相互仿效，天天探求富国强兵的学说、倾轧诡诈的计谋、攻打讨伐的策略，这一切都不过是欺天罔人，以求逞一时之效。以获取声名利益为目的的霸术家，像管仲、商鞅、苏秦、张仪这样的人，当时多得不计其数。霸术盛行日久，导致互相斗争抢夺，祸害无穷，这些人沦落为夷狄禽兽，而霸道权术也没法再推行下去了。

当时的儒家学者，愤慨悲伤之余，搜罗前代圣王的典章制度，拾遗补缺于战火灰烬之中，他们的目的也确实是为了挽回先王的圣道。然而圣学已经失传太久了，而霸术的流播已经积淀太深，就算是当世的贤人也不免受到习气的感染，他们希望讲明修饰，以求在现实生活中重新发扬光大，但所作的努力反而增加了霸术的影响力，而圣学的踪迹却再也寻不到了。于是产生了解释古书的训诂学，传播讲授为了虚名；于是产生了记诵学，所记言论让人觉得自己博学；于是产生了词章学，以华彩的句式求取文章的靓丽。像这样的人纷纷扰扰，群起纷争，世上不知有多少家。旁门左道，万千门派，让人们无所适从。当时的学者，就像杂耍艺人，戏谑跳跟，骋奇斗巧。献媚取悦的人从四面八方竞相涌出，令人瞻前顾后，应接不暇，以至于耳聋眼花，精神恍惚，入夜遂游沉溺其中，就像丧心病狂的人，却不知道自家学术到底皈依于何处。当时的君王也都昏聩颠倒于这类学问中，终生沉湎于空洞的虚文，而不知道自己在干什么。有时，虽有人觉得这些学问的荒谬怪诞、零乱呆滞而卓然奋起，欲有所作为，也不过是些国家富强、争名夺利的霸术罢了。

圣人的学问，越来越晦暗；功利的习气，越来越严重。这期间有人曾经被佛道的学说所迷惑，然而佛道的学说却也没能使他的学说脱离功利性；还有人尝试着折中儒学各家的见解，但群儒的学说终究也阻止不了人们对功利的追逐。直到今天，功利心的流毒已经积习成性，有数千年之久。以学问知识作为自大的资本，以强权势力作为相互倾轧的工具，以物质利益作为相互争夺的标的，以技能大小标榜自己的高明，以声誉高低作为结党的准则。那些做官的，管钱粮的还想兼管军事和司法；管礼乐的还想占据吏部要职；在郡县上做官的，又想到省里当主管人事、财政和司法的大官；位居御史台和谏议大夫，却眼巴巴地盯着宰相的位子。不能做那样的事，就不能担任兼管那件事的官；不通晓那一方面的知识，就不能谋求那方面的名誉。实际上，记诵广正好助长了他们傲慢的气焰；知识丰富正好使他们得以行恶；见闻广博正好利于他们狡辩；文采华丽正好掩饰他们的虚伪。皋、夔、稷、契都不敢说自己能兼任的事，现今的初学后生却敢琢磨通晓其理论、研究其方法。其表面宣称"我想成就天下人共同的事业"，实则内心里想的却是如果不这样就不方便中饱私囊。

唉！以这样的积习，以这样的心态，又讲求这样的学术，当他们听到圣人的教化时，自然视为累赘迂腐之说；那么他们把良知视为不是，把圣人的学说当做无用的东西，这也是势所必然的了！

唉！知识分子生于这样的时代，又岂能求得圣人的学问？又岂能讲明圣人的学问？知识分子生于这样的时代，想以学为志，不也是太劳累，太拘泥、太艰难了吗？唉，可悲呀！所幸天理存在于人的内心，终归是不能泯灭的。良知的光明，万古如一日。那么听了我的正本清源之论，那些尚有良知的人必然恻然而悲，戚然而痛，愤然而起，激昂之状一如决堤的江河一样不可阻挡。若非豪杰之士，无所畏惧愤然而起的人，我还能把希望寄托在谁身上呢？

解 读

阳明先生这番长论，说的是对时事学风"拔本塞源"的问题。他从知行合一讲起，到了最后竟然有这么激烈的情感，阳明救世之情怀，淋漓尽致地展现出来。真真如刘宗周所言，读罢，"迫见先生一腔真血脉，洞彻万古"。使世人发现自己原初的、已为功利之见所尘封的良知之心，怕是阳明最大的希冀。

二、答周道通书——在事上磨炼

周道通就是周衡，江苏宜兴人，道通是他的字，他的号是静庵，曾跟随王阳明学习，后又从学湛若水，能够协调王、湛两家的学说，曾任知县。

1. 心意之所向

【原典】

吴、曾两生至，备道道通恳切为道之意，殊慰相念。若道通真可谓笃信好学者矣。忡病中会不能与两生细论，然两生亦自有志向、肯用功者，每见辄觉有进，在区区诚不能无负于两生之远来，在两生则亦庶几无负其远来之意矣。临别以此册致道通意，请书数语。荒愦无可言者，辄以道通来书中所问数节，略下转语奉酬，草草殊不详细。两生当亦自能口悉也。

来信云："日用功夫只是'立志'，近来于先生诲言，时时体验，愈益明白。然于朋友，不能一时相离。若得朋友讲习，则此志才精健阔大，才有生意。若三五日不得朋友相讲，便觉微弱，遇事便会困，亦时会忘。乃今无朋友相讲之日，还只静坐，或看书，或游衍经行。凡寓目措身，悉取以培养此志，颇觉意思和适。然终不如朋友讲聚，精神流动，生意更多也。离群索居之人，当更有何法以处之？"

此段足验道通日用功夫所得，功夫大略亦只是如此用，只要无间断，到得纯熟后，意思又自不同矣。大抵吾人为学，紧要大头脑，只是"立志"。所谓困忘之病，亦只是志欠真切。今好色之人，未尝病于困忘，只是一真切耳。自家痛痒，自家须会知得，自家须会搔摩得；既自知得痛痒，自家须不能不搔摩得，佛家谓之"方便法门"。须是自家调停斟酌，他人总难与力，亦更无别法可设也。

【译文】

吴、曾两位学生来我处，详细说了你恳切向圣道的志向，甚觉欣慰，同时也很想念你。你这样的态度真可以称得上是笃信好学的人。由于我正为家父守丧，故无法与吴、曾两位后生深入交谈，但他们两位也是有志向肯用功的人，每次见到他们都会感觉到他们学业上的进步。我实在不能辜负他们远道而来的诚意，对他们来说，也可说是无负于他们远来的意愿。临别之际，他们把你给我写的信册交给我，并让我据此写些东西。我此时内心荒诞昏乱也无言可讲，只就你信中提到的几个问题略作回答，草草写就，不周之处，他们两位自会向你详细口述。

你信中说："先生说'平常功夫只是立志'，近来对先生的教诲时时加以体察检验，就更加明白了。可是我一向为学总也离不开学友，如果学习时有学友在一块互相探讨，那心中的志向就非常开阔宏大，才思亦且灵动；如果有三五天不和学友探讨，便会觉得志向微弱，遇到事情就会产生困惑，有时还会忘掉志向。现今我在没有学友讨论的时候，要么就是静坐、要么就是看书，或者是浏览一下经传之类的，举手投足间都不忘存养这个心志，深刻感觉到心情平和舒适。然而终究不如和朋友一起讲习时那样思维开动，更有生机。离开朋友隐居的人，还有什么更好的方法来求道呢？"

这段话足以说明你下工夫是有收获的。立志的功夫也大概就是这样，只要每天都坚持，从不间断，等到功夫纯正熟练后自然会感觉不同。大抵我们这些人做学问，最关键的立足点就是立志。之所以会有困惑、遗忘的毛病，也只是志向欠缺，还不真实确切。就像好色的人，从来也不会美人当前感觉困惑与忘记，这就是因为好色已深入他的骨髓。自己哪里痛哪里痒自己必须知道，自己应会搔痒按摩，既然自己知道痛痒，自己当然就不能不搔挠了。佛家把这叫"方便法门"。必须是自己调整琢磨，别人很难帮上忙，也更没有别的什么方法可一借鉴。

解读

本文开篇交代了《答周道通书》的背景，随后，阳明先生直截了当地指出，做学问时疲劳、遗忘的缺点，关键在于不真切，并强调做学问的核心处就是立志。他说的志，就是心意之所向，就是要人们择善弃恶。

2. 何思何虑

【原典】

来书云："上蔡尝问：'天下何思何虑？'伊川云：'有此理，只是发得太早。'在学者功夫，固是'必有事焉而勿忘'，然亦须识得'何思何虑'的气象，一并看为是。若不识得这气象，便有'正'与'助长'之病；若认得'何思何虑'，而忘'必有事焉'功夫，恐又堕于'无'也。须是不滞于'有'，不堕于'无'。然乎否也？"

所论亦相去不远矣，只是契悟未尽。上蔡之问，与伊川之答，亦只是上蔡、伊川之意，与孔子《系辞》原旨稍有不同。《系》言"何思何虑"，是言所思所虑只是一个天理，更无别思别虑耳，非谓无思无虑也。故曰："同归而殊途，一致而百虑，天下何思何虑。"云"殊途"，云"百虑"，则岂谓无思无虑邪？心之本体，即是天理。天理只是一个，更有何可思虑得？天理原自寂然不动，原自感而遂通，学者用功，虽千思万虑，只是要复他本来体用而已，不是以私意去安排思索出来。故明道云："君子之学，莫若廓然而大公，物来而顺应。"若以私意去安排思索，便是用智自私矣。"何思何虑"正是工夫，在圣人分上，便是自然的；在学者分上，便是勉然的。伊川却是把作效验看了，所以有"发得太早"之说。既而云"却好用功"，则已自觉其前言之有未尽矣。濂溪"主静"之论亦是此意。今道通之言，虽已不为无见，然亦未免尚有两事也。

【译文】

你信中说："谢良佐（程门四大弟子之一）曾经问'天下何思何虑'。程颐先生说：'有道理，只是感慨发得太早了。'这放在学者下工夫上来说，固然是'必有事焉而勿忘'，但也必须明白'何思何虑'的景象，并放在一块看才对。如果不明白这种景象，就会有拔苗助长的弊端；可若是只晓得'何思何虑'的是什么，却忘怀了'必有事焉'的功夫，恐怕又会堕入虚无。必须既不滞涩于有，又不堕落于无。这样说对吗？"

你这样说基本上正确，只是深度还不够。谢良佐与程颐的对话，也只是他们两个人的意思，与孔子《易经·系辞传》上说的宗旨稍稍有别。《系辞传》上说"何思何虑"是说所思索考虑的只是一个天理，没有别的可以思虑，并不是说没有任何思虑。所以系辞才会说："同归而殊途，一致而百虑，天下何思何虑。"说"殊途"，说"百虑"，岂是在说"无思无虑"？心的本体就是天理，天理只有一个，还有别的更多的天理可以通过思虑而得吗？天理原本就是寂静而无所变化的，感应后就能通达的。学者用功，即使有千思千虑，但也只是要恢复心体的本原而已，这不是用自己的意志去安排思索出来的。所以程颢说："君子之学，莫若廓然而大公，物来而顺应。"若用私意去安排思考，就是自私弄智。"何思何虑"正是做学问的功夫，在圣人身上是自然而然的，在学生身上必须下工夫去做到。程颐却把它看做功夫的效果，所以才会说出"发得太早"的话来。紧接着他又说："却好用功。"则是他自己已经觉察到前边所说的话尚有欠缺。周敦颐的"主静"说也是这个意思。现在你的看法，虽然有点见地，但仍不免把功夫当两回事看待了。

解 读

王阳明曾主张学者通过静坐的方式，达到《易经·系辞传》所说的"天下同归而殊途，一致而百虑，天下何思何虑"，以恢复良知本性。无事存养，静中体悟的方法，就是使良知时刻彰显天理的功夫，若良知时刻照应天理，则真心自然顺应无滞。

3. 圣人气象

【原典】

来书云："凡学者才晓得做工夫，便要识得圣人气象。盖认得圣人气象，把做准的，乃就实地做功夫去，才不会差，才是作圣工夫。未知是否？"

"先认圣人气象"，昔人尝有是言矣，然亦欠有头脑，圣人气象自是圣人的，我从何处识认？若不就自己良知上真切体认，如此无星之称而权轻重，未开之镜而照妍媸，真所谓以小人之腹而度君子之心矣。圣人气象何由认得？自己良知原与圣人一般。若体认得自己良知明白，即圣人气象不在圣人而在我矣。程子尝云："觑著尧学他行事，无他许多聪明睿智，安能如彼之动容周旋中礼？"又云："心通于道，然后能辨是非。"今且说通于道在何处？聪明睿智从何处出来？

【译文】

你信中说："凡是学者刚刚明白要下工夫开始，就要认识圣人的气象。只有认识了圣人的气象，把它当做准则，去脚踏实地地用功，这才不会走错了路，也才是成为圣人的根本。这样说对不对？"

先认识圣人气象，以前也有不少人这样说，然而也是缺乏要领，圣人的气象自然是圣人的，我们从何处体认呢？如果不从自己良知上真切体验，不就成了拿没有准星的秤去称轻重，用没有开光的铜镜去照美丑一样，这真是以小人之心度君子之腹。圣人的气象怎样才能体认得到呢？我们每个人的良知原本与圣人是一样的，如果能认清自己的良知，那么就是圣人的气象不在圣人身上而在我们自己身上了。程颐曾经说过："觑着尧学他行事，无他许多聪明睿智，安能如彼之动容周旋中礼？"他又说："心通于道，然后能辨是非。"此刻，你能讲出在哪里可以"通于道"？"聪明睿智"又是从何处来的？

解 读

在这里，王阳明认为圣人气象是圣人特有的精神境界，如果学者只是"先认圣人气象"而不把握圣人之所以成为圣人的原因，就等于没有把握住要领。至于圣人之所以成为圣人的原因，他认为自家的良知是圣人的根据，不把握良知本体就不能实现圣人气象。

4. 能实致其良知

【原典】

来书云："事上磨炼，一日之内，不管有事无事，只一意培养本原。若遇事来感，或自己有感，心上既有觉，安可谓无事？但因事凝心一会，大段觉得事理当如此，只如无事处之，尽吾心而已。然仍有处得善与未善，何也？又或事来得多，须要次弟与处，每因才力不足，辄为所困，虽极力扶起，而精神已觉衰弱。遇此未免要十分退省。宁不了事，不可不加培养。如何？"

所说工夫，就道通分上也只是如此用，然未免有出入在。凡人为学，终身只为这一事。自少至老，自朝至暮，不论有事无事，只是做得这一件，所谓"必有事焉"者也。若说"宁不了事，不可不加培养"，却是尚为两事也。"必有事焉而勿忘勿助"。事物之来，但尽吾心之良知以应之，所谓"忠恕违道不远"矣。凡处得有善有未善，及有困顿失次之患者，皆是牵于毁誉得丧，不能实致其良知耳。若能实致其良知，然后见得平日所谓善者，未必是善，所谓未善者，却恐正是牵于毁誉得丧，自贼其良知者也。

【译文】

你信中说："先生说'修养要在事上磨炼'，每日里，不管有事没事，只一心一意地培养本体。如果遇到事情有所感触，或自己动了念头，既然心有所动，怎么可以说没事呢？若依循着这些事情认真考虑，就会觉着道理理应如此，只是看做没有什么事一样，尽我们的本心罢了。可即便这样，仍有处理得好与不好之分，这是为什么？又或许是事情太多了，需要分出先后顺序来处理，每每因为我的才智不足，处理起来会觉得很困难。虽极力撑持，但精神早已疲惫。遇到这种情况，难免要经常退下来反省，宁可不把事情处理完，也不能不培养本体。这样做对不对？"

功夫，就你说的而言，也只能是这样做了，但是难免还有些出入。凡是做学问，一辈子也就为这一件事，从小到大，自朝至暮，无论有事没事，只要做这一件事就行了，这就是孟子所说的"必有事焉"。如果像你所说"宁可完不了事，也不能不培养本体"，就是尚且把做事与存养本体看做两件事了。孟子说："必有事焉而勿正，心勿忘，勿助长也。"有事情发生，只要尽我们的本心上的良知去处理就行了，这就是"忠恕违道不远"。但凡处事唯恐不好了或者是遇到困难患得患失的人，都不过是被毁誉得失所牵累，不能真正地致自己的良知罢了。如果能真正地致良知，就会发现平常所谓的处理好的事情未必就是好的，处理得不好的，却恐怕正是受到外在的毁誉得失所累，而自己丢掉了良知吧！

解 读

王阳明认为，平时对善恶的判断往往出于利益考虑居多，这不是真良知。若真从良知出发判断，答案也许完全不同。只从利益考虑，就容易残害自己的良知。所以，他强调：学者的真切功夫还应当用在"致良知"这个根本上，也就是"能实致其良知"。

5. 格物是致知功夫

【原典】

来书云："致知之说，春间再承诲益，已颇知用力，觉得比旧尤为简易。但鄙心则谓与初学言之，还须带'格物'意思，使之知下手处。本来'致知''格物'一并下，但在初学未知下手用功，还说与'格物'，方晓得'致知'云云。"

"格物"是"致知"工夫，知得"致知"，便已知得"格物"。若是未知"格物"，则是"致知"工夫亦未尝知也。近有一书与友人论此颇悉，今往一通细观之，当自见矣。

【译文】

你信中说："关于致知的学说，春天承蒙您再次教诲，已经深知用功之处了，觉得比以前容易多了。但是我心中则认为对于初学的人来说，最好还是讲讲格物，使他们知道下工夫的切入点。本来致知和格物就是一体的，但在初学者还不知道从何处下手用功时，还是该给他们讲讲格物，这样他们才能懂得致知。"等等。

格物是致知的功夫，知晓致知也就知晓了格物。如果不知晓格物，那就是致知的功夫还未曾弄明白。我最近写了一封信给朋友，详细讨论了这个问题，现在也给你寄去，你仔细看看自然就全明白了。

解 读

格致诚正是行积修养的一体功夫，格物是功夫的源头，正心是知意的结果。正心必须见物明理、随事就格，诚意方能格正心物、致其良知。在阳明心学中，本体只是"良知"之本体，致良知则是落实"本体的良知"。能识得这一点，便直来直去，全无挂碍了。

6. 身体实践

【原典】

来书云："今之为朱、陆之辩者尚未已。每对朋友言，正学不明已久，且不须枉费心力为朱、陆争是非。只依先生'立志'二字点化人，若其人果能辨得此志来，决意要知此学，已是大段明白了。朱、陆虽不辨，彼自能觉得。又尝见朋友中见有人议先生之言者，辄为动气。昔在朱、陆二先生所以遗后世纷纷之议者，亦见二先生工夫有未纯熟，分明亦有动气之病。若明道，则无此矣。观其与吴涉礼论介甫之学，云：'为我尽达诸介甫，不有益于他，必有益于我也。'气象何等从容！尝见先生与人书中亦引此言，愿朋友皆如此，如何？"

此节议论得极是极是。愿道通遍以告于同志，各自且论自己是非，莫论朱、陆是非也。以言语谤人，其谤浅。若自己不能身体实践，而徒入耳出口，呶呶度日，是以身谤也，其谤深矣。凡今天下之论议我者，苟能取以为善，皆是砥砺切磋我也，则在我无非警惕修省进德之地矣。昔人谓"攻吾之短者是吾师"，师又可恶乎？

【译文】

你信中说："目前，分别为朱熹、陆九渊争辩的人还很多。我常常对朋友说，正统儒学晦暗不明的日子已经很久了，大家没必要枉费心机去替朱、陆两派争是非，只依据先生'立志'两个字来点化人，如果这个人果真能吃透这个志向来，决意要弄明白你的学术，那么他就等于走了一大段光明心路了。即使不去刻意争辩朱、陆二人的是是非非，他自己也能感觉得到。我也曾经看到，朋友中有人非议先生言论的人，还很动气的样子。以前朱、陆两位先生之所以给后世留下了很多争议，可见二位先生的功夫还不纯熟，分明有意气用事的毛病。像程颢先生就不这样，他在与吴师礼谈介甫（王安石的字）之学的错处时对吴师礼说：'请替我向介甫先生转达我的全部观点，如果对他没有益处，则一定对我有益。'气度是何等从容淡定！我曾经看到先生写给朋友的信函中也常常引用此言论，是希望朋友们都能这样，是吧？"

你这段话说得非常好。希望你告诉所有志同道合的人，大家还是先各自反省自己的对错，不要谈论朱、陆二人的是与非。用言语诽谤别人，这种诽谤还不算严重；如果自己不能亲身实践，而只是从耳朵进又马上从嘴巴出，终日喋喋不休，就是自己在诽谤自己，这种诽谤就很严重了！凡是现在议论我的世人，假如其出发点是为善，那他们就是在跟我切磋磨砺，那么对我来说无非是更加警惕反省自己、增进品德的地方。荀子说"给我挑出毛病来的人就是我的老师"，老师还有什么可恶的吗？

解 读

明初是朱学占有统治地位，至王阳明心学问世后，一方面，成为儒学的又一面旗帜，开了一代儒学之新风；另一方面，也成为众矢之的，遭到不少学者的异议。对于他人的异议和指责，王阳明表现得包容大度。同时，他进一步强调实践，在谈到与朱、陆之辩时告诫他的朋友和学生不重言辩要重"身体实践"。

7. 性气一体

【原典】

来书云："有引程子'人生而静，以上不容说，才说性便已不是性'。何故不容说？何故不是性？晦庵答云：'不容说者，未有性之可言。不是性者，已不能无气质之杂矣。'二先生之言皆未能晓，每看书至此，辄为一惑，请问。"

"生之谓性"，"生"字即是"气"字，犹言"气即是性"也。气即是性，"人生而静以上不容说"，才说"气即是性"，即已落在一边，不是性之本原矣。孟子性善，是从本原上说。然性善之端，须在气上始见得。若无气亦无可见矣。恻隐、羞恶、辞让、是非，即是气。程子谓"论性不论气，不备；论气不论性，不明"，亦是为学者各认一边，只得如此说。若见得自性明白时，气即是性，性即是气，原无性气之可分也。

【译文】

你信中说："有人引用程颐先生的'人天生就能静，以上境界不容说，才说性已不是性'这句话来反问朱熹，为什么不容说，又为什么不是性。朱熹答：'不容说是因为没有性可言；不是性，是指说了之后就不可能没有气夹杂在里边。'两位先生的话我都不大懂，每次看书看到这里，便感疑虑丛生，就会有困惑，想请先生给我解释一下。"

"生之谓性"的"生"字就是"气"字，就如同说"气即是性"。气就是性。"人天生就能静"这以上就不容说的，刚说"气就是性"时，性就已偏向一边了，就不是性的本来面目了。孟子认为人性本善，是从本源上说的。但性本善的开端，则必须是在气上才能寻到根儿，如果没有气也就无处可见。像恻隐之心、羞恶之念、辞让之德、是非之辩就都是气的表征。程颐认为："论性不论气，就不全面；论气不论性，也不明确。"这是由于做学问的人各执一词，他只能这么说。如果人能够清楚地认识到自己的性，那么气就是性，性就是气，原本是没有性和气之分的。

解 读

从性本体论出发，王阳明提出性气一体的思想，反对性气分二。他所谓的气，指良知的流行，气是良知流行的表现，无独立存在的地位，而从属于良知。他认为，性善是本源，即性是本源，由性发出的四端之情则是气。在他看来，性气分二是不必要的，二程如此区分性气，也是无可奈何罢了，但只要从本源上认得性为一的道理，就会明白性即气，气即性。

三、答陆原静书——良知学说

陆原静就是陆澄，原静是他的字。关于陆澄其人，我们已在前面的《陆澄录》介绍过，这里不再赘述。《答陆原静书》是《传习录》中卷之中的重要内容，集中体现了王阳明良知学说，并以此作为其整个学说的核心思想，作于王阳明晚年的嘉靖三年（1524 年），当时王阳明五十三岁。

1. 妄心与照心

【原典】

来书云："下手工夫，觉此心无时宁静。妄心固动也，照心亦动也。心既恒动，则无刻暂停也。"

是有意于求宁静，是以愈不宁静耳。夫妄心则动也，照心非动也。恒照则恒动恒静，天地之所以恒久而不久也。照心固照也，妄心亦照也。"其为物不二，则其生物不息"，有刻暂停，则息矣，非"至诚无息"之学矣。

【译文】

你信中说："在用功的时候，感觉心中没有平静下来的时候，妄心固然在动，照心也在动。心既然是恒久运动的，那么就没有停下来的片刻。"

这是因为你刻意追求心静，所以就越发地静不下来了。你的妄心本来就是活动的，照心本来就是不动的。良知永远处于既运动又静止的状态，天地万物因此就永远运动不止。照心的本体就是良知，妄心的本体也是良知。《中庸》中说："其为物不二，则其生物不息。"有片刻的停息，就会死亡，就不是至诚而毫不停止地实现人心本体的学问了。

解 读

在这里，王阳明首先指出了妄心与照心的区别，照心是如日一般动静恒久的，妄心乃是充满主观的私欲之蔽的意动。其次指出妄心与照心不是两个心，而是一个心，即心之本体良知。《说文解字》说"妄，乱也""照，明也"。这两者都是佛学用语。在王阳明看来，妄心虽然也是与良知本然的心是一个心，但是当恒静的良知之心生发私欲之意的时候，那就变成了妄心。

2. 良知无起处

【原典】

来信云："良知亦有起处。"云云。

此或听之未审。良知者，心之本体，即前所谓恒照者也。心之本体，无起无不起。虽妄念之发，而良知未尝不在，但人不知存，则有时而或放耳；虽昏塞之极，而良知未尝不明，但人不知察，则有时而或蔽耳。虽有时而或放，其体实未尝不在也，存之而已耳；虽有时而或蔽，其体实未尝不明也，察之而已耳。若谓良知亦有起处，则是有时而不在也，非其本体之谓矣。

【译文】

你信中说："良知也有它开始的地方。"等等。

也许你听讲但没仔细思量。良知乃人心的本体，就是前面所讲的恒照。心的本体无所谓开始不开始。人即使生发了贪妄的念头，但此时良知也未曾泯灭，只不过是他不知道该时时存养良知，于是有时就会失去良知；人虽然有昏庸闭塞到了极点的时候，其良知未尝不是明亮的，只是人们不能体察它，有时就会被蒙蔽。虽然有时失去了它，但良知的本体并未消失，存养它就行了；虽然有时受到蒙蔽，但良知的本体仍旧光明，体察它就行了。如果说良知也有个开始的地方，那么就是认为它有时不存在，这样说良知就不为心之本体了。

解读

在孟子那里，良知本来不具有抽象的意义。王阳明把它提高到与心、理异名同体的高度，说，心即理，理即良知，万物为一体。宇宙万物是无始无终的，根本谈不上开端和终止，所以，良知也是没有"起处"的。

3. 精、一、理、气

【原典】

来书云："前日'精一'之论，即作圣之功否？"

"精一"之"精"以理言，"精神"之"精"以气言。理者，气之条理；气者，理之运用。无条理，则不能运用；无运用，则亦无以见其所谓条理者矣。精则精，精则明，精则一，精则神，精则诚；一则精，一则明，一则神，一则诚，原非有二事也。但后世儒者之说与养生之说各滞于一偏，是以不相为用。前日"精一"之论，虽为原静爱养精神而发，然而作圣之功，实亦不外是矣。

【译文】

你信中说："先生前段时间所提到的'精一'的论断，是不是成为圣人的功夫？"

"精一"的"精"是从理上来说的，"精神"的"精"是从气上来说的。理为气的条理，气为理的运用。没有条理就不能运用，不运用也就看不出所谓的条理来。做到了精，就可以精细，可以澄明，可以专一，可以神奇，可以至诚；做到了一，就可以精细，可以澄明，可以专一，可以神奇，可以至诚，精与一原本就不能当两件事看。但是后世儒生的学说同道家的养生的学说却各执一词，不能相互促进。前些天我关于"精一"的论断，虽然是针对你喜欢存养自己的精神才说的，然而对于希求成长为圣人的功夫，其实就在于此。

解 读

精和一原本不是两回事。但是后世儒生的学说同道家的养生的学说却各执一词。不能相互促进。这里王阳明特别强调，无理即无气，而无气亦无以见理。由于阳明始终是在功夫论意旨上强调没有主体的实践就没有价值原理的呈现，因此他更多的考虑是要主张心理为一、性气为一、理气为一的功夫论立场。

4. 元神、元气、元精

【原典】

来书云："元神、元气、元精，必各有寄藏发生之处。又有真阴之精、真阳之气。"云云。

夫良知一也，以其妙用而言谓之神，以其流行而言谓之气，以其凝聚而言谓之精，安可形象方所求哉？真阴之精，即真阳之气之母；真阳之气，即真阴之精之父。阴根阳，阳根阴，亦非有二也。苟吾良知之说明，即凡若此类，皆可以不言而喻；不然，则如来书所云"三关七返九还"之属，尚有无穷可疑者也。

【译文】

你信中说："元神、元气、元精一定各有寄藏、生发的地方。又有真阴之精，真阳之气。"等等。

良知只有一个，以它的奇妙的作用而言叫做"神"，以它的运行而言叫做"气"，以它的凝聚而言叫做"精"，怎么可以从它的形象、处所、方位上求得良知呢？真阴之精是真阳之气的母体；真阳之气是真阴之精的父体。阴的根是阳，阳的根是阴，阴阳也是一个统一的整体。假如能理解我的良知主张，那么，只要是与此类似的，都可以不言自明。如果不能，那么你信中所提到的那些三关、七返、九还之类，都会有无穷的疑惑。

解 读

王阳明直接以良知为论究天地万物运行的原理，因此对修炼功夫中的宇宙论知识性概念如元气、元精、元神、真阳、真阴、三关、七返、九还等都以良知流行发用注解了，即谓其为良知本体流行发用的宇宙论知识间架。

5. 良知即是未发之中

【原典】

来书云："良知，心之本体，即所谓性善也，未发之中也，寂然不动之体也，廓然大公也，何常人皆不能而必待于学邪？中也，寂也，公也，既以属心之体，则良知是矣。今验之于心，知无不良，而中、寂、大公实未有也，岂良知复超然于体用之外乎？"

性无不善，故知无不良。良知即是未发之中，即是廓然大公、寂然不动之本体，人人之所同具者也，但不能不昏蔽于物欲，故须学以去其昏蔽，然于良知之本体，初不能有加损于毫末也。知无不良，而中、寂、大公未能全者，是昏蔽之未尽去，而存之未纯耳。体即良知之体，用即良知之用，宁复有超然于体用之外者乎？

【译文】

你信中说："良知是心的本体，也就是所谓的'性善''未发之中''寂然不动'的本体，就是'廓然大公'，为什么寻常人都不明白而必须学而知之呢？中、寂、公，既然属于心的本体，那么就是良知了。现在在心中检验，知没有不是良的，而中、寂、公却没有感觉到，难道良知是超然于体用之外吗？"

性没有不是善的，所以知就没有不良的。良知就是"未发之中"，就是"廓然大公"之本体，人人都具有。但是良知很容易被物欲所蒙蔽，所以必须通过学习去除这种蒙蔽。可是对于良知的本体，刚开始时不能有丝毫损害。知没有不良的，但中、寂、公没有完全呈现，是因为私欲的蒙蔽还没有被完全去除，良知的存养还不够纯正罢了。体就是良知的本体，用就是良知的运用，又怎么会有超然于体用之外的良知呢？

解 读

王阳明认为，良知是天赋予人心的，人人具有的，它最初是处于本然状态的。这种本然状态的"良知"是亘万古、塞宇宙、廓然大公、寂然不动的无善无恶的道德本体。如果能见得良知这个本体恒在，就不会只从形式上去看，也不会认为它会超然于体用之外。

6. 理无动者

【原典】

来书云："周子曰'主静'，程子曰'动亦定，静亦定'，先生曰'定者心之本体'，是静定也，绝非不睹不闻、无思无为之谓也，必常知、常存、常主于理之谓也。夫常知、常存、常主于理，明是动也，已发也，何以谓之静？何以谓之本体？岂是'静，定也'，又有以贯乎心之动静者邪？"

理，无动者也。"常知常存、常主于理"，即"不睹不闻、无思无为"之谓也。"不睹不闻、无思无为"，非槁木死灰之谓也。睹、闻、思、为一于理，而未深有所睹、闻、思、为，即是动而未尝动也。所谓"动亦定，静亦定"，体用一原者也。

你信中说："周敦颐先生主张'主静',程颢先生主张'动亦定,静亦定',先生主张'定者,心之本体',这里的静和定,绝非不看不听、不思不做的意思。它一定是指经常认知、经常存养、经常遵循天理。经常认知、经常存养、经常遵循天理,明明就是动,就不是未发之中,这还怎么能称为静呢?还怎么能称为心的本体呢?这个静定难道又贯穿到本心的动静之中了吗?"

天理是不动的。经常认知、经常存养、经常遵循天理,也就是不看不听、不思不做的意思。不看不听、不思不做,不是形同槁木、心如死灰。看、听、思做关键是要趋于天理,而不曾有其他的看、听、思、做,这也就是动而未曾动。程颐先生所说的"动亦定,静亦定",也就是指体用一源。

解 读

本体之念,廓然大公。非本体之念,即是私念。真正的静,指的是无私欲。所以王阳明讲"理无动者"。"体"又是"理"。懂得"体用一原"的静,才能起大作用。如果不懂这个"体用一原"的静,你就死在这一潭死水里,不能动了。

7. 未发与已发

【原典】

来书云:"此心未发之体,其在已发之前乎?其在已发之中而为之主乎?其无前后、内外而浑然之体者乎?今谓心之动静者,其主有事无事而言乎?其主寂然感通而言乎?其主循理从欲而言乎?若以循理为静,从欲为动,则于所谓'动中有静,静中有动''动极而静,静极而动'者,不可通矣。若以有事而感通为动,无事而寂然为静,则于所谓'动而无动,静而无静'者,不可通矣。若谓未发在已发之先,静而生动,是至诚有息也,圣人有复也,又不可矣。若谓未发在已发之中,则不知未发、已发俱当主静乎?抑未发为静而已发为动乎?抑未发、已发俱无动无静乎?俱有动有静乎?幸教。"

未发之中,即良知也,无前后、内外,而浑然一体者也。有事、无事可以言动静,而良知无分于有事无事也。寂然、感通可以言动静,而良知无分于寂然感通也。动静者,所遇之时;心之本体,固无分于动静也。理无动者也,动即为欲。循理则虽酬酢万变,而未尝动也;从欲则虽槁心一念,而未尝静也。"动中有静,静中有动",又何疑乎?有事而感通,固可以言动,然而寂然者未尝有增也;无事而寂然，固可以言静，然而感通者未尝有减也。"动而无动，静而无静"，又何疑乎？无前后内外而浑然一体，则至诚有息之疑，不待解矣。

未发在已发之中，而已发之中未尝别有未发者在；已发在未发之中，而未发之中未尝别有已发者存：是未尝无动静，而不可以动静分者也。凡观古人言语，在以意逆志而得其大旨。若必拘滞于文义，则"靡有孑遗"者，是周果无遗民也。周子"静极而动"之说，苟不善观，亦未免有病。盖其意从"太极动而生阳，静而生阴"说来。太极生生之理，妙用无息，而常体不易。太极之生生，即阴阳之生生。就其生生之中，指其妙用无息者而谓之动，谓之阳之生，非谓动而后生阳也；就其生生之中，指其常体不易者而谓之静，谓之阴之生，非谓静而后生阴也。若果静而后生阴，动而后生阳，则是阴阳动静，截然各自为一物矣。阴阳一气也，一气屈伸而为阴阳；动静一理也，一理隐显而为动静。

春夏可以为阳为动，而未尝无阴与静也；秋冬可以为阴为静，而未尝无阳与动也。春夏此不息，秋冬此不息，皆可谓之阳、谓之动也。春夏此常体，秋冬此常体，皆可谓之阴、谓之静也。自元、会、运、世、岁、月、日、时以至刻、秒、忽、微，莫不皆然。所谓"动静无端，阴阳无始"，在知道者默而识之，非可以言语穷也。若只牵文泥句，比拟仿像，则所谓心从法华转，非是转法华矣。

【译文】

你信中说："人心未发的本体，具体是指在'已发'之前呢？还是在'已发'之中并主宰着'已发'呢？或者是'未发''已发'不分前后内外而浑然一体呢？现在谈论心是动或是静，主要是从有事无事来说的，还是从寂然不动、感应相通上来说的呢？或者是从遵循天理、顺从欲望上来说的呢？如果说循理就是静，从欲就是动，那么所谓的'动中有静，静中有动，动极而静，静极而动'就说不通了。如果有事感应相通为动，无事寂然不动为静，那么对于所谓的'动而无动，静而无静'，就说不通了。如果说'未发'在'已发'之前，静而产生动，那么，至诚就要停息，圣人也需要复性了。这样说也不对。如果说'未发'在'已发'之中，那么不知道'未发''已发'都主静呢？还是'未发'主静，而'已发'主动呢？或是'未发''已发'既不是动也不是静？还是它们既是动也是静？请先生指教。"

"未发之中"就是良知，良知是没有前后内外之分的，是浑然一体的。有事、无事可以用动、静来说，而良知不能分有事、无事。寂然不动、感应相通你可以说它是动也可以说是静，而良知是不分寂然时或是感通时才有的。动、静只是描述了人所遭遇那一刻的状态，心的本体原本就没有动、静之分。天理是静止不动的，如果动了就是私欲。遵循天理就算是酬酢万变，心也是不动的；顺从私欲即使心中只有一丝杂念也不是静。"动中有静，静中有动"，又有什么可以怀疑的呢？有事而感应相通固然可以说是动，但是寂然也未尝有丝毫增长啊！无事而寂然不动固然可以说是静，但是感通也未尝有丝毫减少啊！"动而无动，静而无静"又有什么可疑惑的呢？良知无前后内外之别而浑然一体，那么对于至诚有息的疑惑就不用再解释了。

"未发"在"已发"之中，但"已发"之中未尝另有"未发"存在；"已发"在"未发"之中，但"未发"之中未尝另有"已发"存在。心未尝没有动与静的状态，而是不能事先分什么时候是动什么时候是静的状态。凡是看古人的言论，关键在于用心猜测古人的心思从而理解其主旨，如果只是死扣表面字义，那么"靡有孑遗"就是周朝果真没有遗民的意思了。周敦颐先生的"静极而动"的学说，如果你不善于观察，未免会出现理解错误。这是因为他的意思是从"太极动而生阳，静而生阴"上来说的。太极的生生不息之理，妙用无穷，但其本体是永恒不变的。太极的生生不息其实就是阴与阳的不停转换。在这生生不息的过程中，就其妙用无穷而言就是动，就是阳的产生，并非运动之后才产生阳；在这生生不息的过程中，就其本体永恒不变而言就是静，就是阴的产生，并非静止之后才产生阴。如果果真是静止之后才产生阴的，运动之后才产生阳的，那么阴、阳、动、静就被分割成截然不同的事物了。阴阳是一种气，这种气的伸缩产生阴阳；动静是一个理，这一理的隐显就是动静。

春夏可以说是阳是动，但并非没有阴与静；秋冬可以说是阴是静，但也并非没有阳与动。春夏不会停止不变，秋冬也不会停止不变，都同时可称为阳，都同时可称为动；春夏有这不变的常体，秋冬也有这不变的常体，都可以称做阴与静。从时间单位上说，元、会、运、世、岁、月、日、时一直到刻、秒、忽、微，无不是这样。所谓的"动静没有开端，阴阳没有起始"，明白的人默而识之，不是用言语可以完全表述的。如果只拘泥于文言字面，打比方用比喻，那么就是所谓"心跟随着《法华经》转，而不是《法华经》跟随着心转"了。

解 读

在这里，王阳明认为未发之中即是其良知，未发与良知一样，是无分于动静而浑然一体的。未发、已发其实是无论未不未、已不已的，也无论中不中、发不发的，原本只是一个"东西"。人们之所以一定要说个未发、已发，那只是为了思考的方便而已。但是，如果从悟道的境界上说，真正悟解了无所谓未发、已发，再说个未发、已发也无不可的，因为原本就有那么个"东西"在。

8. 良知的情感因素

【原典】

来书云："尝试于心，喜怒忧惧之感发也，虽动气之极，而吾心良知一觉，即翛然消阻，或遏于初，或制于中，或悔于后。然则良知常若居悠闲无事之地而为之主，于喜怒忧惧若不与焉者，何欤？"

知此，则知未发之中、寂然不动之体，而有发而中节之和、感而遂通之妙矣。然谓"良知常若居于悠闲无事之地"，语尚有病。盖良知虽不滞于喜怒忧惧，而喜怒忧惧亦不外于良知也。

【译文】

你信中说："我曾经在心中尝试过，在喜、怒、忧、惧这些情绪有感而发时，即使特别生气，但是只要我们心中良知一发现，就会慢慢缓和消解，或者是遏制于初始阶段，或者是阻滞于中间阶段，或者是悔悟于最后阶段。但是良知好像经常在悠闲无事的地方主宰着人的感情，与喜、怒、忧、惧好像没有关系，这是为什么？"

你明白这一点，就能明白"未发之中""寂然不动"的本体了，就能体悟到发而皆中节的和、感而遂通的妙。但是说"良知经常在悠闲无事的地方"，这话还是有问题的。良知虽不停滞在喜、怒、忧、惧的情感之中，但喜、怒、忧、惧也不会存在于良知之外。

解 读

作为道德本体的"良知"，在王阳明看来还应内涵着"情感"因素。他认为，良知不会为人的喜怒忧惧等情感因素所缠绕，但也并不排除情感的因素于其中，良知和情感就其本体意义上而言应是内在的、相互联系地交融于一体的整体性关系。这一点与其他理学家将"理"高高置于个体感性的情感因素之上，甚至完全将其视为与情感相异的外物等观点是不同的。

9. 戒慎恐惧为良知

【原典】

来书云："夫子昨以良知为照心，窃谓良知，心之本体也，照心，人所用功，乃戒慎恐惧之心也，犹思也。而遂以戒慎恐惧为良知，何欤？"

能戒慎恐惧者，是良知也。

【译文】

你来信说："先生昨天讲良知即为照心。我私下里认为良知是心的本体；照心是人所用的功夫，就是戒慎恐惧之心，和'思'相类似。而先生却把戒慎恐惧当做良知，这是为什么？"

能让人戒慎恐惧的，就是良知。

解 读

戒慎恐惧来自于《中庸》的"戒慎乎其所不睹，恐惧乎其所不闻"。王阳明认为，能让人戒慎恐惧的，不是别的东西，就是良知；"戒慎恐惧"是良知，也是功夫。

10. 照心妄心

【原典】

来书云："先生又曰'照心非动也'，岂以其循理而谓之静欤？'妄心亦照也'，岂以其良知未尝不在于其中，未尝不明于其中，而视、听、言、动之不过则者皆天理欤？且既曰妄心，则在妄心可谓之照，而在照心则谓之妄矣。妄与息何异？今假妄之照以续至诚之无息，窃所未明。幸再启蒙。"

"照心非动"者，以其发于本体明觉之自然，而未尝有所动也。有所动，即妄矣。"妄心亦照"者，以其本体明觉之自然者，未尝不在于其中，但有所动耳。无所动，即照矣。无妄、无照，非以妄为照，以照为妄也。照心为照，妄心为妄，是犹有妄、有照也。有妄有照，则犹二也，二则息矣。无妄无照则不二，不二则不息矣。

【译文】

你信中说："先生又说：'照心非动也。'难道是因为它遵循天理而就说它是静的吗？'妄心亦照也。'难道是因为良知不是不在妄心中，不是不明于其中，而人的视听言动能够不违背原则的，都是天理吗？但是既然说是妄心，那么妄心也可说是照，而照心也可称之为妄了。妄与息有什么不同？现在把妄心之照与至诚无息联系起来，我还是不明白，请先生再启发我一下。"

"照心非动"，是指本体自然明觉，不曾有所动，有所动即是妄；"妄心亦照"，指它的本体自然明觉，未尝不在其中，只是有所动罢了。无所动就是照了。说"无妄无照"，并非是说妄等于照，照就是妄。如果说照心为照，妄心为妄，这还是有妄有照。认为有妄有照，就依然还是两个心，一心分为二，那么良知就息了。认为无妄无照就是把心视做一个统一的整体，这样就不存在良知停息的情况了。

解 读

王阳明所说的照心妄心，类似《起信论》一心二门；心真如门与心生灭门。照心妄心，犹良知，一心开二门，一心二门，二门一心，以成立其体用一源理论建构。"照心"为"妄心"之对，但妄心亦照心，不过为照心之动态。

11. 去欲存理

【原典】

来书云："养生以清心寡欲为要。夫清心寡欲，作圣之功毕矣。然欲寡则心自清，清心非舍弃人事而独居求静之谓也；盖欲使此心纯乎天理，而无一毫人欲之私耳。今欲为此之功，而随人欲生而克之，则病根常在，未免灭于东而生于西。若欲刊剥洗荡于众欲未萌之先，则又无所用其力，徒使此心之不清。且欲未萌而搜剔以求去之，是犹引犬上堂而遂之也，愈不可矣。"

必欲此心纯乎天理，而无一毫人欲之私，此作圣之功也。必欲此心纯乎天理，而无一毫人欲之私，非防于未萌之先而克于人萌之际不能也。防于未萌之先而克于方萌之际，此正《中庸》"戒慎恐惧"、《大学》"致知格物"之功。舍此之外，无别功矣。夫谓"灭于东而生于西""引犬上堂而逐之"者，是自私自利、将迎意必之为累，而非克制洗荡之为患也。今日"养生以清心寡欲为要"，只"养生"二字，便是自私自利、将迎意必之根。有此病根潜伏于中，宜其有"灭于东而生于西"、"引犬上堂而逐之之"患也。

【译文】

你信中说："养生最关键的就是清心寡欲。真能做到清心寡欲，那么做圣人的功夫就算完成了。然而私欲少而心自清，清心不是说要抛弃人事跑去独居求静，只是要使自心纯然充盈天理而无一丝一毫的私欲罢了！现在要想在这方面下工夫，就必须随时克制私欲，但如果病根不除，未免灭于东而生于西。可若想把私欲荡涤消灭在未萌发之前，那么又不知道从何处用功，徒劳地只能使自己的心不清净了。况且私欲未萌就想搜剔出来并清除，就好比把狗带到屋里然后再把它赶出去似的，更加不行了。"

一定要使心体纯粹为天理，而无一丝一毫的私欲，这是成为圣人的功夫。想做到这一点，就要在私欲产生之前多加防范，并在私欲萌芽时克制它。在私欲产生前防范并克制它于萌芽状态，这正是《中庸》的"戒慎恐惧"、《大学》的"格物致知"的修身功夫，舍此之外，没有别的什么功夫。你说的"灭于东而生于西""引犬上堂而逐之"都是被自私自利、刻意追求所牵累的结果，而不是克制荡涤私欲本身的问题。现在你说"养生的关键是清心寡欲"，这"养生"二字就是自私自利、刻意追求的病根。有这样的病根潜伏于心中，就容易产生"灭于东而生于西""引犬上堂而逐之"的弊端。

解 读

佛家"外人伦遗事物""清心寡欲"，只能"治一人一身"，是自私的养生哲学；儒家不仅养生，而且要齐家、治国、平天下，是为公的哲学。所以王阳明认为，清心寡欲的养生是自私自利、刻意追求，是私欲。必须去欲存理才能克服病根。

12. 儒佛之辩

【原典】

来书云："佛氏于'不思善不思恶时认本来面目'，于吾儒'随物而格'之功不同。吾若于不思善不思恶时用致知之功，则已涉于思善矣。欲善恶不思，而心之良知清静自在，唯有寐而方醒之时耳，斯正孟子'夜气'之说。但于斯光景不能久，倏忽之际，思虑已生。不知用功久者，其常寐初醒而思未起之时否乎？今澄欲求宁静，愈不宁静；欲念无生，则念愈生，如之何而能使此心前念易灭，后念不生，良知独显，而与造物者游乎？"

"不思善不思恶时认本来面目"，此佛氏为未识本来面目者设此方便。"本来面目"即吾圣门所谓"良知"，今既认得良知明白，即已不消如此说矣。"随物而格"是致知之功，即佛氏之"常惺惺"，亦是常存他本来面目耳，体段功夫大略相似，但佛氏有个自私自利之心，所以便有不同耳。今欲善恶不思，而心之良知清静自在，此便有自私自利、将迎意必之心，所以有"不思善不思恶时用致知之功，则已涉于思善"之患。孟子说"夜气"，亦只是为失其良心之人指出个良心萌动处，使他从此培养将去。今已知得良知明白，常用致知之功，即已不消说"夜气"，却是得兔后不知守兔，而仍去守株，兔将复失之矣。欲求宁静，欲念无生，此正是自私自利、将迎意必之病，是以念愈生而愈不宁静。良知只是一个良知，而善恶自辨，更有何善何恶可思？良知之体本自宁静，今却又添一个求宁静；本自生生，今却又添一个欲无生，非独圣门致知之功不如此，虽佛氏之学亦未如此将迎意必也。只是一念良知，彻头彻尾，无始无终，即是前念不灭，后念不生。今却欲前念易灭，而后念不生，是佛氏所谓"断灭种性，入于槁木死灰"之谓矣。

【译文】

你信中说："佛家的主张在'不思善、不思恶时认识本来面目'，和我们儒学的'随物而格'的治学方法是不同的。我如果在不思善、不思恶时下致知的功夫，那么就已经是在思善了。要想恶善不思而内心的良知清净自在，只有睡觉刚醒时可以，这正是孟子所说的'夜气'。但这种时刻不会长久，倏忽之间，思虑已生。不知道用功时间长的人，是否经常像睡觉刚醒、思虑没有产生时那样呢？现在我陆澄想求得宁静，可内心的念头偏不宁静；想使心中不生杂念，杂念却生得厉害。怎么样才能使心中前念易灭，后念不生，良知独显，并且与天理大道同在呢？"

"不思善、不思恶时认识本来面目"，这是佛家为不识本来面目的人设想的方便修行门径。本来面目就是我们圣学中所说的良知。现在我们要认识良知，已经不用这般麻烦了。"随物而格"是致知的一个手段，等同于佛家的"常惺惺"，也是经常存养他的本来面目。儒佛两家的功夫大致相似。但是佛家有个自私自利的心，所以两者又不是完全相同的。现在想不思善恶而保持心中良知清净自在，这就是有自私自利、刻意追求的心，所以才会有"不思善、不思恶时，用致知之功，就是已经涉于思善"的毛病在。孟子说"夜气"，也只是为那些失去良心的人指出一个良知萌生的地方，使他们从那里开始培养良知。你现在已经明白良知如何获得，只要常用致知的功夫，就不用再研究"夜气"之类的了。不然就像得到兔子后不知道守住兔，而仍然去守住那个树桩，那么已经得到的兔子也会重新跑掉。"欲求宁静""欲念无生"，这正是自私自利、刻意追求的弊病，所以才会私念生得更厉害心里更加不宁静。良知唯有一个，有良知自然能辨别善恶，还有什么善恶可想？良知的本体原本就是宁静的，现在却又添加一个去求宁静，良知的本体原本就是生生不息的，现在却又添加一个心要无生。非但儒学的致知之功不是这样的，即连佛家也没有这种刻意追求的做法。只要一心在良知上，彻头彻尾，无始无终，就是前念不灭，后念不生。现在你却想要前念易灭，而后念不生，这是佛教所谓的"断灭种性"，如此就同槁木死灰差不多了。

解　读

陆澄时常以佛家修养语言谈论心学功夫。这一段是陆澄与阳明讨论格物致知之功夫如何操作的文字，也是儒佛之辩。陆澄以为随物而格之功夫不易实施，以及此功夫与佛家不思善恶、本来面目之说有所不同。王阳明在此指出，致良知功夫与佛氏的体段功夫，大略相似。所不同者只在于佛氏有个自私自利之心。因此要培养良知，依天理发动，致力于家国天下之事事物物之中，便不必刻意去除念头、不思善恶，否则便入于"断灭种性""槁木死灰"。

13. 去此病自无此疑

【原典】

来书云："佛氏又有'常提念头'之说，其犹孟子所谓'必有事'，夫子所谓'致良知'之说乎？其即'常惺惺，常记得，常知得，常存得'者乎？于此念头提在之时，而事至物来，应之必有其道。但恐此念头提起时少，放下时多，则功夫间断耳。且念头放失，多因私欲客气之动而始，忽然惊醒而后提，其放而未提之间，心之昏杂，多不自觉。今欲日精日明，常提不放，以何道乎？只此常提不放，即全功乎？抑于常提不放之中，更宜加省克之功乎？虽曰'常提不放'，而不加戒惧克治之功，恐私欲不去；若加戒惧克治之功焉，又为'思善'之事，而于'本来面目'又未达一间也。如之何则可？"

"戒惧克治"，即是"常提不放"之功，即是"必有事焉"，岂有两事邪？此节所问，前一段已自说得分晓，末后却是自生迷惑，说得支离，及有"本来面目，未达一间"之疑，都是自私自利、将迎意必之为病，去此病自无此疑矣。

【译文】

你信中说："佛家又有'常提念头'的说法，这个说法是不是就像孟子所说的'必有事'，先生所说的'致良知'呢？是否印证了'常惺惺，常记得，常知得，常存得'呢？有这个念头常在，事至物来，一定会有恰当的方法解决。只怕这个念头不常在，提起来的时候少，而放下的时候多，那样的话功夫就中断了。况且念头的丧失，多是因为私欲外气的产生所造成的，要突然惊醒后才重新提起来。在它的放而未提之间，内心的昏乱大多是不能自己察觉的，现在想日日精进，常提不放，只这一个常提不放就是全部功夫吗？致良知的念头如果能常提不放，是不是更要加以内省克除的功夫呢？虽然做到了常提不放，而不增加戒惧克制的功夫，恐怕私欲不会去除；如果增加戒惧克制的功夫，又成了'思善'的事情了，这和本来面目又不相符，到底怎样做才好呢？"

戒惧克制其实就是"常提不放"的功夫，也是"必有事焉"，怎么会是两回事呢？你这段问话，我前边一段已经说得十分清楚了，只是你自己后来又产生了困惑，说得支离破碎，至于与本来面目不相符的疑惑，这都是自私自利、刻意追求所造成的弊端。清除这个弊端就没有这类疑惑了。

解 读

本体功夫就是主体意志纯粹化于德行价值一事而已，道理上是简易直截的，实践下去时就是持续纯粹化主体意志一事而已，有任何的私意念起，就是再度克制就是了，而不是于方法上有万无一失的途径。陆澄此问，就是尚未好好实践，一心想在知解上要求索个万无一失的方法，其实正是意志不纯粹的结果，因此阳明批评他有自私自利、刻意追求之病。

14. 明则诚矣

【原典】

来书云："'质美者明得尽，渣滓便浑化。'如何谓明得尽？如何而能便浑化？"

良知本来自明。气质不美者，渣滓多，障蔽厚，不易开明；质美者，渣滓原少，无多障蔽，略加致知之功，此良知便自莹彻，些少渣滓，如汤中浮雪，如何能作障蔽？此本不甚难晓，原静所以致疑于此，想是因一"明"字不明白，亦是稍有欲速之心。向曾面论明善之义，"明则诚矣"，非若后儒所谓明善之浅也。

【译文】

你信中说："程颢先生说'天质好的人善德尽显，缺点也都融化消失了'，'明得尽'指的是什么？怎样才能'浑化'呢？"

良知本来就是自然光明的。天质差些的人，思想里的渣滓多，障碍昏蔽得厚，良知不容易呈现出光明。天质好的人，思想里渣滓原本就少，没有太多的障碍和遮蔽，只要稍微下一点致知的功夫，他们的良知就自然晶莹剔透。那原本的少许渣滓就像滚汤上飘落的浮雪，怎么能构成障碍遮蔽呢？这本来不是太难理解，原静你之所以对此有疑惑，想必是因为一个"明"字的意思不明白吧，也是你稍微有些心急。以前和你曾经当面讨论过"明善"的含义，"明善就是诚身"，并不是像后世儒生所解释的那般浅薄。

解 读

陆澄问如何做功夫把不好的渣滓浑化？而阳明则强调良知发动必可消融渣滓。他说，良知本来自明，本就是一灵明的知觉主体，因此渣滓本不可能障蔽，"明则诚矣"。亦即强调以良知为主体，提起本心真做功夫，则渣滓不能成为障碍。

15. 良知即是道

传习录全鉴（珍藏版）

【原典】

来书云："聪明睿知，果质乎？仁义礼智，果性乎？喜怒哀乐，果情乎？私欲客气，果一物乎？二物乎？古之英才，若子房、仲舒、叔度、孔明、文中、韩、范诸公，德业表著，皆良知中所发也，而不得谓之闻道者，果何在乎？苟曰此特生质之美耳，则生知安行者不愈于学知困勉者乎？愚者窃云，谓诸公见道偏则可，谓全无闻，则恐后儒崇尚记诵训诂之过也。然乎？否乎？"

性一而已。仁义礼知，性之性也；聪明睿知，性之质也；喜怒哀乐，性之情也；私欲客气，性之蔽也。质有清浊，故情有过不及，而蔽有浅深也。私欲客气，一病两痛，非二物也。张、黄、诸葛及韩、范诸公，皆天质之美，自多暗合道妙，虽未可尽谓之知学，尽谓之闻道，然亦自有其学，违道不远者也。使其闻学知道，即伊、傅、周、召矣。若文中子，则又不可谓之不知学者，其书虽多出于其徒，亦多有未是处，然其大略，则亦居然可见。但今相去辽远，无有的然凭证，不可悬断其所至矣。

夫良知即是道，良知之在人心，不但圣贤，虽常人亦无不如此。若无有物欲牵蔽，但循著良知发用流行将去，即无不是道。但在常人多为物欲牵蔽，不能循得良知。如数公者，天质既自清明，自少物欲为之牵蔽，则其良知之发用流行处，自然是多，自然违道不远。学者学循此良知而已。谓之知学，只是知得专在学循良知。数公虽未知专在良知上用功，而或泛滥于多歧，疑迷于影响，是以或离或合而未纯。若知得时，便是圣人矣。后儒尝以数子者，尚皆是气质用事，未免于行不著，习不察，此亦未为过论。

但后儒之所谓著、察者，亦是狃于闻见之狭，蔽于沿习之非，而依拟仿像于影响形迹之间，尚非圣门之所谓著察者也。则亦安得以己之昏昏，而求人之昭昭也乎？所谓生知安行，"知"、"行"二字亦是就用功上说。若是知行本体，即是良知、良能。虽在困勉之人，亦皆可谓之"生知安行"矣。"知"、"行"二字更宜精察。

【译文】

你信中说："聪明睿智果真是人天生的资质吗？仁义礼智果真是人的本性吗？喜怒哀乐果真是人固有的性情吗？私欲与外气真是一个东西吗，还是两个东西？古代的英才如张良、董仲舒、黄宪、诸葛亮、王通、韩琦、范仲淹等人，德业昭彰，皆是备良知致中和的人，却不能说他们是知道圣道的人，这是为何？假如说他们的资质天生就好，那么生而知之、安而行之的人难道还不如学知利行、困知勉行的人吗？我私下里认为，说他们对道的认识有点偏颇可以，如果说他们全然不闻道，那么恐怕会导致后世儒生因推崇记诵训诂，对他们产生错误的看法，我这样说对吗？"

性只有一个。仁义礼智，是人性的本性；聪明睿智，是人性的禀赋；喜怒哀乐，是人性的情感；私欲与外气，是人性的昏蔽。本质有清浊之分，所以感情有过与不及，而昏蔽有深有浅。私欲与外气，是一种病生发的两种痛苦，不是两个事儿。张良、黄宪、诸葛亮、韩琦、范仲淹等人，都是天生资质好，自然与道的许多地方都巧妙暗合，虽然不能说因此说他们是知圣学，也不能说他们是闻道，可是他们的学问才智离圣道已经不远了。假如他们知学闻道，不都成了伊尹、傅说、周公、召公了吗。至于文中子王通，则又不能说他不明白圣学，他的书虽然很多都是他的徒弟写出来的，其中也有很多错误，但是他的学问的大致轮廓还是显而易见的。只是因为时间久远，没有确凿的证据，所以不能凭空臆断他的学问与圣道相差多远。

良知就是圣道。良知自在人心，不单单是圣贤，寻常人也莫不如此。如果没有物欲的牵累蒙蔽，只要遵循着良知并将其发扬光大、流传开来，则没有不是道的。只不过是常人的良知总被物欲牵累蒙蔽，不能自然循着良知行事罢了。像上面提到的几个人，天生资质清纯明亮，也很少被物欲牵累蒙蔽，所以他们的良知发扬流传的就非常多，自然就离圣道不远。学者学的也就是循着良知行事而已。说知学，只是要明白专门在学习遵循良知上用功。他们几个人虽然不知道专门在学习遵循良知上用功，有的还泛滥于歧途，受到别的东西影响或迷惑，因此或离道或合道而不精纯，如果得道，就是圣人了。后世儒生曾经以为他们几个尚且凭借天资成就事业，不免会"行不著""习不察"，这些都不是过分的评价。

但是后世儒生所谓的"著察"，是因为拘泥于狭隘的见闻，昏蔽于旧时习惯的错误，从而模拟仿照圣人的影响和事迹，并非圣学中所说的"著察"。这样怎么能以己昏昏，使人昭昭呢？所谓生而知之、安而行之，"知行"二字也是从用功上来说的。至于知行的本体，其实就是良知良能。即使是困知勉行的人，也都可以说是生而知之、安而行之。对"知行"二字更应该精心体察。

解 读

王阳明认为良知即是道，是主宰，是根本，良知包含良能在其内。良知作为"知的本体"一旦贞定，则良知与良能互为一体、同时现起，良能作为"行的本体"自然贞定。若能从知行本体即良知良能出发，则凡人即圣贤，困勉之人即生知安行之人。

16. 乐是心之本体

【原典】

来书云："昔周茂叔每令伯淳寻仲尼、颜子乐处。敢问是乐也，与七情之乐，同乎？否乎？若同，则常人之一遂所欲，皆能乐矣，何必圣贤？若别有真乐，则圣贤之遇大忧、大怒、大惊、大惧之事，此乐亦在否乎？且君子之心常存戒惧，是盖终身之忧也，恶得乐？澄平生多闷，未尝见真乐之趣，今切愿寻之。"

乐是心之本体，虽不同于七情之乐，而亦不外于七情之乐。虽则圣贤别有真乐，而亦常人之所同有，但常人有之而不自知，反自求许多忧苦，自加迷弃。虽在忧苦迷弃之中，而此乐又未尝不存，但一念开明，反身而诚，则即此而在矣。每与原静论，无非此意，而原静尚有"何道可得"之问，是犹未免于"骑驴觅驴"之蔽也。

【译文】

你信中说："以前周敦颐先生经常让程颢寻找孔子和颜回的乐处。我想问一下这里的乐和七情中的乐是否相同？如果相同，那么寻常人只要一偿所愿都能乐呀，何必非得作圣贤呢？如果另外还有什么真乐，那么圣贤遇到大忧、大怒、大惊、大惧之事，这些乐还存在吗？况且君子心中常存戒惧，此为终生的忧患意识，怎么能乐呢？我陆澄平日里有很多烦恼，不曾体会到真正的乐趣，现在很迫切地希望寻找到真乐。"

乐是心的本体，虽不简单相同于七情之乐，然而也不外乎于七情之乐。虽然圣贤别有真乐，但也是常人所共有的，只是平常人自己不知道，反而自寻很多忧愁苦恼，在迷茫中丢弃了真乐。虽然在忧苦迷茫中丢弃，但真正的快乐依旧存在，只要一念开明，回过头来求得自身的虔诚，那么就能感到这种快乐。我每次和原静你所讨论的，说的无非都是这个意思，而你还问有什么办法找到快乐，这种做法未免是骑驴找驴的毛病了啊。

解 读

王阳明在这里直接把乐说成心本体，意指减一分私欲，就能增一分真乐。良知的精度和纯度有多高，就能体会到多大的乐。这样，乐与良知合二为一。

17. 无所住处

【原典】

来书云："《大学》以'心有好乐、忿懥、忧患、恐惧'为'不得其正'，而程子亦谓'圣人情顺万事而无情'。所谓'有'者，《传习录》中以病疟譬之，极精切矣。若程子之言，则是圣人之情不生于心而生于物也。何谓耶？且事感而情应，则是是非非可以就格。事或未感时，谓之有，则未形也；谓之无，则病根在。有无之间，何以致吾知乎？学务无情，累虽轻，而出儒入佛矣，可乎？"

圣人致知之功，至诚无息。其良知之体，皦如明镜，略无纤翳，妍媸之来，随物见形，而明镜曾无留染，所谓"情顺万事而无情"也。"无所住而生其心"，佛氏曾有是言，未为非也。明镜之应物，妍者妍，媸者媸，一照而皆真，即是生其心处；妍者妍，媸者媸，一过而不留，即是无所住处。病疟之喻，既已见其精切，则此节所问可以释然。病疟之人，疟虽未发，而病根自在，则亦安可以其疟之未发而遂忘其服药调理之功乎？若必待疟发而服药调理，则既晚矣。致知之功，无闲于有事无事，而岂论于病之已发未发邪？大抵原静所疑，前后虽若不一，然皆起于自私自利、将迎意必之为祟。此根一去，则前后所疑，自将冰消雾释，有不待于问辨者矣。

【译文】

你信中说："《大学》认为心有好乐、愤怒、忧患、恐惧等情感，心就不能平静，而程颢先生说：'圣人情顺万事而无情。'所谓有，《传习录》中用病疟来比喻，极其精辟。若按程先生说的，就是圣人的情不生于心而生于万物，这是为什么？况且事有所感而情有所应，那么其中的是是非非就可以格去。但是，在事情未来之时，说有情，它并没有显现；说无情，但情又像病根一样潜在。说有却无，说无却有，这怎么能致知呢？学要致力求得无情，这样牵累虽然少了，却又从儒家滑落入佛教的泥潭，人若无情，行吗？"

圣人的致知功夫，至诚不息，其良知的本体，皦洁如明镜，没有一丝一毫的纤尘沾染，不管是美还是丑，只要来照必见原形，过后，镜子上并未留下什么，这就是所谓的"情顺万事而无情"。"无所住处而生其心"佛家曾经这样说，并非不对。明镜照物，美就是美，丑就是丑，只要照就显真形，这就是"生其心"的地方；美就是美，丑就是丑，照完不留下一丝痕迹，这就是"无所住"。有关病疟的比喻，既然你认为精辟，那么你此节所问的问题就迎刃而解了。得了疟疾的人，即使没有发病，然而只要病根存在，怎么能因为没有发病，就忘记服药调理的功夫呢？如果一定要等到疟疾复发后再服药调理，那么已经晚了。致知的功夫不在于有事还是没事，哪里管病是否发作呢？大抵原静你的疑惑，前后虽然不统一，但都是因为自私自利、刻意追求这一弊端。如果除掉这一弊端，那么你前后的疑惑必将烟消云散，用不着再去问辨了。

解 读

在王阳明那里，"良知"是本体，"一物不留"与"一照皆真"只是"良知"的功用，这就等于说，"无所住"与"生其心"也被视为"良知"的功用，两者是并行的"用用"关系。

18. 钱德洪跋

【原典】

《答原静书》出，读者皆喜。澄善问，师善答，皆得闻所未闻。师曰："原静所问，只是知解上转，不得已与逐节分疏；若信得良知，只在良知上用功，虽千经万典无不吻合，异端曲学一勘尽破矣，何必如此节节分解！佛家有扑入逐块之喻，见块扑人，则得人矣；见块逐块，于块奚得哉？"在座诸友闻之，惕然皆有惺悟。此学贵反求，非知解可入也。

【译文】

《答陆原静书》出版后，读了它的人都很高兴，认为陆澄问得漂亮，先生答得精彩，都收获了过去没有听说过的知识。先生说："原静所问的只是在知解问题上纠缠，我没办法只好跟他分段解释。如果相信良知可得，只在致良知上下工夫，虽千经万典无不吻合，异端典章一触尽破，何必像这样层层分解来论述！佛学中有狗不咬人而追逐石块的比喻，看到石块去扑人，才能咬住人；见到石块追逐石块，在石块上能得到什么呢？"当时在座的诸位学友听了，都惕然若有所悟。先生的致良知学问贵在反省内求，并非可以从知解上就那么随便获得的。

解 读

这是钱德洪为《答陆原静书》作的跋，跋中引用了王阳明的一段话，进一步说明：要用实际行动时时致良知，以趋于纯！如果舍去良知不求，反去求无意义的文字，正如扑人逐块，是无法得到真知的。那物块就是经典文字语言，那人就是良知。

四、答欧阳崇一——万物皆备于我心

欧阳崇一就是欧阳德（1496—1554年），崇一是他的字，他的号是南野，江西泰和人，官至礼部尚书。欧阳德为人敢于"谠言正论"，不避权贵，临危不惧。他服膺王守仁的"致良知"说，并以此重新解释《大学》"格物致知"的意旨。欧阳德是江右王学正传的主要代表人物之一，影响较大。他在发明师旨、卫护师说方面功不可没，尤其对"格物致知"意旨的阐发，对于挽救王门中"归寂"派的流弊，作用尤大。著有《欧阳南野集》。

1. 良知与见闻

【原典】

崇一来书云："师云：'德性之良知，非由于闻见，若曰多闻择其善者而从之，多见而识之，则是专求之见闻之末，而已落在第二义。'窃意良知虽不由见闻而有，然学者之知，未尝不由见闻而发。滞于见闻固非，而见闻亦良知之用也。今日'落在第二义'，恐为专以见闻为学者而言，若致其良知而求之见闻，似亦知行合一之功矣。如何？"

良知不由见闻而有，而见闻莫非良知之用，故良知不滞于见闻，而亦不离于见闻。孔子云："吾有知乎哉？无知也。"良知之外，别无知矣。故"致良知"是学问大头脑，是圣人教人第一义。今云专求之见闻之末，则是失却头脑，而已落在第二义矣。近时同志中，盖已莫不知有"致良知"之说，然其功夫尚多鹘突者，正是欠此一问。

大抵学问工夫，只要主意头脑是当。若主意头脑专以"致良知"为事，则凡多闻多见，莫非"致良知"之功。盖日用之间，见闻酬酢，虽千头万绪，莫非良知之发用流行。除却见闻酬酢，亦无良知可致矣，故只是一事。若日致其良知而求之见闻，则语意之间未免为二。此与专求之见闻之末者，虽稍不同，其为未得精一之旨，则一而已。"多闻，择其善者而从之，多见而识之。"既云"择"，又云"识"，其良知亦未尝不行于其间。但其用意乃专在多闻多见上去择识，则已失却头脑矣。

崇一于此等语见得当已分晓，今日之问，正为发明此学，于同志中极有益，但处意未莹，则毫厘千里，亦不容不精察之也。

【译文】

欧阳崇一来信说："先生说：'人的德行良知不倚仗见闻，如果说多闻而选择其中的善依从，多看自然有认知，显然这是只在见闻的细枝末节上寻求，这就成为次要的问题了。'我个人认为良知虽然不是因为见闻才具备的，然而学者的知识，未尝不是从见闻中产生的。蹉躇于见闻当然不对，但是见闻也是良知的具体实践。现在先生说'落在第二义'，恐怕是针对那些专门把见闻当做学问的人而言的，如果为了致良知而在见闻上探求，似乎也是知行合一的功夫。我这样想先生觉得如何？"

良知不从见闻来，而见闻却是良知的运用。所以良知不能由蹉躇于见闻而来，但又离不开见闻。孔子说："我有知吗？没有。"良知之外，没有别的知了。因此，致良知是学问的关键处，是圣人教育人的第一教义。现在说专门探求见闻的细枝末节，那就失去了主宰，把良知落到了次要位置上。近来，同志们都已经知道了致良知的学说，可是大家下工夫还是有许多模糊之处，正是欠缺你这一问。

一般说来，学问功夫关键是要抓住主宰，如果明确了主宰就是"致良知"，那么凡是见闻也都是"致良知"的功夫。所有日常琐事，见闻应酬，虽然头绪繁多，但都是良知的发挥运用流传；没有了见闻应酬，也就没有什么良知可致了。因此见闻与致良知都是一件事。如果说致良知要从见闻中求，则话语之间难免会把良知见闻看成两件事。这虽然与只在见闻的细枝末节上寻求良知的人稍有不同，然而从没有领会"精一"的宗旨上来看，则是一样的。至于"多闻择其善者而从之，多见而识之"，既然说到"择"，又说到"识"，可见良知已经在中间发挥作用了，但它的用意乃专在多闻多见上去选择认识，将主宰给失去了。崇一你对这些问题认识得已经十分清楚，今天这一问，正是为了阐明致良知的学说，这对于同学都有很大益处。只是语意表达还不太透彻，会产生差之毫厘谬之千里的情况，不能不精心体察。

解 读

王阳明认为，良知作为先验的道德意识，不依赖于后天的见闻知识，是生而具有的；经验认识活动都是良知发生作用的表现，而对于种种经验认识活动，良知都是其中的主宰。这里，阳明先将良知与见闻之知区别开来，但马上又将两者统一起来，说致良知与求见闻并非两样功夫，在实际的道德实践中难以分开。这就是阳明一方面反对"专在多闻多见上去择识"；另一方面也反对脱离见闻酬酢的空谈的原因。

2. 在良知上体认

【原典】

来书云："师云：'《系》言何思何虑，是言所思所虑只是天理，更无别思别虑耳，非谓无思无虑也。心之本体即是天理，有何可思虑得？学者用功，虽千思万虑，只是要复他本体，不是以私意去安排思索出来。若安排思索，便是自私用智矣。'学者之蔽，大率非沈空守寂，则安排思索。德辛壬之岁，著前一病，近又著后一病。但思索亦是良知发用，并与私意安排者何所取别？恐认贼作子，惑而不知也。"

"思曰睿，睿作圣。""心之官则思，思则得之。"思其可少乎？沈空守寂，与安排思索，正是自私用智，其为丧失良知一也。良知是天理之昭明灵觉处，故良知即是天理。思是良知之发用。若是良知发用之思，则所思莫非天理矣。良知发用之思，自然明白简易，良知亦自能知得。若是私意安排之思，自是纷纭劳扰，良知亦自会分别得。盖思之是非邪正，良知无有不自知者。所以认贼作子，正为致知之学不明，不知在良知上体认之耳。

【译文】

你信中说："先生说：'《易经·系辞下》孔子注中所说的何思何虑，是说所思所虑只有天理，再没有别的思虑了，并非说无思无虑。心的本体就是天理，有什么可思可虑的？学者下工夫，虽千思万虑，但目的只是要恢复心的本体，不是以私意来安排、思索出天理来的。如果刻意安排思索就是自私用智。'学者的弊病，大多不是空守沉寂，就是私意揣度刻意安排思索。我在辛巳到壬午年间犯前一个毛病，最近又犯后一个毛病。但是思索也是良知的发挥运用，它和私意揣度刻意安排有什么区别呢？恐怕我认了贼作儿子，还迷惑而不自知呢！"

"思曰睿，睿作圣。""心之官则思，思则得之。"思考怎么少得了呢？空守沉寂与安排思索都属于私欲用智，这也是丧失良知。良知是天理昭然灵觉之所在，因此良知就是天理，思索是良知的发挥运用。如果是良知发挥运用之思，则所思的就是天理。良知发挥运用之思，自然明白简单，良知也自然能认识。如果是私意安排之思，自然思绪万千，纷纭繁扰，但良知也自然能分辨。大凡思索的是非邪正，良知没有不知道的。之所以会出现认贼作子的情况，正是因为致知之学术还没完全明白，不知道应该在良知上体察认知罢了。

王阳明这里所说的"思"并不是理性的思维活动，而是"在良知上体认"，从"为善去恶"来拂拭自己的昭明灵觉的本体。同时，在他看来，衡量正确与谬误的标准，是"良知"的自明，"天理"的自发。这就是说，合于道德律的，才是"是"和"正"，而违背道德律的，便是"非"与"邪"。

3. 素其位而行

【原典】

来书又云："师云：'为学终身只是一事，不论有事无事，只是这一件。若说宁不了事，不可不加培养，却是分为两事也。'窃意觉精力衰弱，不足以终事者，良知也。宁不了事，且加休养，致知也。如何却为两事？若事变之来，有事势不容不了。而精力虽衰，稍鼓舞亦能支持，则持志以帅气可矣。然言动终无气力，毕事则困惫已甚，不几于暴其气已乎？此其轻重缓急，良知固未尝不知，然或迫于事势，安能顾精力？或困于精力，安能顾事势？如之何则可？"

"宁不了事，不可不加培养"之意，且与初学如此说，亦不为无益。但作两事看了，便有病痛在。孟子言"必有事焉"，则君子之学终身只是"集义"一事。义者，宜也，心得其宜之谓义。能致良知则心得其宜矣，故《集义》亦只是致良知。君子之酬酢万变，当行则行，当止则止，当生则生，当死则死，斟酌调停，无非是致其良知，以求自慊而已。故"君子素其位而行""思不出其位"。凡谋其力之所不及，而强其知之所不能者，皆不得为致良知。而凡"劳其筋骨，饿其体肤，空乏其身，行拂乱其所为，动心忍性，所以增益其所不能"者，皆所以致其良知也。若云"宁不了事，不可不加培养"者，亦是先有功利之心，计较成败利钝，而爱憎取舍于其间，是以将了事自作一事，而培养又别作一事，此便有是内非外之意，便是"自私用智"，便是"义外"，便有"不得于心，勿求于气"之病，便不是致良知以求自慊之功矣。

所云"鼓舞支持，毕事则困惫已甚"。又云"迫于事势，困于精力"，皆是把作两事做了，所以有此。凡学问之功，一则诚，二则伪。凡此皆是致良知之意，欠诚一真切之故。《大学》言"诚其意者，如恶恶臭，如好好色，此之谓自慊。"曾见有恶恶臭，好好色，而须鼓舞支持者乎？曾见毕事则困惫已甚者乎？曾有迫于事势，困于精力者乎？此可以知其受病之所从来矣。

【译文】

你信中又说："先生说：'为学终身只是一件事，不论你有事时还是没事时，只要做好这一件事。如果说宁愿不做事，也不能不加以培养良知，那就是把致良知和做学问分成两件事了。'我个人觉得，当感到精力衰弱，不能做完事的，是良知。宁可不做事，也要加以修养本心，是致良知。怎么却成了两件事呢？如果有事情发生了，就不能不处理，就算是精力衰竭，鼓鼓劲也能坚持下来，由此可知，意志还是统领着气力的。然而此时的言语行动终究有气无力，事情做完了就疲惫已极，这不几乎等于是在滥用气力吗？这里边的轻重缓急，良知固然不会不明白，但是有时迫于形势紧急，岂能顾及精力呢？有时筋疲力尽，又岂能顾及形势呢？到底怎么办才好呢？"

我当初说"宁不了事，不可不加培养"的初衷，是针对初学者的，对他们这样说也不能说没有好处。但把做事情和存养本性分成两件事来看，就有问题了。孟子说"必有事焉"，是说君子之学终身就是"集义"这一件事。义就是宜，心做到了宜那就是义。能致良知那么心就能感到宜，所以"集义"也就是致良知。君子待人接物应对种种事变，当做就做，当止就止，当生就生，当死就死，期间的斟酌调度，无非是得到真知，以求意诚心安罢了。所以"君子素其位而行""思不出其位"。凡是谋求自己力所不能及的事，勉强做智力不能完成的事，都不是致良知。而凡是"劳其筋骨，饿其体肤，空乏其身，行拂乱其所为，动心忍性所以增益其所不能"的人，均是为了致良知。如果说"宁愿不做事，也不能不存养本性"，也是因为先存了个功利心，计较成败得失，尔后做出的爱憎取舍，是把处理事情当成了一件事，而把存养本性又当成了另一件事，这就是有了重视本心而忽视做事的心态，就是把才智用到私欲上了，就是把义看做外在的东西，便会有"不得于心，勿求于气"的弊病，就不是致良知以求心安意诚的功夫了。

你所说的"鼓舞支持，完成事后疲惫不堪"，以及"迫于形势，困于筋疲力尽"，都是把处理事情和存养本性当做两个事儿了，因此才有这样的结果。凡是做学问的功夫，精一就是真诚，一分为二就会虚伪。这都是因为致良知的心还缺乏真诚确切。《大学》中说："诚其意者，如恶恶臭，如好好色，此之谓自慊。"谁见过讨厌恶臭、喜欢美色还需要鼓舞振作的？谁见过这些事情做完后疲惫不堪吗？谁见过有迫于形势、没精力趋避而做的吗？由此可知病根从何而来了。

解 读

王阳明认为，作为一个有见识、有学养的读书人，应当在他所处的地位上采取适当的行动，思考问题不要越出自己所处的地位。大凡谋求力所不及的事，就不是致良知。

4. 先知先觉

【原典】

来书又有云："人情机诈百出，御之以不疑，往往为所欺。觉则自入于逆臆。夫逆诈，即诈也；臆不信，即非信也；为人欺，又非觉也。不逆不臆而常先觉，其唯良知莹彻乎？然而出入毫忽之间，背觉合诈者多矣。"

"不逆不臆而先觉"，此孔子因当时人专以逆诈臆不信为心，而自陷于诈与不信。又有不逆不臆者，然不知致良知之功，而往往又为人所欺诈，故有是言。非教人以是存心，而专欲先觉人之诈与不信也。以是存心，即是后世猜忌险薄者之事；而只此一念，已不可与入尧舜之道矣。不逆不臆而为人所欺者，尚亦不失为善。但不如能致其良知，而自然先觉者之尤为贤耳。崇一谓"其唯良知莹彻"者，盖已得其旨矣。然亦颖悟所及，恐未实际也。

盖良知之在人心，亘万古、塞宇宙而无不同。"不虑而知""恒易以知险""不学而能""恒简以知阻"。"先天而天不违。天且不违，而况于人乎？况于鬼神乎？"夫谓背觉合诈者，是虽不逆人，而或未能无自欺也。虽不臆人，而或未能果自信也。是或常有先觉之心，而未能常自觉也。常有求先觉之心，即已流于逆臆而足以自蔽其良知矣。此背觉合诈之所以未免也。

君子学以为己，未尝虞人之欺己也，恒不自欺其良知而已。未尝虞人之不信己也，恒自信其良知而已；未尝求先觉人之诈与不信也，恒务自觉其良知而已。是故不欺则良知无所伪而诚，诚则明矣；自信则良知无所惑而明，"明则诚矣"。明诚相生，是故良知常觉常照。常觉常照，则如明镜之悬，而物之来者自不能遁其妍媸矣。何者？不欺而诚，则无所容其欺，苟有欺焉而觉矣；自信而明，则无所容其不信，苟不信焉而觉矣。是谓"易以知险，简以知阻"，子思所谓"至诚如神，可以前知"者也。然子思谓"如神"，谓"可以前知"，犹二而言之，是盖推言思诚者之功效，是犹为不能先觉者说也。若就至诚而言，则至诚之妙用，即谓之"神"，不必言"如神"，至诚则"无知而无不知"，不必言"可以前知"矣。

【译文】

你信中还说："人情机诈百出，如果对人信而不疑，常常会被欺骗，想发现他人是否诡诈，自己就会预先猜度别人会欺诈我，就会臆想别人不诚信。逆诈就是欺诈，臆不信就是不诚信，被人欺骗又不觉悟。不事先怀疑别人的欺诈和不诚实，而又常常能预先觉知一切的，唯有光明纯洁的良知才做得到吧？然而欺诈和诚信看起来差别甚微，因此背离知觉而暗合欺诈的人很多。"

不逆诈、不臆想却能事先发觉，这是孔子针砭时弊而言的，当时人们一心欺诈别人，做不诚信的事，而深陷于欺诈和不诚信的泥潭中；同时也有人虽不逆诈、不臆不信，但不懂得致良知的功夫，往往又被别人所欺骗，因此孔子有感而发，说了这番话。孔子的话并非是教人专门寻思着怎样才能先觉别人的欺诈与不守信。事先存心，正是后世猜忌险薄的人所做的事。有了事先存心的念头，就已经不能进入尧舜的圣道了。不臆不信却被人欺骗的人，尚且还没有失去善的本性，但不如那些能致其良知从而自然能事先察觉欺诈虚伪的人贤明。你说只有良知晶莹透彻的人才能这样，基本上已经掌握了孔子话语的宗旨，但也只是你的聪颖领悟到的，并不能落实到实践之中去。

良知在人的心中，横亘万古、充塞宇宙，无不同。此正是古人所说的"不虑而知""恒易以知险""不学而能""恒简以知阻""先天而不违。天且不违，而况于人乎？况于鬼神乎？"你所说的背离知觉而暗合欺诈的人，虽能不逆诈，但他们也许会有自我欺诈；虽然不去猜想别人是否诚信，但他们也许不能真有自信。这使他们常常有寻求先觉的念头，但却不能常常自我觉悟。常有探求先觉的念头，就已经是流于逆臆，而这足以蒙蔽他们的良知。这也就是不觉悟和欺诈不实不能避免的原因。

君子为学是为了提高自身修养，不能总是顾虑别人的欺骗，只要不自欺于自己的良知也就够了；不能总是顾虑别人的不信任，只要自己相信自己的良知也就够了；与其要提前知道他人的欺骗和不信任，不如保持自己的良知。所以，君子不欺则良知无伪而至诚，诚则明；君子自信则良知无惑而空明，明则诚。明诚相互促进，因此良知能经常觉悟、经常澄澈。经常觉悟、经常澄澈的良知就如明镜高悬，而万事万物在它面前自然不能掩饰其美丑原形了。这是为什么呢？良知不欺而诚，也就不容欺骗，若有欺骗就能觉察；良知自信而光明，也就不容不诚，如果有不诚信存在就能觉察。这就是所谓的"易以知险，简以知阻"，以及子思所谓的"至诚如神，可以前知"。可是子思说的"如神""可以前知"，还是分成两件事来说了。因为他是从思、诚的功效上来说的，是针对不能先知先觉的人说的。如果仅就至诚而言，那么对至诚的妙用就称做"神"，而不用说"如神"。至诚就能无知而又无所不知，所以就不用说"可以前知"了。

解读

这里，王阳明回答了应当如何正确对待先知的问题。他认为，存心先知是小人的行径，不是正人君子所当为。不要说去存心先知，即便有此一念头，就已经远离尧舜之道了。与其存心先知，还不如被人所骗，尚不失为善。不致良知，不能先觉，往往为人所欺。所以，最好的做法还是实地用功致良知而自然地先知先觉。

五、答罗整庵少宰书——正心诚意

罗整庵就是罗钦顺（1465—1547年），整庵是他的号，少宰是官职名，明清常用作吏部侍郎的别称。罗钦顺字允升，江西泰和人。他潜心格物致知之学，专力于穷理、存心、知性。在当时王学盛行的情况下，罗钦顺一方面批判王守仁的心学，一方面又对程朱理学进行了批判的改造，从而创立了自己独具特点的气学思想。正德十五年（1520年）夏，罗钦顺请假住在老家，听说时任江西巡抚的王阳明将溯赣江至赣州，就写了《与王阳明书》，在王阳明经过泰和时交给他。《答罗整庵少宰书》即是王阳明对该信的答复。

1. 实有诸己

【原典】

某顿首启：昨承教及《大学》，发舟匆匆，未能奉答。晓来江行稍暇，复取手教而读之。恐至赣后，人事复纷沓，先具其略以请。

来教云："见道固难，而体道尤难。道诚未易明，而学诚不可不讲。恐未可安于听见而遂以为极则也。"

幸甚幸甚！何以得闻斯言乎？其敢自以为极则而安之乎？正思就天下之道以讲明之耳。而数年以来，闻其说而非笑之者有矣，诟訾之者有矣，置之不足较量辨议之者有矣，其肯遂以教我乎？其肯遂以教我，而反复晓喻，恻然唯恐不及救正之乎？然则天下之爱我者，固莫有如执事之心深且至矣，感激当何如哉！

夫"德之不修，学之不讲"，孔子以为忧。而世之学者，稍能传习训诂，即皆自以为知学，不复有所谓讲学之求，可悲矣！夫道必体而后见，非已见道而后加体道之功也。道必学而后明，非外讲学而复有所谓明道之事也。然世之讲学者有二：有讲之以身心者，有讲之以口耳者。讲之以口耳，揣摸测度，求之影响者也；讲之以身心，行著习察，实有诸己者也。知此，则知孔门之学矣。

【译文】

鄙人顿首谨启：昨日承蒙教诲《大学》，因匆匆搭船，未能一一奉答。清早，在船上稍有空闲，我又再次拜读了您的信。唯恐到江西后杂事纷陈，扰攘不断，先在这里简略回复，请您指教。

您信中说："明白圣道固然很难，但是身体力行于道更难。道的确不易明白，但是学问也的确不能不讲。恐怕不能把自己的观点当做最高标准吧？"

不胜荣幸！我从哪里能得到这样的教诲呢？我怎敢自以为达到最高标准而心安理得呢？我正想着寻访天下有识之士以便讨论圣道。数年来，对于我的学说，天下之人，有的讥讽，有的辱骂，有的不屑一顾。这些人愿意教导我吗？他们哪里肯为了教诲我而反复比喻、心存仁慈只怕不能纠正我的纰漏呢？这样看来，普天之下爱护我的人，没有像您这般深切备至的，感激之情非言语可以表达！

"德之不修，学之不讲"是孔子最为忧虑的。而后世的学者稍微能诵经训诂，就自以为是有学问了，于是就不再有探究学问的迫切愿望了，这实在是很可悲呀！圣道必须身体力行才能明白领会，不是先弄明白了而后再去身体力行。圣道必须学习后才能明白，并非在讲求学问之外还有其他的认识圣道的途径。世上的研学者有两种，一种是讲究身心体认的，一种是讲究口说耳听的。用口耳的人，通过揣摩推断，力求扩大自己的影响；用身心的，力行自省，所言所行，的确是自己具备的东西。知道这些，就知晓了孔子的学说。

解 读

在王阳明那里，道德实践的内在根据，具体即表现为以良知、心体为形式的德性。作为道德行为所以可能的条件，德行的形成展开为一个"实有诸己"的过程。所谓实有诸己，即是通过自身的体察与践履，使道德意识成为主体的内在德行。

2. 古本之复

【原典】

来教谓某"《大学》古本之复，以人之为学但当求之于内，而程、朱'格物'之说不免求之于外，遂去朱子之分章，而削其所补之传。"

非敢然也。学岂有内外乎？《大学》古本乃孔门相传旧本耳，朱子疑其有所脱误而改正补缉之，在某则谓其本无脱误，悉从其旧而已矣。失在于过信孔子则有之，非故去朱子之分章而削其传也。

夫学贵得之心，求之于心而非也，虽其言之出于孔子，不敢以为是也，而况其未及孔子者乎？求之于心而是也，虽其言之出于庸常，不敢以为非也，而况其出于孔子者乎？且旧本之传数千载矣，今读其文词，即明白而可通；论其工夫，又易简而可入。亦何所按据而断其此段之必在于彼，彼段之必在于此，与此之如何而缺，彼之如何而补？而遂改正补缉之，无乃重于背朱而轻于叛孔已乎？

【译文】

在信中，您认为我之所以恢复《大学》的旧本，是因为我认为人做学问只需要求诸于心，而程朱的格物学说却免不了向心外探求，于是不采信朱熹的分章法，并删掉了他增补的传。

我并不敢这样。学习哪还分什么内外呀？《大学》旧本乃是孔门传下来的，朱熹怀疑它有遗漏和错误的地方，而加以改正补充，而在我看来，旧本中本来就没有什么遗漏和错误之处，所以就完全采信古本罢了。我的过失可能在于过分相信孔子，绝不是刻意要否定朱熹的分章法，并删掉他增补的传。

做学问最重要的是用心来体悟。如果心里认为不对，即使是孔子所说的话，我也不敢说它是正确的，何况那些比不上孔子的人？如果心里认为正确，即使是普通人说的话，也不敢认为是不对的，更何况是孔子说的话呢？况且《大学》旧本已经流传了几千年，现在阅读，书中词语句子还明白通顺，论述的学问功夫，又简明易懂而容易下手。有什么依据断定这一段一定在这里，那一段一定在那里，这里缺了什么，那里又有什么错误，于是加以改正增补辑录？这难道不是更看重是否违背了朱熹而不看重是否违背了孔子吗？

解读

这段话基本上把阳明的论说策略与评判原则给亮了出来。"传"往往不可信，故须由传回到原典（旧本），如果说尊传与尊贤相连，那么，尊经是与尊圣相连。经无疑比传具有更高的合法性，此评判原则亦与圣比贤具有更高的合法性相连。但回到原典并不是终点，尊经是为了尊道，而最终必落实于"尊心"上面。

3. 不可不辨

【原典】

来教谓："如必以学不资于外求，但当反观内省以为务，则'正心诚意'四字，亦何不尽之有？何必于入门之际，便困以'格物'一段功夫也？"

诚然诚然！若语其要，则"修身"二字亦足矣，何必又言"正心"？"正心"二字亦足矣，何必又言"诚意"？"诚意"二字亦足矣，何必又言"致知"，又言"格物"？惟其工夫之详密，而要之只是一事，此所以为"精一"之学，此正不可不思者也。夫理无内外，性无内外，故学无内外。讲习讨论，未尝非内也；反观内省，未尝遗外也。夫谓学必资于外求，是以己性为有外也，是"义外"也，用智者也；谓反观内省为求之于内，是以己性为有内也，是有我也，自私者也：是皆不知性之无内外也。故曰："精义入神，以致用也；利用安身，以崇德也。""性之德也，合内外之道也。"此可以知"格物"之学矣。"格物"者，《大学》之实下手处，彻首彻尾，自始学至圣人，只此工夫而已，非但入门之际有此一段也。夫"正心""诚意""致知""格物"，皆所以"修身"。而"格物"者，其所用力，日可见之地。故"格物"者，格其心之物也，格其意之物也，格其知之物也；"正心"者，正其物之心也；"诚意"者，诚其物之意也；"致知"者，致其物之知也。此岂有内外彼此之分哉？理一而已。以其理之凝聚而言，则谓之"性"；以其凝聚之主宰而言，则谓之"心"，以其主宰之发动而言，则谓之"意"，以其发动之明觉而言，则谓之"知"，以其明觉之感而言，则谓之"物"。故就物而言，谓之"格"；就知而言，谓之"致"；就意而言，谓之"诚"；就心而言，谓之"正"。正者，正此也；诚者，诚此也；致者，致此也；格者，格此也。皆所谓穷理以尽性也。天下无性外之理，无性外之物。学之不明，皆由世之儒者认理为外，认物为外，而不知"义外"之说，孟子盖尝辟之，乃至袭陷其内而不觉，岂非亦有似是而难明者欤？不可以不察也。

凡执事所以致疑于"格物"之说者，必谓其是内而非外也；必谓其专事于反观内省之为，而遗弃其讲习讨论之功也；必谓其一意于纲领本原之约，而脱略于支条节目之详也；必谓其沉溺于枯槁虚寂之偏，而不尽于物理人事之变也。审如是，岂但获罪于圣门，获罪于朱子；是邪说诬民，叛道乱正，人得而诛之也，而况于执事之正直哉？审如是，世之稍明训诂，闻先哲之绪论者，皆知其非也，而况执事之高明哉？凡事之所谓"格物"，其于朱子"九条"之说，皆包罗统括于其中；但为之有要，作用不同，正所谓毫厘之差耳。无毫厘之差，而千里之缪，实起于此，不可不辨。

【译文】

您信中指出："如果必须强调做学问不靠到心外探求，只是要以在心中反省体察为第一要务，那么'正心诚意'这四个字还有什么没有说尽的呢？又何必非得在学问的着手处用格物的功夫让人困惑呢？"

正是，正是！若讲学问的主宰，"修身"二字已经足够，何必又要讲"正心"呢？"正心"这两个字就足够了，何必又要讲"诚意"呢？"诚意"两个字也就尽够了，何必还要讲"致知"，又讲"格物"呢？之所以这样，只是要使做学问的功夫详细而周密，而概括起来只是一件事，如此才是"精一"的学问，这里正是不得不深思的。天理没有内外之分，本性没有内外之别，所以学问也没有内外之别。讲习讨论，未尝不是内；反观内省，未尝就遗弃了外。如果说学习必须要从外在事物上求，这就是把本性分成了内外两部分了，这就是"义外""用智"；如果说反观内省必须要从内心来求得，就是把本性分成了内外两部分了，就是"有我""自私"，这两种观点都是不知道人性没有内外之分。所以孔子说："精义入神，以致用也；利用安身，以崇德也。"《中庸》讲："性之德也，合内外之道也。"由此便可以明白"格物"的学说了。"格物"是《大学》实际下手的地方，从头至尾，自儿童启蒙以至成为圣人，只有这一个功夫，并非仅仅在刚开始学的时候有"格物"的功夫。"正心""诚意""致知""格物"都是为了"修身"，而格物所下的工夫，每天都可以见到效果。所以"格物"就是清除自己内心的物欲，清除自己思想中的物欲，清除自己认识上的物欲；"正心"就是纠正物欲之心；"诚意"就是使物欲之心精诚；"致知"就是致其物欲的良知。这哪有内外彼此之分呢？理只有一个。从理的凝聚上来说就是性，从凝聚的主宰处来说就是心，从主宰的发动上来说就是意，从发动的明觉上来说就是知，从对天理的光明觉悟的感应上来说就是物。所以理就物而言就是格，就知而言说就是致，就意而言就是诚，就心而言就是正。正就是正心，诚就是诚意，致就是致知，格就是格物，都是为了穷理而尽性。天下没有本性之外的理，没有本性之外的物。圣学不昌明，都是因为后世儒生认为理属于内，物属于外，而不知道孟子曾经批评过"义外"的学说，以至于沿袭并陷入错误而不自知，这难道不是也有似是而非而难以明白之处吗？不可不仔细体察啊！

您之所以质疑我的格物学说，无非是认为我肯定内求而否定外求；认为我一定专门致力于反观内省，而放弃了外在讲习讨论的功夫；认为我一定一心在纲领本原的框架上，而忽视了详细的条目；认为我一定沉溺于枯槁虚寂的偏执中，而不能穷尽事理人情的变化。如果真是这样，岂是只得罪了圣门和朱熹？这简直是用邪说欺骗百姓，离经叛道，人人都可以杀了我，更何况您这样的正直之士呢？如果真是这样，世上稍稍明白训诂，闻听过先贤往哲绪论的人，都知道它是谬论，更何况您这样的高明之士呢？我所说的"格物"包含了朱熹的九条，但我的格物学说自有重要的地方，作用也和朱熹先生的九条不同，实在只是差之毫厘。然而差之毫厘，谬以千里，所以我不得不辨明。

解 读

王学绝不像普通学者所想象的那样简单，它和朱学的差别也很微渺，不是随便一瞥就可以辨认出来的。凡什么读书稽古讲习讨论，朱子所从事者，阳明也未尝不从事。但在朱子，知是知，行是行，讲习讨论是讲习讨论，反观内省是反观内省，划然各为一事；在阳明，则提出个良知做头脑，讲习讨论是致良知，反观内省也是致良知，无论知还是行，都是从良知出发。只要一个"致良知"，就把什么功夫都"包罗统括于其中"。前者是多元的，而后者是一元的。前者是头疼治头，脚疼治脚；而后者是直抉根源。

4. 公道、公学

　　孟子辟杨、墨至于"无父、无君"。二子亦当时之贤者，使与孟子并世而生，未必不以之为贤。墨子"兼爱"，行仁而过耳；杨子"为我"，行义而过耳。此其为说，亦岂灭理乱常之甚，而足以眩天下哉？而其流之弊，孟子则比于禽兽夷狄，所谓"以学术杀天下后世"也。今世学术之弊，其谓之学仁而过者乎？谓之学义而过者乎？抑谓之学不仁不义而过者乎？吾不知其于洪水猛兽何如也。孟子云："予岂好辩哉？予不得已也。"杨、墨之道塞天下。

　　孟子之时，天下尊信杨、墨，当不下于今日之崇尚朱说。而孟子独以一人呶呶于其间。噫。可哀矣！韩氏云："佛、老之害，甚于杨、墨。"韩愈之贤不及孟子，孟子不能救之于未坏之先，而韩愈乃欲全之于已坏之后，其亦不量其力，果见其身之危，莫之救以死也。

　　呜呼！若某者，其尤不量其力，果见其身之危，莫之救以死也矣！夫众方嘻嘻之中，而犹出涕嗟，若举世恬然以趋，而独疾首蹙额以为忧，此其非病狂丧心，殆必诚有大苦者隐于其中，而非天下之至仁，其孰能察之？

　　某为《朱子晚年定论》，盖亦不得已而然。中间年岁早晚，诚有所未考，虽不必尽出于晚年，固多出于晚年者矣。然大意在委曲调停，以明此学为重。平生于朱子之说，如神明蓍龟，一旦与之背驰，心诚有所未忍，故不得已而为此。"知我者谓我心忧，不知我者谓我何求。"盖不忍牴牾朱子者，其本心也；不得已而与之牴牾者，道固如是，"不直则道不见"也。执事所谓"决与朱子异"者，仆敢自欺其心哉？

　　夫道，天下之公道也；学，天下之公学也。非朱子可得而私也，非孔子可得而私也。天下之公也，公言之而已矣。故言之而是，虽异于己，乃益于己也；言之而非，虽同于己，适损于己也。益于己者，己必喜之；损于己者，己必恶之。然则某今日之论，虽或于朱子异，未必非其所喜也。"君子之过，如日月之食，其更也，人皆仰之"。而"小人之过也必文"。某虽不肖，固不敢以小人之心事朱子也。

【译文】

孟子批评杨朱、墨翟，说他们是"无父无君"。其实这两位先生也是当时的贤明之士，假如他们和孟子同处于一个时代，那么孟子也未必就不认可他们的贤德。墨子的"兼爱"思想，是行仁行过头了；杨朱的"为我"思想，是行义行过头了。他们的学说，并不是要灭天理、乱纲常而眩惑天下，但是，其所产生的弊端，孟子用禽兽、夷狄来比喻，说他们用学术杀害了天下后世的人。当今学术的弊端，能说是学仁过头了吗？或者说是学义过头了？还是学不仁不义过头了？我不知道它们和洪水猛兽有何分别！孟子说："我难道是好辩论吗？我是不得已呀。"因为杨墨的学说充塞天下！

孟子所处的时代，天下的人对杨朱、墨子学说的崇信，应当不亚于当下人们对朱熹学说的崇拜，而只有孟子独自一人与他们争辩。哎，可悲呀！韩愈说："佛道两家对社会的危害程度甚于杨朱与墨翟。"可见，韩愈的贤明远不如孟子，孟子没能做到救之于未坏之先，而韩愈却想恢复世道人性于败坏之后，他这是自不量力，后来我们果然看到他把自己置之于政治的危险境地也没有人救他以至于死去。

唉！像我这样的人，更是自不量力，发现自己面临危境，却没有人能救我于死地！大家正在高兴地嬉笑，我却暗自啜泣；世人都怡然自得地同流合污，我却独自忧心忡忡疾首蹙额。这如果不是我丧心病狂，就一定是有大苦隐于心中，如果不是天下最仁爱的人，那么，谁又能明察呢？

我写《朱子晚年定论》一书，也是迫不得已而为之，其中，书上年代的早晚，的确有些未经考证，虽不一定都是出自晚年，但大部分是写于晚年的。我的本意是就世间关于朱熹和陆九渊的纷争进行调和，以昌明圣学于天下为重。我一生始终把朱熹先生的学说奉做神明，一旦要与它相背离，内心都很煎熬，所以只是不得已而为之。"知我者谓我心忧，不知我者谓我何求。"我本不忍和朱熹的学说相抵触，而又不得不这样做，是因为圣道本来就是这样的，不作直说，道就不能显现啊！您说我"决心和朱熹相对立"，在下怎敢欺骗自己的心呢？

道是天下人公有的道，学是天下共同的学，不是朱熹一人可得而私有的，也不是孔子一人可得而私有的。对天下公有的东西，应该秉公而论，所以只要说得对，即便与自己的不同，也对自己有益；说得不对，即便与自己的相同，也对自己有损害。对自己有益的，自己一定会喜欢；对自己有害的，自己一定厌恶。那么，我今天所讲的即使与朱熹不同，但也未必不是他喜欢的。子贡说："君子的过错就像日食月食一样：有过错时，人人都看得见；改正的时候，人人都仰望着。"然而子夏又说："小人对自己的过错一定要掩盖文饰。"我虽然不贤，但也不敢以小人之心去对待朱熹先生。

在这里，王阳明以孟子自喻，而把朱子看做了墨子、杨子一类的人物。王阳明这里所言及的"公道""公学"等概念，可以与黄宗羲等人所言及的以"公天下"为代表的"公权"同样看做是宋明儒学内部逻辑演变的结果。这种在学问与思想上鄙视世俗权威，尊重个人自我意识的做法在后来被黄宗羲总结为："学问之道，以各人自用得著者为真。凡依门傍户，依样葫芦者，非流俗之士，则经生之业也。"

5. 不敢缕缕

【原典】

执事所以教，反复数百言，皆以未悉鄙人"格物"之说。若鄙说一明，则此数百言，皆可以不待辨说，而释然无滞，故今不敢缕缕以滋琐屑之渎。然鄙说非面陈口析，断亦未能了了于纸笔间也。嗟乎！执事所以开导启迪于我者，可谓恳到详切矣。人之爱我，宁有如执事者乎？仆虽甚愚下，宁不知所感刻佩服？然而不敢遽舍其中心之诚然而姑以听受云者，正不敢有负于深爱，亦思有以报之耳。秋尽东还，必求一面，以卒所请。千万终教！

【译文】

您的谆谆教诲，反反复复数百言，都是因为没有弄清我的格物的学说。如果明白了我的学说，那么，您所讲的都可以不用辩论也能毫无疑问。所以我今天不敢再详细陈述，以避琐碎之嫌，可是我除非面对面和你解说清楚，断不能仅凭信上所写的这几句话就完全能说明白。唉！您开导启迪我的话，真的是非常之恳切详尽了，关爱我的人，没有超过您的！我虽然很愚钝，怎么能不感激佩服您呢？然而我不敢舍去心中的真诚而轻易接受您的看法，正是因为不敢辜负您的厚爱，也是想对您有所回报呀。秋后返家时，我一定登门拜访，当面向您请教，到时还请千万不要吝惜赐教。

由于罗钦顺与王阳明的观点不一，所以有此一封书信辩论。此段文字是王阳明对罗钦顺表示的敬佩之情，也是全信内容的总结。

六、答聂文蔚——人即天地之心

聂文蔚即聂豹（1487—1563年），文蔚是他的字，江西吉安永丰人，号双江。是明代有名的廉吏之一，官至兵部尚书。嘉靖五年（1526年）春，因公赴闽，途经杭州，当时王阳明在绍兴讲学，聂豹不顾别人劝阻，前往就教。著有《困辨录》一书，在"心即理"的基础上，提出了"归寂"说，表现出不同于王学的思想特色。但他对王阳明却极为崇拜，王阳明在浙江时曾与之相见，王死后，聂豹立位北面再拜，始称门生。

1. 圣人之治天下

【原典】

春间远劳迂途枉顾问证，惓惓此情，何可当也！已期二三同志，更处静地，扳留旬日，少效其鄙见，以求切磨之益；而公期俗绊，势有不能，别去极怏怏，如有所失。忽承笔惠，反复千余言，读之无甚浣慰。中间推许太过，盖亦奖掖之盛心，而规砺真切，思欲纳之于贤圣之域；又托诸崇一以致其勤勤恳恳之怀，此非深交笃爱何以及是！知感知愧，且惧其无以堪之也。虽然，仆亦何敢不自鞭勉，而徒以感愧辞让为乎哉！

其谓"思、孟、周、程无意相遭于千载之下，与其尽信于天下，不若真信于一人。道固自在。学亦自在，天下信之不为多，一人信之不为少者，斯固君子'不见是而无闷'之心，岂世之谫谫屑屑者知足以及之乎？"乃仆之情，则有大不得已者存乎其间，而非以计人之信与不信也。

夫人者，天地之心，天地万物本吾一体者也。生民之困苦荼毒，孰非疾痛之切于吾身者乎？不知吾身之疾痛，无是非之心者也。是非之心，不虑而知，不学而能，所谓"良知"也。良知之在人心，无间于圣愚，天下古今之所同也。世之君子唯务致其良知，则自能公是非，同好恶，视人犹己，视国犹家，而以天地万物为一体，求天下无治，不可得矣。古之人所以能见善不啻若己出，见恶不啻若己入，视民之饥溺，犹己之饥溺，而一夫不获，若己推而纳诸沟中者，非故为是而以蕲天下之信己也，务致其良知求自慊而已矣。尧、舜、三王之圣，言而民莫不信者，致其良知而言之也；行而民莫不说者，致其良知而行之也。是以其民熙熙皞皞，杀之不怨，利之不庸，施及蛮貊，而凡有血气者莫不尊亲，为其良知之同也。呜呼！圣人之治天下，何其简且易哉！

【译文】

劳烦你春天绕道光临寒舍询问论证，此等真情我何以承担？本来已经约好了几个志同道合的朋友，选一处安静的地方，住上十来天，探讨一下我的观点，以便在彼此切磋中有所裨益。但是你公务繁忙，身不由己，不得不离开，我心中怅然若失。突然收到你的来信，前后数千言，我读后心中甚感欣慰。信中对我的过奖之处，是对我的一片提携鼓舞之情，其中的真切砥砺，令我感动，是想促进我跨入圣贤的领域。你又委托欧阳德转达对我的诚恳的关怀之情，要不是深交厚爱的人，又怎能如此！我既感动又愧疚，生怕担负不起你的盛意。虽然如此，我怎敢不更加勉励自己，而仅仅以愧不敢当为借口推辞呢！

你所说的"子思、孟子、周敦颐、程颢、程颐并不期望千年之后仍被人理解，与其让天下人都相信，倒不如让一个人真相信。圣道自然存在，圣学也自然存在，普天之下的人全信奉不算多，只有一个人信奉也不算少"的话，这固然是君子"不被肯定也不烦闷"的心胸，但这岂是世上那些体认浅薄的人所谓的知足常乐所能明白的呢？对我来说，心中有很多迫不得已的苦衷，并非要计较别人到底信还是不信。

人就是天地的心，天地万物与其本系一体。民间疾苦，又有哪一件不是自己的切肤之痛？不知道自身痛苦的人，就是没有是非之心的人。是非之心，不需要思考就能知道，不用学就能分辨，这就是所谓的良知。良知自在人的心中，不论贤愚，从古到今都是相同的。世上的君子，只要专心在致良知上，那么自然能具备共同的是非好恶，待人如己，视国如家，视天地万物与己为一体，以求得天下的大治。古人之所以能见善行等同于自己做的，见恶行等同于自己受的，把百姓的疾苦当做自己的疾苦，有一个人生活没有着落，就像自己把他推到了沟中去似的，他们并不是故意这样做以取信于天下，而是凭着良知做事求得自己的快乐而已。尧、舜、禹、汤、周文王、周武王说的话百姓们没有不相信的，这是因为他们所说的也只是推致了自己的良知；他们的行为百姓没有不心悦诚服的，这是因为他们所做的也只是推致了自己的良知。所以当时的民风光明祥和，百姓获刑而不抱怨，得到好处就当稀松平常，把这些推及蛮夷之地，凡是有血气的人无不孝敬自己的父母，因为大家的良知都是一样的。唉！圣人治理天下，是多么简单容易呀！

解 读

王阳明在这里先是说了些谦和之言，随后阐述了致良知的重大意义。他认为，尧、舜、三王之所以能治理天下并保证其政治活动的正当性，其实道理非常简单，那就是本着良知而言行。政治家作为掌握政治资源进行政治统治和社会治理的一方，如果按照良知处理政治事务，必然符合民众的愿望，因为不管是政治人物还是一般民众，在所具有的良知上并没有什么不同。上下一致，圣凡同心，天下便可得而治也。这个境界，便是阳明梦寐以求的社会大同。

2. 良知之学不明

【原典】

后世良知之学不明，天下之人用其私智以相比轧，是以人各有心，而偏琐僻陋之见，狡伪阴邪之术，至于不可胜说。外假仁义之名，而内以行其自私自利之实，诡辞以阿俗，矫行以干誉。损人之善而袭以为己长，讦人之私而窃以为己直。忿以相胜而犹谓之徇义，险以相倾而犹谓之疾恶。妒贤嫉能而犹自以为公是非，恣情纵欲而犹自以为同好恶。相陵相贼，自其一家骨肉之亲，已不能无尔我胜负之意，彼此藩篱之形，而况于天下之大，民物之众，又何能一体而视之？则无怪于纷纷藉藉而祸乱相寻于无穷矣。

【译文】

后来，世上良知的学问不再昌明，天下的人各自用自己的私心才智互相倾轧，各自包藏私心，而那些偏执浅陋、琐碎繁杂的见解，虚伪阴险的手段，就更是达到了数不胜数的地步。一部分人以仁义为招牌，做着一些自私自利的勾当；用诡辩去取悦世俗，用虚伪的行为来博得名誉。把掩盖别人的善良当做自己的长处，攻击别人的隐私窃取正直的虚名。为泄私愤而相互争斗却认为是为正义而献身，阴险地互相倾轧却说是疾恶如仇，嫉贤妒能却以为自己能主持公道，恣意放纵却以为自己爱憎分明。人与人之间彼此侵害，即使是骨肉之亲，彼此之间也要分出个胜负高低，彼此间隔膜丛生，更何况天下之大、人民之众，又怎么可能做到一体视之？这就难怪天下动荡、纷争迭起没用穷尽了。

解 读

王阳明提出良知的普遍性和绝对性，是对现实的社会状况有深刻的切肤之痛。

社会上"良知之学不明"，也就意味着对传统儒家价值的信仰淡薄了。由此而来，对朱子穷尽万理所蕴含的那种切己功夫也就逐渐地演变成书上的义理，良知德行之知也就流入到自然物理知识或文字知识的误区里面，积重难返，越来越难以自拔。可以说阳明心学是对朱子学后人流弊的一个拨乱反正。

3. 思以此救之

【原典】

仆诚赖天之灵，偶有见于良知之学，以为必由此而后天下可得而治。是以每念斯民之陷溺，则为之戚然痛心，忘其身之不肖，而思以此救之，亦不自知其量者。天下之人见其若是，遂相与非笑而诋斥之，以为是病狂丧心之人耳。呜呼！是奚足恤哉！吾方疾痛之切体，而暇计人之非笑呼？人固有见其父子兄弟之坠溺于深渊者，呼号匍匐，裸跣颠顿，扳悬崖壁而下拯之。士之见者，方相与揖让谈笑于其傍，以为是弃其礼貌衣冠而呼号颠顿若此，是病狂丧心者也。故夫揖让谈笑于溺人之旁而不知救，此唯行路之人，无亲戚骨肉之情者能之。然已谓之无恻隐之心，非人矣。若夫在父子兄弟之爱者，则固未有不痛心疾首，狂奔尽气，匍匐而拯之，彼将陷溺于祸而不顾，而况于病狂丧心之讥乎？而又况于蕲人信与不信乎？呜呼！今之人虽谓仆为病狂丧心之人，亦无不可矣。天下之人，皆吾之心也。天下之人犹有病狂者矣，吾安得而非病狂乎？犹有丧心者矣，吾安得而非丧心乎？

【译文】

我仰赖天之灵气，偶然发现了良知的学问，觉得必须致良知而后天下才能得到大治。所以我每当想到百姓的困苦，就会为之戚戚痛心，而忘了自己才疏学浅，想以此救世，也是自不量力。天下人看见我这样做，于是争相嘲弄讥讽我，以为我是个丧心病狂之徒。唉，有什么值得我顾虑的！我正有切肤之痛，还能顾虑别人的非议和诋毁吗？如果人们看见自己的父子兄弟掉进了深渊，一定会大喊大叫，不顾弃鞋丢帽，攀着崖壁奋不顾身地下去拯救。世人见到他如此这般，还能若无其事地揖让谈笑，认为这样衣冠不整、大喊大叫有失礼节，指斥他这是丧心病狂。因此作揖打躬、谈笑风生，旁边有人落水了也不去救，这只有没有亲戚骨肉之情的山野之人才这样做。这种行为正如孟子已经说过的"无恻隐之心，非人矣"。如果是有父子兄弟亲情的，那么一定会痛心疾首，狂奔尽气，撕袍捋带，竭尽全力拯救之，他们不顾有溺水的危险，哪还会在乎别人的闲言碎语呀？哪还有心乞求别人信不信自己呀？唉！现在的人即使说我是丧心病狂，我也不在乎。天下人的心，都是我的心。

天下的人中尚还有病狂的，我为什么非得不病狂呢？天下人中还有丧心的，我为什
么非得不丧心呢？

王阳明一生历经"百死千难"，但是并没有像许多饱受忧患的文人那样转入佛
老，而是一直坚持儒家的立场。对社会的深切关怀，成为阳明先生道德实践的真实
原动力，使得王阳明虽遭"病狂丧心"之讥而不坠其志。

4. 以天地万物为一体

【原典】

昔者孔子之在当时，有议其为谄者，有讥其为佞者，有毁其未贤，诋其为不知
礼，而侮之以为东家丘者，有嫉且诅之者，有恶而欲杀之者，晨门荷蒉之徒，皆当
时之贤士，且曰："是知其不可而为之者欤？鄙哉，硁硁乎！莫己知也，斯已而已
矣。"虽子路在升堂之列，尚不能无疑于其所见，不悦于其所欲往，而且以之为迂，
则当时之不信夫子者，岂特十之二三而已乎？然而夫子汲汲遑遑，若求亡子于道
路，而不暇于暖席者，宁以蕲人之知我信我而已哉？盖其天地万物一体之仁，疾痛
迫切，虽欲已之而自有所不容已，故其曰言："吾非斯人之徒与而谁与？欲洁其身
而乱大伦。果哉，末之难矣！"呜呼！此非诚以天地万物者为一体者，孰能以知夫
子之心乎？若其"遁世无闷""乐天知命"者，则固"无入而自得"，"道并行而不
相悖"也。

【译文】

孔子在世时，时人有议论他谄媚的；有讥讽他奸佞的；有诋毁他不贤的；有诽
谤他不懂礼仪，说他是"东家丘"的；有因妒忌而败坏他名声的；有憎恨他而想要
他命的。即使当时的贤士晨门、荷蒉也说："是知其不可而为之者欤？""鄙哉！硁
硁乎！莫己知也，斯已而已矣。"子路在孔子那里该算是登堂入室之徒了，尚且怀
疑孔子的见解，孔子去见南子，他表示极大的不满。那么当时不相信孔子学说的
人，难道只有十分之二三吗？然而孔子依然好像在路上寻找丢失的儿子一样，汲汲
遑遑地奔波于诸国之间，都没工夫把炕席坐暖，难道就是为了让人相信、理解自己
吗？因为他有天地万物为一体的仁爱之心，能够深深感到切肤之痛，即使不想管也
身不由己。因此他才说："吾非斯人之徒与而谁与？""欲洁其身而乱大伦。""果
哉，末之难矣！"哎！要不是以天下万物为一体的人，怎么能了解孔夫子的心呢？

世上如许"遁世无闷""乐天知命"的人，自然会"无入而不自得"和"道并行而不相悖"了！

解 读

王阳明把责任与一体之仁联系在一起，将"以天地万物为一体"之"仁"，视为儒者的本怀，"知"天、"知"万物一体则必然要负起万物一体的责任。所以阳明对孔子有如此的推崇。孔子与阳明，先圣后圣，以天地万物为一体之仁，彰显儒家悲天悯人之怀，也成就了儒家人文化大成之世界。

5. 彷徨四顾

【原典】

仆之不肖，何敢以夫子之道为己任？顾其心亦已稍知疾痛之在身，是以彷徨四顾，将求其有助于我者，相与讲去其病耳。今诚得豪杰同志之士，扶持匡翼，共明良知之学于天下，使天下之人皆知自致其良知，以相安相养，去共自私自利之蔽，一洗谗妒胜忿之习，以济于大同，则仆之狂病固将脱然以愈，而终免于丧心之患矣，岂不快哉？

嗟乎！今诚欲求豪杰同志之士于天下，非如吾文蔚者，而谁望之乎？如吾文蔚之才与志，诚足以援天下之溺者。今又既知其具之在我，而无假于外求矣。循是而充，若决河注海，孰得而御哉？文蔚所谓"一人信之不为少"，其又能逊以委之何人乎？

会稽素处山水之区，深林长谷，信步皆是，寒暑晦明，无时不宜，安居饱食，尘嚣无扰，良朋四集，道义日新。优哉游哉，天地之间宁复有乐于是者！孔子云："不怨天，不尤人，下学而上达。"仆与二三同志，方将请事斯语，奚暇外慕？独其切肤之痛，乃有未能恝然者，辄复云云尔。咳疾暑毒，书札绝懒。盛使远来，迟留经月，临歧执笔，又不觉累纸。盖于相知之深，虽已缕缕至此，殊觉有所未能尽也。

【译文】

鄙人才疏学浅，哪里敢以振兴孔子的圣道为己任？只是我的心里也稍微知道自己身上的病痛，因此彷徨四顾，想找到能帮助我的人，相互讲习讨论以去除我身上的毛病。现在如果真能有豪杰同志支持我，提携匡正我，共同昌明良知之学于天下，让全天下所有的人都知道致自己的良知，以和平共处，相安无事，去除掉每个人自私自利的贪欲，清除谗言、嫉妒、好胜和易怒的恶习，以实现天下的大同，那么我所谓的丧心病狂的毛病也就不治自愈了，岂不快哉？

哎！现在如果真要寻求世上的豪杰同志，不是你文蔚，那还能指望谁呢？像你这样的才能和志向，是有能力拯救普天之下那些行将溺毙之人的。现在又已经知道良知就在自己心中，而不需要假借外在事物而求得，那么就遵循良知并加以扩充，那就像是大河入海，谁又能挡得住呢？你所说的"一人相信不算少"，你又能谦逊地把重担交给谁呢？

会稽地处风景名胜之地。茂密的森林，幽深的峡谷，比比皆是。无论是冬夏、阴晴，都气候宜人。这里生活安定而远离世俗，朋友云集，思路日新，优哉游哉，天下的悠闲还有比这更好的吗？孔子说："不怨恨天，不责怪人，学习普通的知识而通晓天理。"我和几位志同道合的朋友正想按照孔子的话去做，哪有时间向外思慕？唯独对这切肤之痛，又不能无动于衷，所以才又说了这么多。我本有咳嗽之疾，最近天又热，懒于写信，你派人远道而来，并留在这里一个月左右，临启程时我才提笔，不知不觉又写个没完。毕竟我们相知甚深，虽然信已这样详尽，但仍觉言不尽兴。

解 读

王阳明生活的年代，繁荣掩盖着腐败，而腐败从社会诱发而入于廷臣，上行下效，宦风士习大坏，处于官学地位的程朱理学因僵化而对此种状况无能为力。为改变世风士习，阳明心学以回归自性良知，重新修持道德以臻于止善为最终目的。王阳明也觉得自己的力量有限，所以尽力争取志同道合的人。即使身有小恙，阳明先生仍与朋友作长篇笔谈，且言犹未尽，意兴益然。

6. 伏枕草草

[原典]

得书，见近来所学之骤进，喜慰不可言。谛视数过，其间虽亦有一二未莹彻处，却是致良知之功尚未纯熟，到纯熟时自无此矣。譬之驱车，既已由于康庄大道之中，或时横斜迂曲者，乃马性未调，衔勒不齐之故，然已只在康庄大道中，决不赚入旁蹊曲径矣。

近时海内同志，到此地位者曾未多见，喜慰不可言，斯道之幸也！贱躯旧有咳嗽畏热之病，近入炎方，辄复大作。主上圣明洞察，责付甚重，不敢遽辞。地方军务冗沓，皆舆疾从事。今却幸已平定，已具本乞回养病，得在林下稍就清凉，或可瘳耳。人还，伏枕草草，不尽倾企，外唯浚一简，幸达致之。

【译文】

来信已收到，看到你近来学问骤进，欣慰之情不可言表。你的信我仔细读了好几遍，其中虽然有一两处理解不透彻的地方，那是因为致良知的功夫还不纯熟，等到真正纯熟了自然就没有这样的情况了。就好比驾车，既已走上康庄大道，那么中间偶尔也会出现迂回曲折的情况，这是马性没调教好，缰绳没有勒齐的缘故，然而既然已经在康庄大道上了，就绝对不会再受骗误入歧途。近段时间，纵观海内的诸位同志，认识能达到你这般高度的还不多见，我的高兴用言语无法形容，真是圣道的幸运呢！

我本就有咳嗽、怕热的老病根儿，进入炎热的南方后，近来又严重复发。皇上圣明洞察，托付责任重大，不敢立即辞去。地方上的众多军务，均是带病处理的。现在幸亏是把叛乱平定了下来，已经上本朝廷请求退休回家养病，如果能得以在家乡消暑养病，或许病会慢慢好起来。现在我即将回家，趴在枕头上给你回信，草草数语难以表达我的倾慕和企盼之情。另外，给唯浚（陈九川）的信请你转交给他。

解 读

嘉靖六年（1527年），王守仁总督两广军务，击溃瑶族和僮族等少数民族的地方武装。因功被封为光禄大夫、柱国、新建伯，世袭，岁禄一千石，但铁券和岁禄都没有发下。两广役后，阳明肺病加重，上疏乞归。上文是嘉靖七年十月（1528年12月）王阳明写给聂豹的第二封信的开头，这封信也是王阳明的绝笔书信。嘉靖七年十一月二十九日（1529年1月9日）王阳明在归途中病逝于江西省南安舟中。在临终之际，他身边学生问他有何遗言，他说："此心光明，亦复何言！"

7. 全在"必有事焉"上用

【原典】

来书所询，草草奉复一二：近岁来山中讲学者，往往多说"勿忘勿助"工夫甚难。问之，则云才著意便是助，才不著意便是忘，所以甚难。区区因问之云："忘是忘个什么？助是助个什么？"其人默然无对，始请问。区区因与说我此间讲学，却只说个"必有事焉"，不说"勿忘勿助"。"必有事焉"者只是时时去"集义"。若时时去用"必有事"的工夫。而或有时间断，此便是忘了，即须"勿忘"。时时去用"必有事"的工夫，而或有时欲速求效，此便是助了，即须"勿助"。其工夫全在"必有事焉"上用。"勿忘勿助"，只就其间提撕警觉而已。若是工夫原不间断，即不须更说"勿忘"；原不欲速求效，即不须更说"勿助"。此其工夫何等明白简易！何等洒脱自在！今却不去"必有事"上用工，而乃悬空守着一个"勿忘勿助"，此正如烧锅煮饭，锅内不曾渍水下米，而乃专去添柴放火，不知毕竟煮出个什么物来！吾恐火候未及调停，而锅已先破裂矣。

近日一种专在"勿忘勿助"上用工者，其病正是如此。终日悬空去做个"勿忘"，又悬空去做个"勿助"，济济荡荡，全无实落下手处，究竟工夫，只做得个沉空守寂，学成一个痴呆汉，才遇些子事来，即便牵滞纷扰，不复能经纶宰制。此皆有志之士，而乃使之劳苦缠缚，耽搁一生，皆由学术误人之故。甚可悯矣！

【译文】

现就你来信所问的问题，草草答复一二：

近年来到山中讲学的人，往往会说勿忘勿助的功夫很难。我问难在哪儿，他们说稍有意念就是助，稍有不用心就是忘，所以觉得这功夫很难。我就问："忘是忘了什么？助是助的什么？"他们都默不作声、无言以对，便开始向我询问。我仅就他们所问对他们说，我这里讲学，只说"必有事焉"，不说"勿忘勿助"。"必有事焉"是指时时刻刻要去"集义"。如果时刻去做"必有事焉"的功夫，间或有中断，这就是"忘"，那么就必须"勿忘"；如果时时刻刻去下"必有事焉"的功夫，而有时想快速见效，这就是助了，那么就必须"勿助"。所以，集义的功夫全在一个"必有事焉"上用；"勿忘勿助"只是提醒的话儿罢了。如果集义的功夫一直未曾间断，则不必再说"勿忘"了；如果原本不求速效，那么就不必再说"勿助"了。是何等的明白简易、何等的洒脱自在！现今放着"必有事"的功夫不去做，却专一琢磨着"勿忘勿助"，这就像烧火煮饭，锅里还不曾添水下米，就去专心添柴烧火，不知道究竟能够煮出来什么东西？我恐怕火候还没有调好，而锅已经先被烧破烧裂了。

最近那些专门在"勿忘勿助"上用功的人，他们犯的错误正是如此。每日里悬空去做个"勿忘"，又悬空去做个"勿助"，奔奔忙忙，完全找不到着实能下手的地方。最终也只是做个死守空寂的功夫，学成了一个痴呆愚钝的人，刚碰到一点难题，就心烦意乱，不能妥善应付，及时作处理。这些人也都是有志之士，无奈困于此纠结处，劳苦一生，耽搁一世，这都是错误的学术造成的，很是可怜啊。

解 读

王阳明认为，做功夫当以"必有事焉"为主，而"勿助勿忘"只是其间的提醒。"必有事焉"，就是中道，阳明心学特点就是简易直接，直达本心，当下呈现出中道，勿助勿忘只是一种辅助方法，这段文字体现了王阳明的高明之处。

8. 必有事就是致良知

【原典】

夫"必有事焉"只是"集义"，"集义"只是"致良知"。说"集义"则一时未见头脑，说"致良知"即当下便有实地步可用工，故区区专说致"其良知"。随时就事上致其良知，便是"格物"；著实去致良知，便是"诚意"；著实致其良知，而无一毫"意必固我"，便是"正心"。著实致良知，则自无忘之病；无一毫意必固我，则自无助之病。故说"格、致、诚、正"，则不必更说个"忘、助"。孟子说"忘、助"，亦就告子得病处立方。告子强制其心，是"助"的病痛，故孟子专说助长之害。告子助长，亦是他以义为外，不知就自心上"集义"，在"必有事焉"上用功，是以如此。若时时刻刻就自心上"集义"，则良知之体洞然明白，自然是是非非纤毫莫遁，又焉"不得于言，勿求于心；不得于心，勿求于气"之弊乎？孟子"集义""养气"之说，固大有功于后学，然亦是因病立方，说得大段，不若《大学》"格、致、诚、正"之功，尤极精一简易为彻上彻下，万世无弊者也。

【译文】

"必有事焉"就是"集义"，"集义"就是致良知。说到集义时，或许一时还把握不住关键所在。但一说"致良知"当时就能明白下工夫的地方。所以我专门说致良知。随时在事情上致良知，就是"格物"；实实在在地去致良知，就是"诚意"；实实在在地致良知而没有丝毫的私心杂念就是"正心"。实实在在地致良知，那么就没有"忘"的毛病；没有丝毫的私心杂念，自然也就没有"助"的毛病。所以说格物、致知、诚意、正心，就不必再说个"勿忘勿助"了。孟子说"勿忘勿助"，乃是就告子的毛病所开的处方。告子强制人心的说法，就是犯了"助"的毛病，所以孟子专门讲"助"的危害。告子之所

以犯"助"的错误，是因为他认为"义"在心之外，不明白义应在心里培养，在"必有事焉"上用功，所以才会如此。若时时从己心上去"集义"，那么良知的本体就会豁然开朗，人世间的是是非非自然就会纤毫毕现了，又怎么会有"不得于言，勿求于心；不得于心，勿求于气"的毛病呢？孟子的"集义""养气"的学说，固然对于后世学者有益，但他也只是看病开方，说了个大概意思，不像《大学》中格物、致知、诚意、正心的功夫，来得明白简易，上下贯通，千秋万代永无弊病。

解 读

在阳明良知学说中，良知是指能知善知恶的天理本体，它并不像程朱理学一般将"天理"高挂在形上界，阳明的良知本身就是天理。而阳明演化此良知学，最得意的舞台，便是《大学》。在这里，阳明便将《大学》格致诚正的内圣功夫，全面性地等化于良知本体的活动。

9. 天地间只有此性

【原典】

圣贤论学，多是随时就事，虽言若人殊，而要其功夫头脑，若合符节。缘天地之间，原只有此性，只有此理，只有此良知，只有此一件事耳。故凡就古人论学处说工夫，更不必挽和兼搭而说，自然无不吻合贯通者。才须挽和兼搭而说，即是自己功夫未明彻也。

近时有谓"集义"之功，必须兼搭个"致良知"而后备者，则是"集义"之功尚未了彻也。"集义"之功，尚未了彻，适足以为"致良知"之累而已矣。谓"致良知"之功，必须兼搭一个"勿忘勿助"而后明者，则是"致良知"之功尚未了彻也。"致良知"之功尚未了彻，适足以为"勿忘勿助"之累而已矣。若此者，皆是就文义上解释牵附，以求混融凑泊，而不曾就自己实工夫上体验，是以论之愈精，而去之愈远。

文蔚之论，其于大本达道既已沛然无疑，至于"致知"、"穷理"及"忘助"等说，时亦有挽和兼搭处，却是区区所谓康庄大道之中，或时横斜迂曲者。到得工夫熟后，自将释然矣。

【译文】

圣贤讲学，多是因时因事制宜，他们所说的好像各不相同，但他们的宗旨都是一样的。这是因为天地之间，原本只有这个性，只有这个天理，只有这个良知，只有这件事。所以凡是古人就学问上讲的功夫，就没有必要掺杂搭配，自然会吻合贯通。若认为需要掺杂搭配，那么就是因为自己的功夫还不够纯熟。

最近有人认为"集义"的功夫，必须掺杂搭配个致良知的功夫才能完备，那么就是他的"集义"的功夫还不透彻。集义的功夫还不透彻，正好成了致良知的拖累。认为致良知的功夫必须搭配上一个"勿忘勿助"的功夫才能够明白，那么就是致良知的功夫尚没有透彻。致良知的功夫尚没有透彻，恰恰成了"勿忘勿助"的拖累。类似这样，都是因为文义上的解释牵强附会，以求融会凑合，而不曾让自己在真实的功夫上体验，因此论述得愈是精细，离圣道也愈加远矣。

你关于致良知的思路，在"大本达道"上已经没有什么问题了，至于"致知""穷理"和"勿忘勿助"等想法，还时不时有掺杂搭配的地方，这就是我所说的康庄大道中间的小小曲折处，等到你的功夫纯熟后，这种情况自然就会消失得无影无踪了。

解 读

王阳明把性作为天地间的基本存在，强调天地间只有性，别无他物。性、理、良知不是并列为三，各不相干，而是一回事。这就把精神性的实体作为宇宙的基本存在，排除了物质实体存在的可能性，宇宙万物不过是性所派生。

10. 本体即是良知

【原典】

文蔚"谓致知之说，求之事亲从兄之间，便觉有所持循"者，此段最见近来真切笃实之功。但以此自为，不妨自有得力处，以此遂为定说教人，却未免又有因药发病之患，亦不可不一讲也。

盖良知只是一个天理自然明觉发见处，只是一个真诚恻怛，便是他本体。故致此良知之真诚恻怛以事亲便是孝，致此良知之真诚恻怛以从兄便是弟，致此良知之真诚恻怛以事君便是忠，只是一个良知，一个真诚恻怛。若是从兄的良知不能致其真诚恻怛，即是事亲的良知不能致其真诚恻怛矣；事君的良知不能致其真诚恻怛，即是从兄的良知不能致其真诚恻怛矣。故致得事君的良知，便是致却从兄的良知；致得从兄的良知，便是致却事亲的良知。不是事君的良知不能致，却须又从事亲的良知上去扩充将来。如此，又是脱却本原，著在支节上求了。良知只是一个，随他发见流行处，当下具足，更无去来，不须假借。然其发见流行处，却自有轻重厚薄，毫发不容增减者，所谓天然自有之中也。虽则轻重厚薄，毫发不容增减，而原又只是一个。虽则只是一个，而其间轻重厚薄，又毫发不容增减。若可得增减，若须假借，即已非其真诚恻怛之本体矣。此良知之妙用所以无方体，无穷尽，"语大天下莫能载，语小天下莫能破"者也。

【译文】

文蔚你认为"致知的学说，从孝敬父母、尊敬兄长上去寻求，便觉得有所遵循"，这最能反映你近来所下的真切笃实功夫。有这样的想法也无妨，也自有其道理，但如果从此把这当做定论去教别人，却不免犯了看药生病的毛病，所以我不能不说一说。

良知只是一个天理。自然明觉的显现处，唯有一个真诚恳切，这就是良知本体。所以致良知的真诚恳切用在侍奉父母上就是孝，用在尊敬兄长上就是悌，用在辅佐君王上就是忠。这里只有一个良知，一个真诚恳切。如果尊敬兄长的良知不能达至真诚恳切，那么侍奉双亲的良知也不能达至真诚恳切；服侍君主的良知不能达至真诚恳切，那么就是尊敬兄长的良知不能达至真诚恳切。所以能致辅佐君王的良知，就是能致尊敬兄长的良知；能致尊敬兄长的良知，就是能致侍奉父母的良知。不是说辅佐君王的良知不能致，却需要从侍奉双亲的良知上扩充开来。这样做，又是脱离了致良知的本原，着力点放在了枝节上去了。良知只有一个，随着它的呈现和流传，自然完备充足，没有来去，不需要向外假借。可是，良知呈现流传的地方，却有着轻重厚薄之分，且丝毫不能增减，也就是所谓的"天然自有之中"。虽有轻重厚薄之分，且丝毫不能增减，但良知原本只有一个。虽然良知只有一个，但中间的厚薄轻重又丝毫不能增减。如果能够增减，如果必须向外假借，就已经不是真诚恳切的良知本体了。这就是良知的妙用之所以无形无体，无穷无尽，"语大天下莫能载，语小天下莫能破"的原因。

解 读

王阳明认为，本体即是良知。事亲、从兄、交友、忠君等事务不是支离分开的，而是都源自良知这个共同本原，只要先立乎其大，扩展良知本体于上述事务上，自然各得其所。

11. 孝为人的良知本性

【原典】

孟氏"尧舜之道，孝弟而已"者，是就人之良知发见得真切笃厚、不容蔽昧处提省人，使人于事君、处友、仁民、爱物，与凡动、静、语、默间，皆只是致他那一念事亲从兄真诚恻怛的良知，即自然无不是道。盖天下之事虽千变万化，至于不可穷诘。而但唯致此事亲、从兄一念真诚恻怛之良知以应之，则更无有遗缺渗漏者，正谓其只有此一个良知故也。事亲从兄一念良知之外，更无有良知可致得者。故曰："尧舜之道，孝弟而已矣。"此所以为"唯精唯一"之学，"放之四海而皆准"，"施诸后世而无朝夕"者也。

文蔚云："欲于事亲从兄之间，而求所谓良知之学。"就自己用功得力处如此说，亦无不可。若曰"致其良知之真诚恻怛以求尽夫事亲从兄之道焉"，亦无不可也。明道云："行仁自孝弟始。孝弟是仁之一事，谓之行仁之本则可，谓是仁之本则不可。"其说是矣。

【译文】

孟子所说"尧舜之道，孝弟而已矣"的话，是就人的良知显现发挥的最真切笃实、不被蒙蔽的地方提醒人，让人在辅佐君主、结交朋友、仁爱百姓、喜爱事物和动静语默中，都只是致他那一念侍奉父母、尊敬兄长的真诚恳切的良知，那么就自然处处是圣道了。天下之事，虽千变万化，不可穷竭，但只要用致侍奉父母、尊敬兄长的真诚恳切的良知去应对，就不存在疏漏的问题，这也就是只有一个良知的缘故。侍奉父母、尊敬兄长的良知之外，再也没有别的良知可以致了，因此孟子说"尧舜之道，孝弟而已矣"乃是"唯精唯一"的学说，放之四海而皆准，施诸后世而无朝夕。

文蔚你说："想从事亲、从兄之间，参透良知的学问。"就从自己用功得力这方面来说，也没有什么不可以的。如果说获得良知的真诚恳切以求尽事亲、从兄之道，也不是不可以。程颐先生说："施行仁义从孝悌开始，孝悌只是仁义中的一件事情，说它是行仁政之本是可以的，说他是仁爱之本则就不行了。"他的说法很正确。

解 读

孝德是儒家所提倡的根本道德。王阳明继承儒家的这一思想，视孝为人的良知本性。他认为，大家都致其事亲从兄的良知，就自然无不是道。因为天下之事物虽千变万化，至于不可穷尽，但只要致其事亲从兄之心，就会无所遗缺疏漏，所以说尧舜之道，孝悌而已。

12. 良知乃无"执"之大知

【原典】

臆、逆、先觉之说，文蔚谓"诚则旁行曲防，皆良知之用"，甚善甚善！间有挽搭处，则前已言之矣。唯浚之言亦未为不是，在文蔚须有取于唯浚之言而后尽，在唯浚又须有取于文蔚之言而后明；不然，则亦未免各有倚著之病也。"舜察迩言而询刍荛"，非是以迩言当察，刍荛当询，而后如此，乃良知之发见流行，光明圆莹，更无挂碍遮隔处，此所以谓之大知；才有执著意必，其知便小矣。讲学中自有去取分辨，然就心地上着实用工夫，却须如此方是。

【译文】

孔子关于"不臆不信""不逆诈""先觉"等论断，你认为"只要内心真诚，即使是旁门左道、迂曲防御也都是良知的运用"。这种观点很正确，偶尔有掺杂搭配处，前面已经说过了。唯浚（陈九川）的看法也不能算错。在文蔚你这里，需要采纳唯浚的观点才能够全面详尽；而在唯浚那里来说，又必须采纳你的观点之后才能清楚明白。不然，你们不免会各有偏颇。舜体察浅近的话并向打柴的人请教，这并非浅近的话应当去思考，而是舜认为当向樵夫请教，所以他才这样做。这正是舜的良知显现作用，光明圆润透彻，没有任何障碍蒙蔽。这就是所谓的大智。如果自己执意孤行，他的智就变小了。讲学中自然会有取舍和分辨，然而要在心地上扎实用功，却必须这样做才行。

解 读

王明阳认为，"良知"并不只是狭义的"道德"，它必与世界相关，它让人与世界共同发生出来，相生互构。良知乃无"执"之大知。无执之大知方是非对象化地看世界的方式，方能化入世界境域、与之共生互构。

13. "尽心"三节

【原典】

"尽心"三节,区区曾有生知、学知、困知之说,颇已明白,无可疑者。盖尽心、知性、知天者,不必说存心、养性,事天,不必说"夭寿不二,修身以俟",而存心、养性与"修身以俟"之功,已在其中矣。存心、养性、事天者,虽未到得尽心、知天的地位,然已是在那里做个求到尽心、知天的工夫,更不必说"夭寿不二,修身以俟",而"夭寿不二,修身以俟"之功已在其中矣。

譬之行路,尽心、知天者,如年力壮健之人,既能奔走往来于数千里之间者也;存心、事天者,如童稚之年,使之学习步趋于庭除之间者也;"夭寿不二,修身以俟"者,如襁褓之孩,方使之扶墙傍壁,而渐学起立移步者也。既已能奔走往来于千里之间者,则不必更使之于庭除之间而学步趋,而步趋于庭除之间,自无弗能矣。既已能步趋于庭除之间,则不必更使之扶墙傍壁而学起立移步,而起立移步自无弗能矣。然学起立移步,便是学步趋庭除之始,学步趋庭除,便是学奔走往来于数千里之基,固非有二事,但其功夫之难易则相去悬绝矣。

心也,性也,天也,一也。故及其知之成功则一。然而三者人品力量,自有阶级,不可躐等而能也。细观文蔚之论,其意以恐尽心、知天者,废却存心、修身之功,而反为尽心、知天之病。是盖为圣人忧功夫之或间断,而不知为自己忧功夫之未真切也。吾侪用工,却须专心致志,在"夭寿不二、修身以俟"上做,只此便是做尽心、知天功夫始。正如学期起立移步,便是学奔走千里之始。吾方自虑其不能起立移步,而岂遽其不能奔走千里,又况为奔走千里者而虑其或遗忘于起立移步之习哉?

文蔚识见本自超绝迈往,而所论云然者,亦是未能脱去旧时解说文义之习,是为此三段书,分疏比合,以求融会贯通,而自添许多意见缠绕,反使用功不专一也。近时悬空去做勿忘、勿助者,其意见正有此病,最能耽误人,不可不涤除耳。

【译文】

关于"尽心"等三个方面（参见《徐爱录》有关内容），我曾用生而知之、学而知之、困而知之来解说，已经明白无疑了。尽心、知性、知天的人，就没有必要再说存心、养性、事天了，也没有必要说"夭寿不二，修身以俟"。而存心、养性与"修身以俟"的功夫已经包含在其中了。存心、养性、事天的人，虽然还没到尽心、知天的地步，但已经下了尽心、知天的工夫，因此也更没必要再说"夭寿不二、修身以俟"，因为"夭寿不二，修身以俟"的功夫已在存心、养性、事天之中了。

比如说走路，尽心、知天的人，就好比年轻力壮的人，有能力千里驰驱；存心、事天的人，就好比儿童，仅能在院子中学习走路；"夭寿不二，修身以俟"的人，就好比是襁褓中的婴儿，只能做到扶墙站立，开始学习迈步。既然已经能千里驰驱，就不必再在庭院中学习走路了，因为在庭院中走路自然没问题；既然已经能在庭院中学习走路，就没必要学习扶墙站立，学习迈步，站立迈步这点事儿对他来说还算事儿吗？但也要知道，学站立迈步是在庭院里学习走路的开始；在庭院里学习走路，是千里驰驱的基础。这些都不是毫不搭界的两件事，只是功夫的难易程度相差悬殊罢了。

心、性、天，三者本质上是一样的。所以等到这三种人都能知晓、成功行道了，那么结果是相同的。但是，这三种人的人品、才智是有等级差别的，不能超越等级而行动。我仔细思考你的观点，你的意思是担心尽心、知天的人，会因摒弃了存心、修身的功夫，相反会对尽心、知天有所损害。这是担心圣人的功夫会有间断，却不知担心自己的功夫尚不真切。我们这类人用功，一定要专心致志地在"夭寿不二，修身以俟"上用功，只有这样才是下尽心、知天的功夫的开始。正如学习站立迈步是驰驱潜力的开始和基础一样。我才考虑他能不能站立迈步，又怎么会担心不能千里驰骋呢？又何必去为千里驰驱的人担忧忘了站立迈步呢？

你的见识原本就超凡脱俗，而从你所说的话来看，也还是没有摆脱以前人们解说文章的习气，所以你才把知天、事天、夭寿不二分作三部分，进行分析、综合、比较，以求融会贯通，自添了许多讲说不通的缠绕，反倒使自己用功不专一了。近来，那些凭空去做勿忘勿助的人，他们的观点正是犯了这个毛病，这可是最耽误人的，不能不彻底涤除干净。

解 读

良知作为本体，包含着无尽的意蕴。主体对良知的体认和理解则是以一定阶段所达到的认识能力和知识背景为前提。由此达到的体悟又构成了新的致知背景。王阳明将主体在致知过程中的境界区分为三重，这三重当然并非彼此悬隔，而是展开为一个前后相继由今日到明日的演进过程，但其间又有层次的不同，致知功夫只能循序而进，不能超越阶段。

14. 至当归一

【原典】

所谓"尊德性而道问学"一节，至当归一，更无可疑。此便是文蔚曾著实用功，然后能为此言。此本不是险僻难见的道理，人或意见不同者，还是良知尚有纤翳潜伏。若除去此纤翳，即自无不洞然矣。

已作书后，移卧檐间，偶遇无事，遂复答此。文蔚之学，既已得其大者，此等处久当释然自解，本不必屑屑如此分疏。但承相爱之厚，千里差人远及，谆谆下问，而竟虚来意，又自不能已于言也。然直戆烦缕已什，恃在信爱，当不为罪。唯浚处及谦之、崇一处，各得转录一通寄视之，尤承一体之好也。

【译文】

你谈到"尊德性而道问学"这段，认为其间是恰当统一的，再无可疑之处。这是你踏实用功之后才能说出来的话。这本不是什么生僻难懂的道理，有的人之所以有不同意见，还是因为他们的良知中有纤尘潜伏。如果除去这些纤尘，那么自然没有不豁然开朗的。

写完回信后，我让人把我移到屋檐下，在这里躺着恰好没别的事，就又写了几句。你的学问已将关键问题抓住了，所提问题等到时间长了自然会弄明白的，本来我没有必要解释得如此之细。但承蒙你的厚爱，不远千里差人远来，殷殷下问，为了不辜负你的一片心意，我不得不说。然而我太愚直琐碎，倚仗你对我的厚爱，应该不会怪罪我吧。我这一封信请转录几份，分别寄给唯浚（陈九川）还有谦之（邹守益）、崇一（欧阳德）等人，尤承一体之好。

解 读

这是王阳明写给聂豹的第二封信的结尾。在这里，阳明先生再次指出，"尊德性而道问学"至当归一；良知本是清澈的，然而纤尘潜伏使它变得昏暗，只要除去这些纤尘，就豁然开朗了。

211

七、训蒙大意示教读刘伯颂等——贵在引导

为了传播和推广其哲学思想，王阳明三十四岁起讲学，直到五十七岁逝世，从未脱离过教育活动。他提出的一些教学理论，对后人不无启发意义，在此文和《教约》等文中，王阳明对儿童教育就提出过一些积极的意见。

正德十三年（1518 年），平定江西的动乱后，王阳明得胜班师。此文是临行前为晓谕赣南各县父老乡亲，兴立学社而颁布的文告。刘伯颂，生平不详。

【原典】

古之教者，教以人伦。后世记诵章之习起，而先王之教亡。今教童子，唯当以孝弟忠信、礼义廉耻为专务。其栽培涵养之方，则宜诱之歌诗，以发其志意；导之习礼，以肃其威仪；讽之读书，以开其知觉。今人往往以歌诗、习礼为不切时务，此皆末俗庸鄙之见，乌足以知古人立教之意哉！

大抵童子之情，乐嬉游而惮拘检，如草木之始萌芽，舒畅之则条达，摧挠之则衰萎。今教童子，必使其趋向鼓舞，中心喜悦，则其进自不能已。譬之时雨春风，沾被卉木，莫不萌动发越，自然日长月化。若冰霜剥落，则生意萧索，日就枯槁矣。故凡诱之歌诗者，非但发其志意而已，亦所以泄其跳号呼啸于咏歌，宣其幽抑结滞于音节也。导之习礼者，非但肃其威仪而已，亦所以周旋揖让而动荡其血脉，拜起屈伸而固束其筋骸也。讽之读书者，非但开其知觉而已，亦所以沉潜反复而存其心，抑扬讽诵以宣其志也。凡此皆所以顺导其志意，调理其性情，潜消其鄙吝，默化其麤顽。日使之渐于礼义而不苦其难，入于中和而不知其故，是盖先王立教之微意也。

若近世之训蒙稚者，日唯督以句读课仿，责其检束，而不知导之以礼；求其聪明，而不知养之以善；鞭挞绳缚，若待拘囚。彼视学舍如囹狱而不肯入，视师长如寇仇而不欲见，窥避掩覆以遂其嬉游，设诈饰诡以肆其顽鄙，偷薄庸劣，日趋下流。是盖驱之于恶而求其为善也。何可得乎？

凡吾所以教，其意实在于此。恐时俗不察，视以为迂，且吾亦将去，故特叮咛以告。尔诸教读，其务体吾意，永以为训；毋辄因时俗之言，改废其绳墨，庶成"蒙以养正"之功矣。念之！念之！

【译文】

古时候的教育，教的是人伦道德。后世背诵词章的风气兴起后，三王时代的教化就消失了。现在教育儿童，只应以孝、悌、忠、信、礼、义、廉、耻为专务。至于培养的具体方法，则应当用适宜的诗歌来激发他们的志向与兴趣；引导他们学习礼仪，使他们的仪表威严；教导他们读书，以开发他们的智力。可现在的人往往认为学习诗歌、礼仪不是当务之急，这都是庸俗鄙薄的见识，他们这些人怎么能明白古人推行教育的本意呢？

一般说来，儿童的情趣是喜爱玩耍而害怕拘束，就像草木刚开始发芽，让它舒畅地生长，就能迅速发育，以致枝繁叶茂；如果摧残压抑它，就会很快枯萎。现在教育孩子，一定要使他们欢欣鼓舞，内心愉悦，那么他们的进步就变成了不由自主、自然而然的了。就好比春风化雨，滋养花木，花木没有不萌芽发育的，它们自然能日新月异；而如果是冰盖雪披，花叶零落，自然生机不再，日渐枯萎了。所以凡是通过适宜的诗歌形式来引导孩子们的，不仅能诱发他们的志向和兴趣，而且也能把他们蹦跳、吵闹的倾向宣泄在唱歌、吟诗上，同时在音律中抒发他们心中的郁结和不快。引导他们学习礼仪，不仅能使他们的仪表威严，而且还可以使他们在揖让叩拜中活动血脉，强筋健骨。教导他们读书，不仅能开发他们的智力，而且也使他们在反复思索中存养他们的本心，在抑扬顿挫的朗诵中弘扬他们的志向。所有这些都是顺应他们的天性，引导他们的志向，调理他们的性情，通过潜移默化，消除他们的鄙吝和愚顽。这样使他们逐渐符合礼仪但不感到难受，性情在不知不觉中达到了中正平和。这才是先人设立教育的本意所在。

像现在训导启蒙儿童，每天只是一味地督促他们的句读功课，只是严格管束他

们的行动却不知道用礼仪来引导，只知道要求他们聪明却不知道培养他们的善心，鞭打绳捆，就像对待囚犯。他们把学堂看做是监狱而不愿意进去，把老师看做是强盗和仇人而不愿意见到，于是，他们偷偷摸摸、躲躲藏藏地嬉戏玩闹，偷奸耍滑、使诡使诈地肆意顽劣，变得庸俗鄙陋，日益堕落。这是驱使他们作恶却又要求他们向善，两者只会抵触，岂能行得通？

我的教育理念，本意就在这里。我忧虑世人不理解，认为我很迂腐，况且我就要离开了，所以特别加以叮嘱。你们这些教师，务必要体察我的用意，永远遵守，不要因为世俗言论而更改废弃我的规矩，这一切也许能起到"蒙以养正"的功效。切记切记！

解 读

王阳明十分重视儿童教育，这是阳明先生关于教育要顺乎孩子天性的精辟论述，几百年前教育大师的教育思想、教育论断，与当今我们极力推崇提倡的"人本主义"教育观、"儿童中心"观有着惊人的相似。可见阳明先生的非凡与卓越。

八、教约——神而明之

这一节和上一节《训蒙大意示教读刘伯颂等》都是南大吉所录。南大吉字元善，号瑞泉，陕西渭南人，是把王学传入关中之第一人。南大吉对阳明的《传习录》推尊有加，在浙江绍兴刻《传习录》分上、下两册，他刻《传习录》是在极为困难的情况下进行的。因当时朝廷贬抑王学，大吉为了"以身明道"，顶着极大压力，校订并续刻该书，颇有功于王学。这一点前面的《钱德洪序》中有交代。

【原典】

每日清晨，诸生参揖毕，教读以次。遍询诸生：在家所以爱亲敬长之心，得无懈忽，未能真切否？温清定省之仪，得无亏缺，未能实践否？往来街衢，步趋礼节，得无放荡，未能谨饰否？一应言行心术，得无欺妄非僻，未能忠信笃敬否？诸童子务要各以实对，有则改之，无则加勉。教读复随时就事，曲加诲谕开发，然后各退就席肄业。

凡歌《诗》，须要整容定气，清朗其声音，均审其节调。毋躁而急，毋荡而嚣，毋馁而慑。久则精神宣畅，心气和平矣。每学量童生多寡，分为四班。每日轮一班歌《诗》，其余皆就席，敛容肃听。每五日则总四班递歌于本学。每朔望，集各学会歌于书院。

凡习礼，需要澄心肃虑，审其仪节，度其容止。毋忽而惰，毋沮而怍，毋径而野。从容而不失之迂缓，修谨而不失之拘局。久则礼貌习熟，德性坚定矣。童生班次，皆如歌诗。每间一日，则轮一班习礼，其余皆就席，敛容肃观。习礼之日，免其课仿。每十日则总四班递习于本学，每朔望，则集各学会习于书院。

凡授书不在徒多，但贵精熟。量其资禀，能二百字者，止可授以一百字，常使精神力量有余，则无厌苦之患，而有自得之美。讽诵之际，务令专心一志，口诵心惟，字字句句，纳绎反复，抑扬其音节，宽虚其心意，久则义礼浃洽，聪明日开矣。

每日工夫，先考德，次背书诵书，次习礼，或作课仿，次复诵书讲书，次歌《诗》。凡习礼歌《诗》之数，皆所以常存童子之心，使其乐习不倦，而无暇及于邪僻。教者如此，则知所施矣。虽然，此其大略也。"神而明之，则存乎其人。"

215

【译文】

每日清晨，学生参拜行礼完毕，教师应当依次询问学生：居家时爱亲敬长方面，是否松懈疏忽而失情真意切？在温清定省的礼节上，是否身体力行而无所欠缺？在街上行走时，是否步履谨慎而没有放荡不羁呢？一切言行心思，是否欺妄怪僻而失忠信笃实？每位学生一定要实话实说，有则改之，无则加勉。教师要随时针对具体的事情，对学生给以委婉的教导和启发，然后让他们各自回到座位上学习。

吟唱《诗经》时，必须仪容整洁，气定神和，声音清朗，按照韵调，不急不躁，不荡不嚣，不馁不慑，久而久之就会精神宣畅，心气平和。每个学堂根据学生数量的多寡分为四个组，每天轮流由其中一个组吟唱诗歌，其余的都在座位上神情严肃地静听。每五天让四个组在学堂依次吟唱诗歌，每十五天集合各学堂到书院比赛吟唱诗歌。

练习礼仪，必须澄心肃虑，老师要认真审察每个学生的礼仪细节、容貌举止，不忽不惰，不沮不作，不狂不野，从容自如而不迂腐缓慢，言语谨慎而不拘束紧张。久而久之礼仪就会熟练了，德行也就坚定了。学生的组次像吟唱诗歌时一样，每隔一天就让一个组练习礼仪，其余的三个组都认真观摩。练习礼仪这一天，免去其他功课。每隔十天集合四个组在学堂依次练习礼仪。每十五天集合各学堂到书院练习比赛礼仪。

教师讲授功课不在数量多少，贵在精熟与否。根据学生的资质，能掌握二百字的只应当教给他们一百字，要保持学生的精力有余，这样就不会产生厌恶情绪，反而会有收获的愉悦。在诵读时，务必让他们专心致志，口诵心记，字字句句反复理出头绪，声调要抑扬顿挫，思想要宽广虚静。久而久之学生自会举止有礼、谈吐文明，智慧与日俱增。

每天的功课，先要考查德行，而后是背书、朗诵，再次是练习礼仪或功课，再读书、讲课，最后吟唱《诗经》。大凡练习礼仪、吟唱《诗经》，均是为了存养儿童的本性，使他们喜欢学习而不会感到厌倦，从而没有闲暇时间去干歪门邪道的事情。教师们知道了这些，就知道如何实施教学活动了。即便如此，显然这里只说了个大概。毕竟"要真正明白某一事物的奥妙，在于各人的领会"。

解 读

在古代学校中，教师的讲解是学生进一步学习理解的基础，伦理道德规范的传授正是通过这一过程得以实现。古代的教学过程和方法一般是：每学习一首诗歌，往往先由教师教读，然后学生自己温习熟读；下一次上课时，教师先检查温习情况，然后再逐字逐句讲解大意；之后就由学生自己熟读领会，如有疑难，教师再作解答。王阳明则在《教约》中规定了蒙学教学的更具体的方法。

下 卷

《传习录》下卷，是王阳明去世后陈九川、黄直等提供并经钱德洪整理的语录，此部分虽未经阳明先生审阅，但较为具体地解说了他晚年的思想，并记载了王阳明提出的"四句教"。

一、陈九川录——戒慎恐惧在心念

陈九川（1494—1562年），字惟浚，又字唯濬，号竹亭，后号明水。江西临川人。陈九川是江右第一代门人重要的一员，其得受王阳明真传的时间比东廓（邹守益）、南野（欧阳德）都早，是江右王门的代表人物。著有《明水先生集》14卷。

1. 破数年之疑

【原典】

正德乙亥，九川初见先生于龙江。先生与甘泉先生论"格物"之说。甘泉持旧说。先生曰："是求之于外了。"甘泉曰："若以格物理为外，是自小其心也。"九川甚喜旧说之是。先生又论《尽心》一章，九川一闻，却遂无疑。

后家居，复以"格物"遗质先生。答云："但能实地用功，久当自释。"山间乃自录《大学》旧本读之，觉朱子格物之说非是；然亦疑先生以意之所在为物，物字未明。

己卯，归自京师，再见先生于洪都。先生兵务倥偬，乘隙讲授，首问："近年用功何如？"

九川曰："近年体验得'明明德'功夫只是'诚意'。自'明明德于天下'，步步推入根源，到'诚意'上，再去不得，如何以前又有'格致'工夫？后又体验，觉得意之诚伪必先知觉乃可，以颜子'有不善未尝不知，知之未尝复行'为证，豁然若无疑，却又多了格物功夫。又思来吾心之灵何有不知意之善恶？只是物欲蔽了，须格去物欲，始能如颜子未尝不知耳。又自疑功夫颠倒，与诚意不成片段。后问希颜。希颜曰：'先生谓格物致知是诚意功夫，极好。'九川曰：'如何是诚意功夫？'希颜令再思体看。九川终不悟，请问。"

先生曰："惜哉！此可一言而悟，唯浚所举颜子事便是了。只要知身、心、意、知、物是一件。"

九川疑曰："物在外，如何与身、心、意、知是一件？"

先生曰："耳、目、口、鼻、四肢，身也，非心安能视、听、言、动？心欲视、听、言、动，无耳、目、口、鼻、四肢，亦不能。故无心则无身，无身则无心。但指其充塞处言之谓之身，指其主宰处言之谓之心，指心之发动处谓之意，指意之灵明处谓之知，指意之涉着处谓之物，只是一件。意未有悬空的，必着事物，故欲诚意，则随意所在其事而格之。去其人欲，而归于天理，则良知之在此事者无蔽而得致矣。此便是诚意的功夫。"

九川乃释然破数年之疑。

【译文】

正德十年（1515 年），九川（我）在龙江初次见到了阳明先生。当时先生正和甘泉（湛若水）先生谈论"格物"的学说，甘泉先生坚持朱熹的观点。先生说："这是求之于外了。"甘泉先生说："如果说格物的道理是求之于外，那就把自身看小了。"九川很赞成朱熹的说法。先生又谈到《孟子·尽心》章，九川听后，对先生的"格物"的学说就不再怀疑了。

后来在家闲居，九川又以格物之说问先生，先生答："只要你能下真功夫，时间长了自然就明白了。"在山中静养时九川抄录了《大学》旧本来读，于是，觉得朱熹的格物学说不太正确。但也怀疑先生认为意念所指即为物的说法，这个"物"字还是没弄明白。

正德十四年（1519 年），九川从京城回来，在南昌再次见到先生。先生此时正忙于军务，只能趁着空闲时间给九川讲课。先生首先问："这几年用功用得怎么样？"

九川说："我这几年体会到'明明德'是要在'诚意'上着手下工夫。从'明明德于天下'，一步步往下推，到'诚意'上就再也推不下去了。为何'诚意'之前还有'格物''致知'的功夫？后来又仔细揣摩体会，觉得意的真诚与否，必须先有知觉才行，以颜回说的'有不善未尝不知，知之未尝复行'来验证，顿时觉得豁然开朗，好像是没什么疑惑了，但又多了一个'格物'的功夫。九川又考虑到，凭借我心的灵明又怎能不知道意的善恶呢？只是被私欲蒙蔽了而已，必须格除私欲，才能像颜回那样善恶尽知。九川又怀疑自己是不是把下工夫的次序给颠倒了，致使'格物'和'诚意'联系不起来。后来问了希颜，希颜说：'先生说格物致知是诚意的功夫，我认为极是。'九川又问：'为何是诚意功夫？'希颜让九川再仔细体察。九川终是不解，现在向先生请教。"

先生说："真可惜呀！这本来是一句话就能明白的，你所举的颜回的例子就可以说明问题了，只要明白身、心、意、知、物是一件事就行了。"

九川仍疑惑地问："物在心外，怎么能说与身、心、意、知是一件事呢？"

先生说："耳、目、口、鼻及四肢，都是人体的一部分，如果没有心，它们怎么能视、听、言、动呢？心想要视、听、言、动，没有耳、目、口、鼻、四肢，那也是不行的。因此讲，没有心就没有身，没有身也就没有心。只不过从它充塞空间上来说称为身，从它的主宰作用上来说称为心，从心的发动上来说称为意，从意的灵明上来说称为知，从意的涉外来说称为物，都是一回事。意是不能悬空的，必然要指向具体事物。所以，想要做到诚意，就可以随着意在某一件事上去'格'，去除掉私欲归于天理，那么良知在这件事上，就不会被蒙蔽而能够'致知'了。'诚意'的功夫正在这里。"

听了先生这番话，九川几年来的疑惑从此解除了。

解 读

把"诚意"视为成德过程中的首要环节，是阳明道德哲学的一个突出特色，认为人只有通过真诚的道德努力，才能够成为一个儒家意义上的具有真实性的人。然而，阳明并非孤立地强调"诚意"在修身功夫中的优先性，他往往把"诚意"与"格物"视作密切相关的整体性功夫结构。

2. 格物犹造道

【原典】

又问："甘泉近亦信用《大学》古本，谓格物犹言造道，又谓穷理如穷其巢穴之穷，以身至之也，故格物亦只是随处体认天理，似与先生之说渐同。"

先生曰："甘泉用功，所以转得来。当时与说亲民字不须改，他亦不信。今论格物亦近，但不须换物字作理字，只还他一物字便是。"

后有人问九川曰："今何不疑物字？"

曰："《中庸》曰：'不诚无物。'程子曰：'物来顺应。'又如'物各付物''胸中无物'之类，皆古人常用字也。"他日，先生亦云然。

【译文】

九川又问："甘泉先生最近也相信《大学》旧本，认为'格物'就像求道，认为穷理的穷，就像穷其巢穴的穷，必须亲身到巢穴中去。因此格物也就是随处体认天理，这似乎同先生的主张逐渐接近了。"

先生说："甘泉还是很用功的，所以才能转回来。从前我对他说'亲民'不能改为'新民'，他还不信。现在他谈论的'格物'同我的观点也接近了，只是没有必要把'物'字改为'理'字，还依旧用'物'字比较好。"

后来有人问九川："你现在为何不怀疑'物'字呢?"

九川说："《中庸》中说'不诚无物'，程颢说'物来顺应'，还有'物各付物''胸中无物'等，从这些可以看出，'物'是前人常用的字。"后来有一天，先生也这样说。

解 读

湛若水是希望集宋明理学之大成，而非未脱朱学影响。他认为"格物"的"格"是"至"（造诣）的意思，"物"指的是"天理"，那么"格物"就是"至其理"、就是"造道"，"格物"的目的就是"体认天理"。后来湛若水才与阳明先生之说渐通，《大学》古本一事证明湛若水不固执己见。

3. 无欲故静

【原典】

九川问："近年因厌泛滥之学，每要静坐，求屏息念虑，非唯不能，愈觉扰扰。如何?"

先生曰："念如何可息? 只是要正。"

曰："当自有无念时否?"

先生曰："实无无念时。"

曰："如此，却如何言静?"

曰："静未尝不动，动未尝不静。戒谨恐惧即是念，何分动静?"

曰："周子何以言'定之以中正仁义而主静'?"

曰："无欲故静，是'静亦定，动亦定'的'定'字，主其本体也。戒惧之念，是活泼泼地，此是天机不息处，所谓'维天之命，于穆不已'。一息便是死，非本体之念即是私念。"

【译文】

九川问："近年来因为厌烦各家学说泛滥成灾，常常想独自静坐，以求摒弃思虑意念，非但做不到，却越发感觉纷扰不已，这是什么原因?"

先生说："思虑意念怎么能摒弃呢? 只能让它归于纯正。"

九川问："念头是否有不存在的时候?"

先生说："的确没有无念之时。"

九川问："既然这样怎么能说'静'呢？"

先生说："静不等于不动，动也不等同于不静。戒慎恐惧就是念头，怎么能区分动静？"

九川说："周敦颐为什么又要说'定之以中正仁义而主静'呢？"

先生说："没有欲念自然会静，周敦颐说的'定'也就是程颢所说的'静亦定，动亦静'中的'定'，'主'就是指本体。戒慎恐惧的念头是活泼的，正体现了天机的流动不息。也就是《诗经》中所说的'维天之命，于穆不已'。一旦有所停息也就是死亡，不是本体的念头那就是私心杂念。"

解 读

这一番对话，最关键的是"无欲故静"这四个字。这个"静"，不是"静亦定"的静，不是与动相对立的静，而是"动亦定，静亦定"的"定"字。"主其本体也"，也就是说静是本体。本体之念，大公无私。真正的静是无私欲的。

4. 虽闻见而不流

【原典】

又问："用功收心时，有声色在前，如常闻见，恐不是专一。"

曰："如何欲不闻见？除是槁木死灰，耳聋、目盲、则可。只是虽闻见而不流去便是。"

曰："昔有人静坐，其子隔壁读书，不知其勤惰。程子称其什敬。何如？"

曰："伊川恐亦是讥他。"

【译文】

九川又问："用功敛神收心时，如果有声、色出现，还像平常那样听和看，恐怕这算不得是专一吧？"

先生说："怎么能做到充耳不闻、视而不见？除非是槁木死灰，或者是聋子、瞎子。虽然听见看见了，只要心却没跟着走也就行了。"

九川说："从前有人静坐，他儿子在隔壁琅琅读书，他却不知道儿子是勤奋还是懒惰。程颐赞扬他很能持敬。这又是为什么呢？"

先生说："程颐怕是在讽刺他。"

解 读

在王阳明看来，"静"绝不是断绝一切"闻见"，而是心"不流去"。陈九川对此还不甚理解，又以"不知其勤惰"问之，王阳明认为陈九川是错误地理解了程伊川的话。王阳明认为程颐是在否认这样一种"静而不动"的"功夫"，是在"讥他"。

5. 在事上磨炼做功夫

【原典】

又问："静坐用功，颇觉此心收敛，遇事又断了，旋起个念头，去事上省察，事过又寻旧功，还觉有内外，打不作一片。"

先生曰："此'格物'之说未透。心何尝有内外？即如唯浚今在此讲论，又岂有一心在内照管？这听讲说时专敬，即是那静坐时心。功夫一贯，何须更起念头？人须在事上磨炼做功夫，乃有益。若只好静，遇事便乱，终无长进。那静时功夫，亦差似收敛，而实放溺也。"

【译文】

九川又问："静坐用功时，特别能感觉到自己的心正在收敛。可一旦遇到什么事情这种收敛却又被打断了，马上就起了个念头在具体事上省察，事过之后又去寻找旧的功夫。这样就总是觉得内外连不成一体。"

先生说："这是因为你对'格物'的理解还不够透彻。心哪里会有内外呢？比如说你现在和我在这儿讨论，难道还有另外一个心在里边照管着？这个专心听和说的心就是静坐时的心。功夫是贯通的，哪里需要又起一个念头？人必须通过具体事上的磨砺，对做学问才是有益的。如果只是一味好静，那么一旦遇到事就会乱了方寸和头绪，始终不会有长进。那种求静的功夫，表面看似乎有所收敛，其实是放任自流。"

解 读

王阳明反对一味追求静坐澄心，提倡在事上磨炼做功夫，体究践履，实地用功，通过日常事务去体认良知。这样才能落实"知行合一"。

6. 合内外

【原典】

后在洪都，复与于中、国裳论内外之说，渠皆云："物自有内外，但要内外并着功夫，不可有间耳。"以质先生。

曰："功夫不离本体，本体原无内外。只为后来做功夫的分了内外，失其本体了。如今正要讲明功夫不要有内外，乃是本体功夫。"

是日俱有省。

【译文】

后来在南昌时，九川又和于中、国裳讨论心内心外的说法，他们也认为格物应该分内外，只是要内外一起用功，不可有间隔而已。就这个问题，九川向先生请教。

先生说："功夫与本体不可分离，本体是不分内外的；只不过是后来世人做学问分出了个内外，于是就丧失了本体。现在正是要讲明功夫不要分内外，这个才是本体的功夫。"

这一天大家都有所省悟。

解 读

"合内外"，是阳明为学的总体特征。就是说，无论就本体方面还是就功夫方面而言，阳明都是反对"有内外"的。

7. 只是粗些

【原典】

又问："陆子之学何如？"

先生曰："濂溪、明道之后，还是象山，只是粗些。"

九川曰："看他论学，篇篇说出骨髓，句句似针膏肓，却不见他粗。"

先生曰："然他心上用过功夫，与揣摹依仿求之文义自同，但细看有粗处。用功久，当见之。"

【译文】

九川又问："陆九渊先生的学说该怎么评价？"

先生说："周敦颐、程颢以后，还数陆九渊的学问了，只是稍显粗糙了。"

九川说："看他的论学著作，每篇都能说出精髓，句句深入透彻，却看不出他粗糙的地方。"

先生说："诚然他曾在心上下过工夫。这与只在义上揣测模仿、求个字面意思的自然不同，但仔细看就能发现他粗糙的地方，你用功时间长了，就应该能发现。"

解 读

王阳明说陆九渊之学稍显粗糙了，这种"粗"不是指知识之多寡与思考之精确与否而言；也不是就修道功夫之造诣而言，而是阳明的主观实感，此实感源于阳明对两人学问所表现的分解与非分解的不同风格的了解。

8. 理障说

【原典】

庚辰往虔州，再见先生，问："近来功夫虽若稍知头脑，然难寻个稳当快乐处。"

先生曰："尔却去心上寻个天理，此正所谓理障。此间有个诀窍。"

曰："请问如何？"

曰："只是致知。"

曰："如何致知？"

曰："尔那一点良知，是尔自家底准则。尔意念著处，他是便知是，非便知非，更瞒他一些不得。尔只不要欺他，实实落落依看他做去，善便存，恶便去，他这里何等稳当快乐。此便是'格物'的真诀，'致知'的实功。若不靠着这些真机，如何去格物？我亦近年体贴出来如此分明。初犹疑只依他恐有不足，精细看无些小欠阙。"

【译文】

庚辰年（1520年，正德十五年），前往虔州，再次见到先生，九川说："最近，我做功夫虽然略微掌握些要领，但总是不能做到自信与快乐常伴心间。"

先生说："你只是一味地在心上寻求天理，这就是所谓的'理障'。这里边有个诀窍。"

九川问："请问是什么诀窍？"

先生说："就是'致知'。"

九川问："怎样致知呢？"

先生说："你的那一点良知，就是你自己的行为准则。你的意念所到之处，正确的就明白正确，错误的就明白错误，不可能有丝毫的隐瞒。只要你不去欺骗良知，实实在在地遵循着良知去做，是善就存养，是恶就除去，这样是何等的自信快乐啊！这些就是'格物'的诀窍，'致知'的真功。如果不靠这样的真知，又怎么去'格物'呢？我也是近几年才领悟得如此清楚明白的，刚开始，我还犹豫依照本心恐怕还有不足之处，但经过仔细体悟，发现并没有一丝缺陷。"

解 读

"理障说"是阳明为学过程中一个重要的问题和转折点。阳明在正德十五年（1520年）与陈九川的答问中首次提到，并以"理障说"终结"格物穷理""心、理二分"的为学功夫，始倡"致良知"之"知行合一"的为学宗旨。

9. 人胸中各有个圣人

【原典】

在虔，与于中、谦之同侍。先生曰："人胸中各有个圣人，只自信不及，都自埋倒了。"因顾于中曰："尔胸中原是圣人。"

于中起，不敢当。

先生曰："此是尔自家有的，如何要推？"

于中又曰："不敢。"

先生曰："众人皆有之，况在于中？却何故谦起来？谦亦不得。"

于中乃笑受。

又论："良知在人，随你如何，不能泯灭，虽盗贼亦自知不当为盗，唤他作贼，他还忸怩。"

于中曰："只是物欲遮蔽。良心在内，自不会失。如云自蔽日，日何尝失了？"

先生曰："于中如此聪明，他人见不及此。"

【译文】

在虔州的时候，我和于中、邹守益一块陪伴先生。先生说："每个人内心里都藏着一个成为圣人的可能和愿望，只是因为不自信，就都被湮没了。"先生因此看着于中说："你的胸中原本是有圣人的。"

于中赶紧站起来说："不敢当，不敢当！"

先生说："这是你自己本来就有的，为何要谦虚推辞呢？"

于中赶紧又说："不敢当，确实不敢当。"

先生说："每个人都有，更何况于中你呢？为什么要谦让呢？这是谦让不得的。"

于中于是就笑着接受了。

先生又说："良知自在人心，随你怎么变化都不会被泯灭，就算是盗贼，他也明白自己不应该去偷窃，你说他是贼，他也会羞愧不好意思的。"

于中说："那只是良知被物欲给蒙蔽了，良知依旧在人的心中，不会自己消失。这就如同乌云蔽日，而太阳并不会因此而真的消失。"

先生说："于中如此聪明，别人的见识是达不到这个高度的。"

解　读

王阳明认为，一般民众只要能摒除物欲，使良知显现，都可以成为圣人，不分高低贵贱，大家都是平等的。"人胸中各有个圣人"的论断，是一种人性平等的思想，大大提高了人的主体意识和自尊心，更加坚定了人皆可以为圣贤的信心。

10. 功夫愈久，愈觉不同

【原典】

先生曰："这些子看得透彻，随他千言万语，是非诚伪，到前便明。合得的便是，合不得的便非，如佛家说'心印'相似，真是个试金石、指南针。"

先生曰："人若知这良知诀窍，随他多少邪思枉念，这里一觉，都自消融。真个是灵丹一粒，点铁成金。"

崇一曰："先生'致知'之旨，发尽精蕴，看来这里再去不得。"

先生曰："何言之易也！再用功半年看如何？又用功一年看如何？功夫愈久，愈觉不同，此难口说。"

先生问："九川于'致知'之说，体验如何？"

九川曰："自觉不同。往时操持，常不得个恰好，此乃是恰好处。"

先生曰："可知是体来与听讲不同。我初与讲时，知尔只是忽易，未有滋味。只这个要妙，再体到深处，日见不同，是无穷尽的。"

又曰："此'致知'二字，真是个千古圣传之秘，见到这里，'百世以俟圣人而不惑'。"

【译文】

先生说："人如果熟知这良知的诀窍，随便任何人说千道万，是非诚伪，到跟前就会一眼明辨。相符合的就正确，不相符的自然错。这和佛家所说的'心印'相似，是万试不爽的试金石、指南针。"

先生说："人如果深谙良知的诀窍，随便他有多少邪思枉念，只要被良知察觉，自然会被消除。就像灵丹妙药，可以点铁成金。"

欧阳崇一说："先生把致良知的宗旨阐发得淋漓尽致，看来想在这个问题上再讲是不可能了。"

先生说："怎能说这么容易！再下半年的功夫，看看会怎样？再下一年的功夫，看看又会怎样？用功愈久，愈会感到不一样，这里的奥妙是难以用语言来表达的。"

先生问："九川你对于致知的学说体验如何？"

九川说："自我感觉与以往不一样。以往应用起来时常不能恰到好处，现在用得熟了基本能做到恰到好处了。"

先生说："可见亲身体验的和听到的就是不一样。我当初给你讲的时候，知道你听得糊里糊涂的，没有真切体会到。从恰到好处再往深处体会，每天都有新的认识，这是没有止境的。"

先生又说："这'致知'两字，的确是千古圣贤相传的秘诀，懂得了这个道理，就能像《中庸》所说的那样'百世以俟圣人而不惑'。"

解 读

致良知是一门必须实际体验的艺术，这门功夫内化至极又外化至极，能将所有玄远的意义感觉化，功夫愈久，愈觉不同，非言语所可形容。在程朱那里，千古圣人相传以道，而在王阳明看来，致良知则成为千古圣人相传之密旨，从而以致良知代替了圣人传道。

11. 人人自有

【原典】

九川问曰："伊川说到'体用一原、显微无间'处，门人已说是泄天机。先天'致知'之说，莫亦泄天机太甚否？"

先生曰："圣人已指以示人，只为后人掩匿，我发明耳，何故说泄？此是人人自有的，觉来什不打紧一般，然与不用实功人说，亦甚轻忽可惜，彼此无益；与实用功而不得其要者提撕之，甚沛然得力。"

【译文】

九川问："当程颐先生说到'体用一原，显微无间'时，他的弟子都说他泄露了天机。先生的致良知的学说，是不是也泄露了过多的天机？"

先生说："圣人早已把致良知的学说指示了世人，只是因为被后人隐匿了，我不过使它重新显露而已，何来泄露天机之说呢？良知是每个人天生就有的，虽觉察到，也觉得无关紧要。因而，我向没有切实用功的人说致知，只可惜他们也不屑一顾，对彼此都没有什么收益；我同踏实用功却不得要领的人谈致知，讲解清晰，他们则感到受益匪浅。"

解 读

王阳明认为，良知是圣人早就昭示世人的，而且是人与生俱来的，他只是发掘人固有的良知让它放出光明而已，因此不存在泄露天机之说。

12. 委曲谦下

【原典】

又曰："知来本无知，觉来本无觉，然不知则遂沦埋。"

先生曰："大凡朋友，须箴规指摘处少，诱掖奖劝意多，方是。"

后又戒九川云："与朋友论学，须委曲谦下，宽以居之。"

【译文】

先生又说："知道了才发现本来是不知道，觉察到了才发现本来是没觉察，但如果不知道，那么良知随时都会被沦落埋没。"

先生又说："大凡朋友间相处，彼此间应当批评指责少、开导鼓励多，如此才是正确的。"

随后先生又训诫九川说："和朋友一起探讨学问，应该谦虚谨慎，宽以待人。"

解 读

谦虚是一种极为难得的美德，它能够驱使人不断地进取，能主动去做应该做的事。可以说，不论你从事何种职业，担任什么职务，只有"委曲谦下"，才能保持不断进取的精神，才能增长更多的知识和才干。

13. 只要解心

【原典】

九川卧病虔州。

先生云："病物亦难格，觉得如何？"

对曰："功夫甚难。"

先生曰："常快活便是功夫。"

九川问："自省念虑，或涉邪妄，或预料理天下事，思到极处，井井有味，便缱绻难屏，觉得早则易，觉迟则难，用力克治，愈觉扞格，唯稍迁念他事，则随两忘。如此廓清，亦似无害。"

先生曰："何须如此？只要在良知上著功夫。"

九川曰："正谓那一时不知。"

先生曰："我这里自有功夫，何缘得他来？只为尔功夫断了，便蔽其知。既断了，则继续旧功便是，何必如此？"

九川曰："真是难鏖，虽知丢他不去。"

先生曰："须是勇。用功久，自有勇。故曰'是集义所生者'。胜得容易，便是大贤。"

九川问："此功夫却于心上体验明白，只解书不通。"

先生曰："只要解心。心明白，书自然融会。若心上不通，只要书上文义通，却自生意见。"

【译文】

九川在虔州卧病在床。

先生说："疾病这个东西很难格，你感觉呢？"

九川说："这个功夫确实很难。"

先生说："你只要经常能使自己快活起来，就是功夫。"

九川问："我反省自己的种种欲念和顾虑，有时涉及邪心妄念，有时又想去治理天下大事。思考到深处时，也觉得津津有味，达到难分难舍的地步了。这种情况发觉得早还容易去掉，发觉晚了就难以除去。用心尽力加以克制，却觉得相互抵触、格格不入，只有掉转念头想点别的事，才能把这些忘掉。这样理清思路，似乎也无妨害。"

先生说："何必如此，只要在致良知上下工夫就行了。"

九川说："我所讲的正是还不知道良知时的情况。"

先生说："我说的里面自有致良知的功夫，怎么会有不知道的这种现象呢？只是因为你的致良知功夫间断了，所以你的良知才会被蒙蔽。既然有间断，还接着原有的功夫继续下就是了，为何非要这样？"

九川说："那几乎是一场恶战，虽然明白了，仍是不能去掉。"

先生说："必须有勇气。用功久了，勇气自然就有了。因此孟子说'是集义所生者'。如果很容易就能取胜，那就是大贤人了。"

九川问："致良知的功夫只能在心里体验明白，光读书是读不通的吧。"

先生说："只需要在心上理解体会。心里明白了，书上的文句意思自然能融会贯通。如果心里不明白，只是通晓了书上的文句意思，还是会生出歧见的。"

解 读

阳明先生认为，无论是让自己快乐起来，还是除掉私欲，都只需要在致良知上下工夫就行了。致良知的功夫，要从心上去求，读书时要从心上理解书上的文义。

14. 事上为学

【原典】

有一属官，因久听讲先生之学，曰："此学甚好，只是簿书讼狱繁难，不得为学。"

先生闻之，曰："我何尝教尔离了簿书讼狱，悬空去讲学？尔既有官司之事，便从官司的事上为学，才是真格物。如问一词讼，不可因其应对无状，起个怒心；不可因他言语圆转，生个喜心；不可恶其嘱托，加意治之；不可因其请求，屈意从之；不可因自己事务烦冗，随意苟且断之；不可因旁人谮毁罗织，随人意思处之。有许多意思皆私，只尔自知，须精细省察克治，唯恐此心有一毫偏倚，枉人是非，这便是格物致知。簿书讼狱之间，无非实学。若离了事物为学，却是著空。"

【译文】

有一位下属官员，常听先生讲学，他说："先生的学说的确很好，只是我日常工作太繁重，没时间跟他学习。"

先生听了对他说："我什么时候让你放弃日常工作悬空去研究学问了？你既然日常需要断案，就从断案的事上学习，这样才是真正的'格物'。譬如你审一个案子，不可因为原被告任何一方的发言礼数不周，就憎恶他；不能因为对方措辞婉转周密而高兴；不能因为厌恶他的请托，而故意整治他；不能因为对方哀求，而屈意宽容他；不能因为自己工作繁巨，而草率结案；不能因为旁人诋毁罗织，而按别人的意思去处理。以上讲的情况都是私心杂念，只有你自己知道，必须仔细反省体察克治，唯恐心中有丝毫偏倚而枉人是非，这就是格物致知。处理文件与审理案件，无不是实实在在的学问。如果离开了具体的事物悬空去做学问，反而是空谈不着边际。"

解 读

王阳明反对空谈，主张事上为学。他的"格物致知"，实际上是从日常生活和行事中认识及实践"理"，在一言一行当中表现出来，把良知直接地贯注到日常生活之中。

15. 有诗别先生

【原典】

虔州将归，有诗别先生云："良知何事系多闻，妙合当时已种根。好恶从之为圣学，将迎无处是乾元。"

先生曰："若未来讲此学，不知说'好恶从之'从个什么。"

敷英在座曰："诚然。尝读先生《大学古本序》，不知所说何事。及来听讲许时，乃稍知大意。"

【译文】

九川将要从虔州回家时，作了一首诗向先生告别："良知何事系多闻，妙合当时已种根。好恶从之为圣学，将迎无处是乾元。"

先生看后说："你若没来此处讲论良知，就不会理解'好恶从之'从的是什么。"

在座的敷英在旁边说："的确是这样。我曾经读了先生的《大学古本序》，不明白说的是什么。后来到这里听讲了一段时间，才稍微明白了大概意思。"

解 读

陈九川离开虔州（赣州）时，写了一首告别诗给王阳明先生，这首诗是他本人对阳明先生之学的理解。

16. 伤食之病

【原典】

于中、国裳辈同侍食。

先生曰："凡饮食只是要养我身，食了要消化。若徒蓄积在肚里，便成痞了，如何长得肌肤？后世学者博闻多识，留滞胸中，皆伤食之病也。"

【译文】

于中、国裳等人陪同先生就餐。

先生说："吃饭只是为了滋养我们的身体，吃了要能够消化。如果只是把食物积在肚子里，就会成为痞病，如何能滋养身体呢？后世的学者博学多识，把学问都滞留在胸中，都是患了吃而不消化的痞病。"

解 读

王阳明主张学致良知者参与种种事务的、学习的实际活动，如果知行分离，就势必像人多吃了东西而不消化一样，产生知识上的"伤食之病"。

17. 学知与生知

【原典】

先生曰："圣人亦是'学知'，众人亦是'生知'。"

问曰："何如？"

曰："这良知人人皆有，圣人只是保全，无些障蔽，兢兢业业，亹亹翼翼，自然不息，便也是学，只是生的分数多，所以谓之'生知安行'。众人自孩提之童，莫不完具此知，只是障蔽多，然本体之知难泯息，虽问学克治，也只凭他，只是学的分数多，所以谓之'学知利行'。"

【译文】

先生说："圣人也是学而知之，普通人也是生而知之。"

九川问："为何这样说？"

先生说："良知是人人天生都有的。圣人也不过是保全得好不被障蔽，兢兢业业，勤勤恳恳，良知自然会不停息，这也是学习。只是'生知'的成分比较多，所以称生知安行。普通人在还是孩子时也都完全具备良知，只是障蔽多了一些，可他的根本良知是不会泯灭的，即便求学克制，也只是依循良知。只是学知的成分多，所以说普通人是学知利行。"

解 读

阳明曾多次将孔子所区分的"生知者"和"学知者"从实践的角度合并为一，认为"生知"与"学知"并非是圣人与凡人的本体上的区别，而只是人成圣的天资限制的大与小。因此，圣人可以是学而知之者，凡人亦可以是生而知之者。这种圣凡平等观是难能可贵的。

二、黄直录——阳明四句教

黄直，字以方，江西金溪人，明中期学者、诤臣，王阳明的学生。黄直所录的内容，虽未经王阳明审阅，但较为具体地解说了阳明先生晚年的思想，并记载了阳明提出的"四句教"。有些版本的《传习录》分为"黄以方录"（本节前28条）和"黄直录"，本书将之合二为一，统一称之为"黄直录"。

1. 学存此天理

【原典】

黄以方问："'博学于文'为随事学存此天理，然则谓'行有余力，则以学文'，其说似不相合。"

先生曰："《诗》《书》、六艺皆是天理之发见，文字都包在其中，考之《诗》《书》、六艺，皆所以学存此天理也，不特发见于事为者方为文耳。余力学文，亦只博学于文中事。"

【译文】

黄以方问："孔子说的'博学于文'是说随时随地学习存养天理，可是他又说'行有余力，则以学文'，这两种说法似乎不合？"

先生说："《诗经》《尚书》、六艺都是天理的发现，字字句句都包含其间，研究《诗经》《尚书》、六艺，都是用来学存天理的，不是只有亲身去实践而获得的才是'文'。'行有余力，则以学文'也是'博学于文'之中的事。"

解 读

王阳明和孔子一样，把人的道德素养看做是第一位的，阳明不希望自己的学生成为仅有知识而缺乏道德的人。因为在现实生活中，学文而无行者太多了。所以，他强调：你可以行而无学文，但不可学文而无行。

2. 学思非两事

【原典】

或问"学而不思"二句。

曰："此亦有为而言，其实思即学也。学有所疑，便须思之。'思而不学'者，盖有此等人，只悬空去思，要想出一个道理，却不在身心上宜用其力，以学存此天理。思与学作两事做，故有'罔'与'殆'之病。其实思只是思其所学，原非两事也。"

【译文】

有人请教孔子的"学而不思则罔，思而不学则殆"这两句。

先生说："这两句话也是有的放矢，其实思就是学。学的过程有了疑惑，当然要仔细思考了。'思而不学'说的是，有的人只是凭空去假想，要想出一个道理来，偏不在身心修炼上适宜用功，学着存天理。把学和思当成两件毫不相干的事，因此才出现'罔'与'殆'的问题。其实所谓的思就是思自己的所学，并不是两件事。"

解 读

学与思相结合，在掌握知识过程中是必由之路，古今中外成功者的事例无不证明了这一点。这里，阳明先生在肯定孔子观点的同时，也有自己的主张。他认为，学与思并不是两件事，思是思考自己所学的东西，只不过是学的一个环节。

3. 四句教

【原典】

先生曰："先儒解'格物'为'格天下之物'，天下之物如何格得？且谓'一草一木亦皆有理'，今如何去格？纵格得草木来，如何反来诚得自家意？我解'格'作'正'字义，'物'作'事'字义。《大学》之所谓'身'，即耳、目、口、鼻、四肢是也。欲修身，便是要目非礼勿视，耳非礼勿听，口非礼勿言，四肢非礼勿动。要修这个身，身上如何用得工夫？心者身之主宰，目虽视而所以视者心也，耳虽听而所以听者心也，口与四肢虽言、动而所以言、动者心也。故欲修身在于体当自家心体，常令廓然大公，无有些子不正处。主宰一正，则发窍于目，自无非礼之视；发窍于耳，自无非礼之听；发窍于口与四肢，自无非礼之言、动；此便是修身在正其心。然至善者，心之本体也，心之本体，那有不善？如今要正心，本体上何处用得功？必就心之援动处才可着力也。心之发动，不能无不善，故须就此处着力，便是在诚意。如一念发在好善上，便实实落落去好善；一念发在恶恶上，便实实落落去恶恶。意之所发，既无不诚，则其本体如何有不正的？故欲正其心，在诚意。工夫到诚意，始有着落处。然诚意之本，又在于致知也。所谓'人虽不知而己所独知'者，此正是吾心良知处。然知得善，却不依这个良知便做去；知得不善，却不依这个真知便不去做，则这个真知便遮蔽了，是不能致知也。吾心良知既不得扩充到底，则善虽知好，不能着实好了；恶虽知恶，不能着实恶了，如何得意诚？故致知者，意诚之本也。然亦不是悬空的致知，致知在实事上格。如意在于为善，便就这件事上去为；意在于去恶，便就这件事上去不为。去恶固是格不正以归于正，为善则不善正了，亦是格不正以归于正也。如此，则吾心良知无私欲蔽了，得以致其极，而意之所发，好善去恶，无有不诚矣。诚意功夫实下手处在格物也。若如此格物，人人便做得。'人皆可以为尧、舜'，正在此也。"

【译文】

先生说："以前的儒家学者解释'格物'是'格天下之物'，天下之物怎么格？并且说一草一木都有理存在，现在怎么去格呢？纵使草木格得出理来，却又如何能够诚自己的意？我认为'格'字应该做'正'字讲，'物'字应该做'事'字讲。《大学》里所说的'身'，就是指耳、目、口、鼻、四肢。要修身就要做到眼睛非礼勿视、耳朵非礼勿听、嘴巴非礼勿言、四肢非礼勿动。要修好这个身，身体本身怎么去用功夫呢？心是身体的主宰，眼睛之所以看是因为心，耳朵之所以听是因为心，口与四肢之所以说与动，都是因为心的缘故。因此修身的关键在于真正弄明白心才是问题所在，只要让心总是处于廓然大公的状态，就没有什么不正之处了。这个主宰一正，就会表现在不看、不听、不说、不动违背礼仪的东西上，这就说明修身的关键在于'正心'。至善，是心性的本体，人最初的心性哪有不善的呢？所以说到正心，原本就是善的，哪里还需要去正呢？正心是指在心性发生变动时才去用功夫纠正。心性的变动不可能完全没有不善的意思，因此需要在此处下手，这就是'诚意'。如果一个念头发出是向善的，你就实实在在去行善；一个念头发出是向恶的，你就实实在在去抑制根除自己的恶念，一念发动，没有不是诚的，那么它的本体怎么会不正呢？因此，想要正心关键在于诚意。功夫下在诚意上，功夫才有了入手的地方。然而诚意的根本在于致知。所谓别人都不知道而我独独知道的，这才是自心的良知。可是，知是善却不按照良知去做，知是恶却不跟从良知的指引而不去做，那么人的良知便被遮蔽了，就算不上是致知。内心的良知不能扩充到底，那么善虽然知道是好的，也不能真正地做好；恶虽然知道是恶的，也不会真的当做恶，这怎么能算得上是诚意呢？所以致知，是做到意诚的根本。然而也不是凭空的致知，致知要在具体的实事去格。如果意念是要去为善，那么就在你眼前这件实事去上行善；如果意念是要去除恶，那么就在你眼前这件实事上去除恶。除恶本来就是格不正让它归于正，为善是把不善的改变成善的了，这两者同理。如此这般，心里的良知就不会被私欲所遮蔽了，能够达到至善了，意念的发动，也只有好善，除恶，没有不诚正的。使意念诚正的功夫实践起来就在于格物。如果像这样去格物，人人都可以做到。人人都可以成为尧舜，正是因为这个道理。"

解 读

此段解说非常清楚而明确，一是讲修身在正心，二是讲正心在诚意，三是讲诚意在致知，四是讲致知在格物。这四点与阳明"四句教"一一对应：无善无恶心之体，有善有恶意之动，知善知恶是良知，为善去恶是格物。

4. 阳明格竹

【原典】

先生曰："众人只说'格物'要依晦翁，何曾把他的说去用？我着实曾用来。初年与钱友同论做圣贤要格天下之物，如今安得这等大的力量？因指亭前竹子，令去格看。钱子早夜去穷格竹子的道理，竭其心思，至于三日，便致劳神成疾。当初说他这是精力不足，某因自去穷格，早夜不得其理，到七日，亦以劳思致疾，遂相与叹圣贤是做不得的，无他大力量去格物了。及在夷中三年，颇见得此意思，方知天下之物本无可格者。其格物之功，只在身心上做。决然以圣人为人人可到，便自有担当了。这里意思，却要说与诸公知道。"

【译文】

先生说："大家都说'格物'应该遵从朱熹的话去做，可是何曾有人真正按照他的说法去实践了呢？我倒是实践过。当初与钱友同谈论做圣贤就要去格天下的万物，可是现在哪有这么大的力量呢？因此我指着亭前的竹子，我俩决定去格格看。钱友同从早到晚都到庭院去格竹子的道理，但他竭尽心力，三天后竟然病倒了。我觉得他这是因为精力不足的缘故，我因此自己去穷格，从早到晚格不出理来，到了第七天，也劳思成疾。我二人遂相互叹息：圣贤是做不来了，没这么大的力量去格尽万物。后来到了贵州龙场，待了三年，才恍然大悟，原来天下的事物本来就没有可以格的，所谓的格物，只要在自心上去格。不仅是圣人可以做到，实则乃人人都可以做到，这才把格物这事整明白了。这段故事的意思，要说给大家知道。"

解 读

王阳明不是心外的"格物"，而是静思，宛若禅宗之于蒲团打坐。这里他就叙述了自己早先格竹子之理这件事，告诉学生，"格物致知"不是根本的功夫，根本的功夫在于颠倒过来，先致知而后格物。

5. 童子格物

【原典】

门人有言邵端峰论童子不能格物，只教以俪扫应对之说。

先生曰："俪扫应对，就是一件物。童子良知只到此，便教去俪扫应对，就是致他这一点良知了。又如童子知畏先生长者，此亦是他良知了。故虽嬉戏中见了先生长者，便去作揖恭敬，是他能格物以致敬师长之良知了。童子自有童子的格物致知。"

又曰："我这里言格物，自童子以至圣人，皆是此等工夫。但圣人格物，便更熟得些子，不消费力。如此格物，虽卖柴人亦是做得，虽公卿大夫以至天子，皆是如此做。"

【译文】

有学生说邵端峰认为童子不能格物，只教他些个洒扫、应对之类的基本礼节知识就可以了。

先生说："洒扫、应对本身就是物。童子的良知只有这个程度，那你就去教他洒扫、应对好了，这就是致他这一点上的良知了。又譬如童子知道敬畏师长，这也是他的良知，因此童子虽然正在嬉戏但见到师长仍知道起身作揖表示恭敬，这是他能格物才达到了尊敬师长的良知。童子自有童子应有的格物致知。"

又说："我这里所说的格物，自童子至圣人，都是这样一个道理。不过是圣人格物更为娴熟罢了，不需要费力。这样格物，即使是卖柴的人也是可以格物的，即使是公卿大夫、乃至天子，都是这样格物的。"

解读

王阳明把"格物"看成"意"之落实，也即"良知"的落实。从而"格物"在朱熹的外向性求物之理的知识追求行动变成了阳明的日用常行中的内向性道德向外实现过程。在阳明看来，"格物"是道德践履的实际行动，是日常生活中的细微平凡之事，而不是什么高深莫测的学问，无论是童子还是圣人，不管是樵夫还是公卿大夫以至天子，都是一样。

6. 强调"合一"

【原典】

或疑知行不合一，以"知之匪艰"二句为问。

先生曰："良知自知，原是容易的。只是不能致那良知，便是'知之匪艰，行之唯艰'。"

门人问曰："知行如何得合一？且如《中庸》言'博学之'，又说个'笃行之'，分明知行是两件。"

先生曰："博学只是事事学存此天理，笃行只是学之不已之意。"

又问："《易》'学以聚之'，又言'仁以行之'，此是如何？"

先生曰："也是如此。事事去学存此天理，则此心更无放失时，故曰：'学以聚之。'然常常学存此天理，更无私欲间断，此即是此心不息处，故曰：'仁以行之。'"

又问："孔子言'知及之，仁不能守之'，知行却是两个了。"

先生曰："说'及之'，已是行了，但不能常常行，已为私欲间断，便是'仁不能守'。"

又问："心即理之说，程子云'在物为理'。如何谓心即理？"

先生曰："'在物为理'，'在'字上当添一'心'字：此心在物则为理，如此心在事父则为孝，在事君则为忠之类。"

先生因谓之曰："诸君要识得我立言宗旨。我如今说个心即理是如何？只为世人分心与理为二，故便有许多病痛。如五伯攘夷狄，尊周室，都是一个私心，便不当理，人却说他做得当理，只心有未纯，往往悦慕其所为，要来外面做得好看，却与心全不相干。分心与理为二，其流至于伯道之伪而不自知。故我说个心即理，要使知心理是一个，便来心上做工夫，不去袭义于外，便是王道之真。此我立言

240

宗旨。"

又问:"圣贤言语许多,如何却要打做一个?"

曰:"我不是要打做一个,如曰:'夫道,一而已矣。'又曰'其为物不二,则其生物不测。'天地圣人皆是一个,如何二得?"

【译文】

有人怀疑知行无法合一,用"知之匪艰,行之唯艰"这两句话作为佐证来问先生。

先生说:"明白自心的良知本来是很容易的,只是不能在事事物物上践行良知,那就会产生'知之匪艰,行之唯艰'的情况。"

学生问:"知与行怎么能合二为一?譬如《中庸》说'博学之',又说要'笃行之',这不正说明知与行是两件事儿吗?"

先生说:"博学是指在事事上学存天理,笃行是说学习不可间断。"

学生又问:"《易经》里说'学以聚之',又说'仁以行之',这是为什么呢?"

先生说:"还是如此!事事上去学存天理,那么心就不会有间断,因此说'学以聚之'。既然经常保持着存天理的状态,更没有个人的私欲来间断心,所以说'仁以行之'。"

学生又问:"孔子说'凭借聪明才智足以得到它,但仁德不能保持它',这里是说知与行是两回事吧?"

先生说:"说'及之'就已经是行了,只是不能常常坚持,被个人私欲间断,这就是孔子说'仁不能守'的原因。"

再问先生:"关于心即理的说法,程子说'在物为理',先生为什么说心就是理呢?"

先生说:"'在物为理'这句话,应该在'在'的前面加上'心'字,变成'此心在物则为理'这样的话,此心在于奉养父母就是孝,此心在于侍奉君主就是忠。"

先生接着对大家说:"诸位要明白我立言的宗旨,我今天给大家讲讲'心即理'是怎么回事。因为世人把心和理分做两件事,这就会产生许多理论解释不清现实的现象。像五伯攘夷狄,尊周室,都是因一个私心,做得不符合理,可有人却说他做得合理,只因为心有不纯的动机,这就是促使某些人形成了欣赏五霸的所作所为,要的是外面做得好看,与心全不相干。把心与理分成两事,是使自己流于五霸之伪而不知罢了。因此我才说'心即理',目的是要使心理合一。只要从自己心上开始修炼,不必求义于外,这才是王道的真知,也是我立言的宗旨。"

又有人问先生:"圣贤关于知、行的话很多,为何你要把它们合二而一?"

先生说："不是我非得把知、行合成一个，你譬如孟子就说'夫道一而已矣'，又说'其为物不二，则其生物不测'，天地圣人都是同样的一个'道'，哪里来的二呢？"

解 读

阳明为学强调"合一""主一"，认为圣贤之学只"心即理"，不容有二。在他那里，世界是统一的，它统一于心，而这世界主要是人文世界而非物理世界，这心是道德心而非认识心。

7. 知觉便是心

【原典】

"心不是一块血肉，凡知觉处便是心。如耳目之知视听，手足之知痛痒，此知觉便是心也。"

【译文】

先生说："我学说里的心，不是一块血肉，凡是有知觉的地方便是心之所在，比如耳目的听和看，手脚的知痛知痒，这些知觉都是心。"

解 读

程、朱所说的"心"主要指"腔子里"的血肉之物，是一种客观存在的物质实体。而在王守仁的理解中，"心"已不是物质的存在，而是人的主体精神，如"知觉"就是心的作用。

8. 格物即慎独戒惧

【原典】

以方问曰："先生之说'格物'，凡《中庸》之'慎独'及'集义''博约'等说，皆为'格物'之事。"

先生曰："非也。格物即慎独，即戒惧；至于'集义''博约'，工夫只一般，不是以那数件都做'格物'底事。"

【译文】

黄以方问："按照先生关于格物的说法，是不是《中庸》里所提到的慎独、集义、博约等说法都属于格物的范畴？"

先生说："不是的，格物就是慎独，就是戒惧，至于集义、博约等，只是一般性的功夫，不是所有《中庸》提到的都是格物。"

解 读

王阳明认为，《大学》里所说的"格物致知"，即《中庸》所说的"明善"。阳明曾说："慎独即是致良知。"博学、审问、慎思、明辨、笃行都是"明善"之功。明善之外并没有别的诚身之功，格物致知之外又岂别有所谓诚意之功？书之所谓精一，语之所谓博文约礼，中庸之所谓尊德性而道问学，都是如此。

9. 尊德性

【原典】

以方问"尊德性"一条。

先生曰："'道问学'即所以'尊德性'也。晦翁言子静以'尊德性'诲人，某教人岂不是'道问学'处多了些子，是分'尊德性''道问学'作两件。且如今讲习讨论下许多工夫，无非只是存此心，不失其德行而已。岂有'尊德性'只空空去尊，更不去问学？问学只是空空去问学，更与德性无关涉？如此，则不知今之所以讲习讨论者，更学何事？"

【译文】

黄以方请教《中庸》里"尊德性而道问学"这句话。

先生说："'道问学'的目的就是用来'尊德性'。朱熹说子思是以'尊德性'来教育人，那我教人岂不是'道问学'多了些？这是分'尊德性''道问学'作两件事。现在我们在讲学、讨论上下了许多工夫，无非只是存此心，不失其德性罢了。哪有'尊德性'只是空对空的去尊，并且不去问学；问学如果仅是漫无目的地去问学，也就和德行没关系了。如果是这样，我们在这讲习讨论是要学什么事呢？"

解 读

《中庸》中有"故君子尊德性而道问学"这句话，说的是君子所应有的一种素质。其中"尊德性"的"性"是"天命之为性"，以达到"率性之为道"的目的，它注重人的道德的内省；而"道问学"则是对"博学之，审问之，慎思之，明辨之，笃行之"的概括。

10. 致广大

【原典】

问"致广大"二句。

曰："'尽精微'即所以'致广大'也，'道中庸'即所以'极高明'也。盖心之本体自是广大底，人不能'尽精微'，则便为私欲所蔽，有不胜其小者矣。故能细微曲折，无所不尽，则私意不足以蔽之，自无许多障碍遮隔处，如何广大不致？"

又问："精微还是念虑之精微，事理之精微？"

曰："念虑之精微，即事理之精微也。"

【译文】

黄以方问《中庸》中的"致广大而尽精微，极高明而道中庸"这两句。

先生说："'尽精微'的目的就是用来'致广大'，'道中庸'也是'极高明'的原因。应该说心的本体原本就是广大地，人如果不能'尽精微'那就一定是被私欲所蒙蔽，就变得再小不过了。所以，心要能够做到细微曲折、无所不尽，那么私欲就无法蒙蔽它了，没有这些私欲的障碍遮蔽，怎么会不广大呢？"

再问："这里所说的精微是思虑的精微还是事理的精微？"

先生说："思虑的精微就是事理的精微。"

解 读

阳明的"精微"说，主要是说"义理""事理"上的精微："念虑之精微即事理之精微。"有此"精微"，乃为做人之"精微"，他获得了道理，他克服了私欲，他的良知就通畅就开阔。对"义理""事理"的精微，说到底，也是对良知的精微把握。

11. 见性

【原典】

先生曰："今之论性者，纷纷异同，皆是说性，非见性也。见性者无异同之可言矣。"

【译文】

先生说："现在谈论本性的人，议论纷纷各有异同，虽然都是在说本性，其实都是不明白本性，对于认识到本性的人而言，没有什么异同。"

解 读

王阳明认为，性没有一定的格式，古人论性不尽相同，只是所见有浅深；今人论性不同，也只是说性而非见性。见性者无异同之可言，只有从性的本体与发用、源头与流弊等不同方面看到它们的统一本质，才可谓见性。这种见性的思想，直接驳斥了朱熹将性分为形而上与形而下两截的观点。

12. 声色货利之交

【原典】

问："声色货利，恐良知亦不能无。"

先生曰："固然。但初学用功，却须扫除荡涤，勿使留积，则适然来遇，始不为累，自然顺而应之。良知只在声色货利上用功。能致得良知精精明明，毫发无蔽，则声色货利之交，无非天则流行矣。"

【译文】

黄以方问："音乐、美女、财货、利益，这些东西恐怕良知里也不能没有吧？"

先生说："是有。不过在刚开始试着来致良知的人，却需要把它们统统扫除干净，不要存留，这才能在碰到这方面的事情时，不会被它们所牵累，顺其自然地应付。致良知也只有在音乐、美女、财货、利益这些方面用功，才能将良知致得分明彻底，不会被任何事物遮蔽，到那时你再遇到音乐、美女、财货、利益等，就会像流水行云般自然遵行天理处之了。"

解 读

王阳明在这里对"欲"做了某种程度的肯定，"醇儒"所鄙夷的行为不仅得到了肯定，甚至被涂抹上了一层高尚的道德色彩。明朝中晚期商品经济发达。阳明在儒家思想的论域内对声、色、货、利等行为的阐释和包容，无疑是对这种社会现实的积极反映。

13. 实去用功

【原典】

先生曰："吾与诸公讲'致知''格物'，日日是此，讲一二十年，俱是如此。诸君听吾言，实去用功，见吾讲一番，自觉长进一番。否则只作一场话说，虽听之一何用。"

【译文】

先生说："我与诸位讲'致知''格物'，天天都是这样去讲，讲了一二十年还是如此，诸位听进了我的学说，用心去做，那么，每次再听我讲就会觉得自己又有了长进。否则只当随意地一番闲聊，听了也没有什么用处。"

解 读

王阳明不把为学仅仅看做书本上的事，而强调实事磨炼与身体力行，这正是他根据"知行合一"原则教人在实践中锻炼思想与意志，培养优良品质与行为习惯的治学方法。

14. 后天的感应

【原典】

先生曰："人之本体，常常是寂然不动的，常常是感而遂通的。'未应不是先，已应不是后。'"

【译文】

先生说："人心的本体，常常是寂然不动的，常常是在有感之后才通悟感应的。没有感应不是先，受到感应也不是后。"

解 读

良知并不是后天经验所综合形成的，而只是通过功夫使它显现或者说是"悟"出来。先天赋予主体的良知在致良知的展开之前是不会被主体自觉把握的，离开后天的"致"的过程，它亦只是一种寂然不动的本体。在这里，"感"和"应"可以看做是后天功夫的展开过程。良知诚然在逻辑上先天而有，但其内容和作用唯有通过后天的感应（功夫）才能得到展示，没有功夫，良知也就不会体悟出来。

15. 超越见闻

【原典】

一友举佛家以手指显出，问曰："众曾见否？"

众曰："见之。"

复以手指入袖。问曰："众还见否？"

众曰："不见。"

佛说还未见性。此义未明。

先生曰："手指有见有不见，尔之见性常在。人之心神只在有睹有闻上驰骛，不在不睹不闻上着实用功。尽不睹不闻，实良知本体。戒慎恐惧，是致良知的功夫。学者时时刻刻常睹其所不睹，常闻其所不闻，工夫方有个实落处。久久成熟后，则不须着力，不待防检，而真性自不息矣。岂以在外者之闻见为累哉！"

【译文】

一位友人以佛家的方式给众人演示，举一手指问："你们看见了吗？"

众人说："看见了。"

他再把手缩进袖子中举手问大家："你们还能看见吗？"

众人说："看不见。"

友人说："按佛家的说法，你们还没有认识到一切众生普具的佛性，佛理未明啊！"

先生说："手指可以看见也可以是看不见的，你所谓的认识到一切众生普具的佛性常在。而人的心神只在看见和听见的地方说事，却不在看不见、听不见的方面用功。其实听不见、看不着之处，才是良知的本体，'戒慎乎其所不睹，恐惧乎其所不闻'是致良知必需的功夫。儒家学者能够时刻看见其眼睛看不见的、听到其耳朵所听不见的，这样就有个用功的途径。久而久之，功夫成熟了之后，就不用费力了，不需要提防检点，人的真性自然就生生不息了。哪会以外在的所闻所见为累呀！"

解 读

王阳明认为，致良知就是要用自己的心，超越外在的见闻，去见到那隐藏在事物背后的本体。可惜绝大多数人都不能达到这个境界，只是因为他们被眼前的景象所迷惑住了。

16. 致良知是必有事的功夫

【原典】

问："先儒谓'鸢飞鱼跃'，与'必有事焉'同一活泼泼地。"

先生曰："亦是。天地闲活泼泼地无非此理，便是吾良知的流行不息。'致良知'便是'必有事'的工夫。此理非唯不可离，实亦不得而离也。无往而非道，无往而非工夫。"

【译文】

学生问："先前的儒家学者说的'鸢飞鱼跃'和'必定的事情'，同是天地的规律吗？"

先生说："也对。天地的规律，就是我们说的理，就是我们的良知川流不息，'致良知'就是针对'必定有的事情'去下工夫。这个理非但须臾不可离，实在也是时刻离不开的。没有什么不是道，也没有什么不是功夫。"

解 读

"鸢飞鱼跃"如同孟子的"必有事焉"，是天地之间无时不然、无处不在的道的体现。人有良知流行不息，天有大道流行不息，天人本来就是一体的，所以王阳明说"致良知"便是"必有事"的功夫。

17. 一掴一掌血

【原典】

先生曰："诸公在此，务要立个必为圣人之心，时时刻刻须是一棒一条痕，一掴一掌血，方能听吾说话，句句得力。若茫茫荡荡度日，譬如一块死肉，打也不知得痛痒，恐终不济事，回家只寻得旧时伎俩而已，岂不惜哉？"

【译文】

先生说："诸位在这里，务必要立志成为圣人，时时刻刻都要下死功夫去修炼学习，一棒子一条痕、一巴掌一把血。这样才能听我说话，才能句句入心入脑。如果茫茫然地混日子，就像一块死肉，打也不知道痛，恐怕最终也学不到什么，回家去之后依旧是往日伎俩，难道不可惜吗？"

解 读

《儒林外史》中人说八股文做得好时也就有了一掴一掌血的功力。真是一番气在千般用，就看你干什么了。阳明的思路一言以蔽之，像所有的宗教要求"起信"一样，要求必须发起成圣的信心。

18. 何足为恃

【原典】

问："近来妄念也觉少，亦觉不曾着想定要如何用功，不知此是工夫否？"

先生曰："汝且去着实用功，便多这些着想也不妨，久久自会妥帖。若才下得些功，便说效验，何足为恃！"

【译文】

学生问："近来觉得妄念渐渐少了，还觉得自己不用去想着如何用功修炼了，不知道这算不算做功夫？"

先生说："你还是去着实用功修炼吧，就是多些想法也无所谓，时间久了自然就会一切正常。如果才刚刚下点功夫就认为有了效果，哪有什么依据呀？"

解 读

王阳明认为，为学需要持续不断地用功。如果刚下了点功夫或者刚取得了一点点成效，就认为自己达到了某种境界，显然是"一瓶子不满半瓶子晃荡"。

19. 立命功夫

【原典】

一友自叹："私意萌时，分明自心知得，只是不能使他即去。"

先生曰："你萌时，这一知处便是你的命根，当下即去消磨，便是立命功夫。"

【译文】

一位朋友叹息说："私欲萌动时，心里分明觉察到了，只是没法使私欲立刻去除。"

先生说："你萌生私欲时，这一知就是你学业的命脉所在，立刻用功去消除，这才是人生立命的真功夫。"

解 读

朋友的思维属于知行分二，所以存在知而不能行的情况。与此有别，阳明的思维是知行合一，私意的一念发动，便有良知的自觉；而良知的自觉，当下即去消除即立命的功夫。所以立命本是知行合一的实践过程。

20. 性相近即性善

【原典】

"夫子说'性相近'，即孟子说'性善'，不可专在气质上说。若说气质，如刚与柔对，如何相近得？惟性善则同耳。人生初时善，原是同的，但刚的习于善则为刚善，习于恶则为刚恶；柔的习于善则为柔善，习于恶则为柔恶，便日相远了。"

【译文】

先生说："孔子所说的'性相近'就是孟子所说的'性善'，性不只是专门指气质而言的。如果专门指气质，像刚与柔相对，怎么相近得了，只有性善是相同的。人刚出生时，在性善这一点上都是一样的，但刚强的，修习于善则成为了刚强的善，修习于恶则成为了刚强的恶；温柔的，修习于善则成为了温柔的善，修习于恶则成为了温柔的恶，这样差距便日渐远了。"

解 读

朱子认为孔子"性相近"之"性"是指气质而言的，气质之性虽有美恶之不同，但其初皆相差不远，由于习于善则为善，习于恶则为恶，才相远了。王阳明则认为孔子的"性相近"就是孟子的"性善"，不是指气质而就是指人人生而共同具有的道德本性"至善"；他不仅反对气质在初始时相近的说法，也反对朱子把气质之性看做恶的来源的理论，认为恶的产生是"意之动"的结果。

21. 着不得一念留滞

【原典】

先生尝语学者曰："心礼上着不得一念留滞，就如眼着不得些子尘沙，些子能得几多，满眼便昏天黑地了。"

又曰："这一念不但是私念，便好的念头亦着不得些子，如眼中放些金玉屑，眼亦开不得了。"

【译文】

先生常对学生说："人的心性上容不得一点念头，就好比眼睛里揉不得沙子，稍有一点点，便会满眼昏天黑地。"

又说："不但是私念，就是好的念头也容不得，就好似眼睛里哪怕是有了一点点金玉屑，眼睛也会睁不开一样。"

解 读

王阳明以"心体"取代朱熹的"性体"，在成人之道上表现为强调人应顺其良知之自然发用，反对设定先验存在的理从而阻碍良知的自然发用，即反对刻意为善。这也是阳明先生"无我"说的一个重要方面。

22. 灵明

【原典】

问："人心与物同体，如吾身原是血气流通的，所以谓之同体。若于人，便异体了。禽兽草木益远矣。而何谓之同体？"

先生曰："你只在感应之几上看，岂但禽兽草木，虽天地也与我同体的，鬼神也与我同体的。"

请问。

先生曰："你看这个天地中间，什么是天地的心？"

对曰："尝闻人是天地的心。"

曰："人又什么叫做心？"

对曰："只是一个灵明。"

"可知充天塞地中间，只有这个灵明。人只为形体自间隔了。我的灵明，便是天地鬼神的主宰。天没有我的灵明，谁去仰他高？地没有我的灵明，谁去俯他深？鬼神没有我的灵明，谁去辨他吉凶灾祥？天地鬼神万物，离却我的灵明，便没有天地鬼神万物了；我的灵明离却天地鬼神万物，亦没有我的灵明。如此，便是一气流通的，如何与他间隔得？"

又问："天地鬼神万物，千古见在，何没了我的灵明，便俱无了？"

曰："今看死的人，他这些精灵游散了，他的天地鬼神万物尚在何处？"

【译文】

学生问："人心与万物同为一体，像我们的身体原本就是血气等物质流通的，这还可说是同体，对于他人来说就应该是异体了，至于禽兽草木就更远了，为什么还说是同体呢？"

先生说："你这是只在感应上看问题了；其实岂止禽兽草木，就算是天与地、鬼与神也是和我同体的。"

学生问为什么。

先生说："你看天地中间，什么才是它们的心？"

学生回答说："我曾经听人说人是天地的心。"

先生问："什么是人的心？"

学生回答说："是人的灵明。"

先生说："可见充塞天地间的只有这个灵明，只是被人体所隔开了，我的灵明便是天地鬼神的主宰。天没有我的灵明，谁去仰望它的高？地没有我的灵明，谁去俯察它的厚？鬼神没有我的灵明，谁去分辨它的吉凶灾祥？天地万物鬼神，离开了我的灵明，便没有了，一切成空。反过来，离开了万物，我的灵明也就没有了。所以，它们是一气相通的，怎么隔开的呢？"

学生又问："天地鬼神万物千百万年来都是存在的，为什么没了我的灵明，就都没了呢？"

先生说："现在你看那些死去的人，他的灵明消散了，他的天地鬼神万物在哪儿呢？"

解 读

阳明学说里的"灵明"，是指人的精神或心之精神，有别于人的身体或形体。就个人而言，这个精神就是身体的主宰，就是天地万物的主宰。而阳明口中的"灵明"就是指心之本体的良知。

23. 严滩之辩

【原典】

先生起行征思、田，德洪与汝中追送严滩，汝中举佛家寅相幻相之说。

先生曰："有心俱是实，无心俱是幻；无心俱是实，有心俱是幻。"

汝中曰："有心俱是实，无心俱是幻，是本体上说工夫。无心俱是实，有心俱是幻，是工夫上说本体。"

先生然其言。

洪于是时尚未了达，数年用功，始信本体工夫合一。但先生是时因问偶谈，若吾儒指点人处，不必借此立言耳。

【译文】

先生启程就任两广总督，钱宽与王畿（字汝中）一直追到严滩送别，王畿举佛家实相幻相的说法询问于先生。

先生说："有心就是实，无心就是幻；无心就是实，有心就是幻。"

汝中说："有心就是实，无心就是幻，是就本体上说功夫；无心就是实，有心就是幻，是就功夫上说本体。"

先生认为他说得对。

钱德洪当时没明白，此后数年用功下来，才知道本体、功夫其实是合一的。只是先生当时因被人问起偶尔说的，如果我们再去指点别人，不必借老师的这个典故来证明自己的言论。

解 读

在王阳明的心学体系中，核心概念是致良知。一开始王阳明就将良知赋予了本体的意义，而致良知就是开拓、显现良知的过程，也就是阳明心学的功夫论。良知与致良知的关系即本体与功夫的关系。在这次"严滩之辩"中，王阳明进一步阐述了本体与功夫关系：本体（良知）是功夫（致良知）的先天根据，功夫以本体为出发点和前提，并在过程的展开中以本体为规范，这与心学"尊德性"的主张是一贯的。这样，从本体上说功夫，必须设定本体的存在（有心俱是实，无心俱是幻）。与此同时，本体唯有通过切实的致知过程，才呈现为真实的根据。

24. 不择衰朽

【原典】

尝见先生送二三耆宿出门，退坐于中轩，若有忧色。德洪趋进请问。

先生曰："顷与诸老论及此学，真员凿方枘。此道坦如道路，世儒往往自加荒塞，终身陷荆棘之场而不悔，吾不知其何说也！"

德洪退，谓朋友曰："先生诲人，不择衰朽，仁人悯物之心也。"

【译文】

曾经看到先生送几位老儒生出门，回到堂屋坐下后，隐隐面带忧色。钱德洪走上前去问缘故。

先生说："刚才和几位老儒生谈论致良知之学，真是圆凿方枘（比喻格格不入，话不投机）。本来这门学问就像平坦的大路一样，但当世的儒生往往自己加以堵塞，终身陷在荆棘丛里而不悔，我不知道应该怎样说服他们。"

钱德洪出来之后对朋友说："先生教育人，不管你岁数大小、是否腐朽，是圣人心怀天下、悲天悯人的高尚情怀。"

解 读

王阳明也有教育失败的时候，他碰上顽固老儒生也是一筹莫展。阳明从天下一家、中国一人的立论出发，赋予博爱以宽容的内涵，而宽容正是意味着能包容与自己相反的力量，接纳令自己讨厌的事物。钱德洪"先生诲人，不择衰朽"的感叹，正是反映出王阳明的包容一切的仁人悯物之心。

25. 无我自能谦

【原典】

先生曰："人生大病，只是一傲字。为子而傲必不孝，为臣而傲必不忠，为父而傲必不慈，为友而傲必不信。故象与丹朱俱不肖，亦只一傲字，便结果了此生。诸君常要体。此人心本是天然之理，精精明明，无致介染着，只是一无我而已。胸中切不可有，有即傲也。古先圣人许多好处，也只是无我而已，无我自能谦。谦者众善之基，傲者众恶之魁。"

【译文】

先生说："人生最大的问题就是一个'傲'字。为子傲必不孝，为臣傲必不忠，为父傲必不慈，为友傲必不信。因此，象和丹朱都属于不肖之辈，就是因一个傲字而荒废了一生。诸位应该要体察到。人心本就是天理，原就是精精明明的，要想让它不被污染，只要一个'无我'也就够了。胸中切不可'有我'，有我即是傲。先贤圣人的许多优点，也只是因为'无我'而已，无我便能谦虚。谦乃万善之基，傲乃万恶之首。"

解 读

无我即无私，这是仁的实质所在，也是儒家的最高道德理想。王阳明非常强调无我，认为"无我自能谦"，有我即傲，而"谦者众善之基，傲者众恶之魁"。他把无我看成是心本体的本然，是圣学的根本，看成是圣人的道德境界。

26. 唯变所适

【原典】

又曰："此道至简至易的，亦至精至微的。孔子曰：'其如示诸掌乎！'且人于掌何日不见？及至问他掌中多少文理，却便不知。即如我'良知'二字，一讲便明，谁不知得？若欲的见良知，却谁能见得？"

问曰："此知恐是无方体的，最离捉摸。"

先生曰："良知知即是《易》。'其为道也屡迁，变动不居，周流六虚，上下无常，刚柔相易，不可为典要，唯变所适。'此知如何捉摸得？见得透时，便是圣人。"

【译文】

先生又说："我的学说是至简至易的，也是至精至微的。孔子说：'就像手掌一样。'人哪天不看见手掌？至于自己手掌有多少纹理，却是不知道的，这就像我说良知二字，一讲大家都觉得知道，如果真要见到良知，又有谁又能见到呢？"

学生问："恐怕是因为良知没有具体形状，所以最难捉摸吧？"

先生说："良知就是《易》中说的'其为道也屡迁，变动不居，周流六虚，上下无常，刚柔相易，不可为典要，唯变所适'。这个良知怎么捉摸得透呢？能看透的人便是圣人。"

解 读

王阳明特别反对把良知当做一个"物",他的立足点是易象观念。阳明在表述对良知(道)的观照(体认)中,基本上是用《易传》的"易象"观念来描述良知的境界特征。易之道总括天人宇宙之理,其体不易,它内在于世间万象之中,没有固定的表现形式。良知是内在于心中的天理,其体不易,其外在表现和易一样没有固定的范式,"唯变所适"。

27. 故曰非助

【原典】

问:"孔子曰:'回也,非助我者也。'是圣人果以相助望门弟子否?"

先生曰:"亦是实话。此道本无穷尽,问难愈多,则精微愈显。圣人之言本自周遍,但有问难的人,胸中窒碍,圣人被他一难,发挥得愈加精神。若颜子闻一知十,胸中了然,如何得问难?故圣人亦寂然不动,无所发挥,故曰'非助'。"

【译文】

学生问:"孔子说:'颜回,不是帮助我的人。'这能说明圣人也是希望学生帮助自己吗?"

先生说:"这也是实话!圣人之道本就无穷无尽,学生的问难越多,就越能显现精微之处。圣人的学说本来是周全的,一旦遇到学生有搞不懂的地方来问自己,发挥与解释就越深刻。要是大家都像颜回那样听一知十,胸中了然熟知,哪里会有问难?所以圣人的学识也寂然不动,因此孔子才说颜回没帮他。"

解 读

颜回对于孔子之言,能默识心通,无所疑问,孔子当然是"深喜之"。但另一方面,圣人之道也因人而显,颜回"能默识心通",这只是他个人的修行,孔子还希望通过他的问难,帮助自己把"道"发挥得更加精微。在这里,王阳明对此做出了解释。

28. 国裳请题字

【原典】

邹谦之尝语德洪曰:"舒芬(字国裳,号梓溪)曾持一张纸,请先生写'拱把之桐梓'一章。先生悬笔为书,到'至于身而不知所以养之者',顾而笑曰:'国裳读书,中过状元,来岂诚不知身之所以当养,还须诵此以求警。'一时在侍诸友皆惕然。"

【译文】

邹谦之曾经对钱德洪说:"舒国裳曾经拿着纸请先生题字,要写的是《孟子》中'拱把之桐梓'一章。先生写道'至于身而不知所以养之者'时,回头笑着说:'国裳读书都读到中状元了,难道确实不知道身应当养?还需要这样的词语当警句。'当时一旁的学生们都很受触动。"

解 读

舒芬是正德十二年(1517)状元,也是王阳明的弟子,授翰林院修撰,因哭谏明武宗而被贬为福建市舶副提举。有《梓溪文钞》十八卷传世。有一首诗很有名:"千里家书只为墙,让他三尺又何妨!万里长城今犹在,不见当年秦始皇。"

29. 见在良知

【原典】

黄以方问:"先生格致之说,随时格物以致其知,则知是一节之知,非全体之知也,何以到得'溥博如天,渊泉如渊'地位?"

先生曰:"人心是天渊。心之本体,无所不该,原是一个天。只为私欲障碍,则天之本体失了。心之理无穷尽,原是一个渊。只为私欲窒塞,则渊之本体失了。如今念念致良知,将此障碍窒塞一齐去尽,则本体已复,便是天渊了。"

乃指天以示之曰:"比如面前见天,是昭昭之天,四外见天,也只是昭昭之天。只为许多房子墙壁遮蔽,便不见天之全体。若撤去房子墙壁,总是一个天矣。不可道眼前天是昭昭之天,外面又不是昭昭之天也。于此便是一节之知即全体之知,全体之知即一节之知,总是一个本体。"

【译文】

黄以方问："先生关于格致的学说，明确指出应随时格物来致良知，那么良知是一事一物良知，不是全体的良知，怎么能达到'薄博如天，渊泉如渊'的地步呢？"

先生说："人心如天，人心如渊。心的本体无所不包，原本就是一个天，只是常被私欲阻碍，使得天的本体就迷失了。内心的天理无穷无尽，原本是个深渊，只因为私欲的阻塞，深渊的本体才迷失了。如今念念不忘致良知，将这些障碍、阻塞一并去除干净，本体才能恢复，就仍是天和渊了。"

先生又指着天启示黄以方说："比如你看到的面前的天，是光明的天；四面回顾所见的天，也是光明的天。只是由于许多房子墙壁遮掩，就看不见天的全部，如果撤去房子墙壁，总还是一个天。不能说面前的天是光明的天，四周的天就不是光明的天。由此可见，一事一物的良知就是全体的良知，全体的良知也就是一事一物的良知，都是一个良知的本体。"

解　读

王阳明认为，一事一物的良知中包含着先验而普遍的良知；先验而普遍的良知必然要表现为具体的一事一物的良知。显然，阳明这里"一节之知即全体之知；全体之知即一节之知"的说法，其实也正表达了"见在良知"的含义。

30. 圣贤非无功业气节

【原典】

先生曰："圣贤非无功业气节，但其循著这天理，则便是道，不可以事功气节名矣。"

"'发愤忘食'是圣人之志，如此真无有已时。'乐以忘忧'，是圣人之道，如此真无有戚时。恐不必云得不得也。"

【译文】

先生说："圣贤不是没有功业气节，但是他们遵循这个天理，这就是道。圣贤不是以功业气节而闻名天下的。"

先生说："'发愤忘食'是圣人的志向，这样真的没有停止的时候；'乐以忘忧'是圣人的道，这样真的没有悲伤的时候。恐怕不能用得与不得来阐释了。"

解 读

成圣之道，在于遵循天理，而不在于是否有功业气节。圣人为了"理"、为了"道"，可以做到"发愤忘食""乐以忘忧"，而且也只有"发愤忘食""乐以忘忧"才能成圣。

31. 随人分限所及

【原典】

先生曰："我辈致知，只是各随分限所及。今日良知见在如此，只随今日所知扩充到底。明日良知又有开悟，便从明日所知扩充到底。如此，才是精一功夫。与人论学，亦须随人分限所及。如树有这些萌芽，只把这些水去灌溉。萌芽再长，便又加水。自拱把以至合抱，灌溉之功，皆是随其分限所及。若些小萌芽，有一桶水在，尽相倾上，便浸坏他了。"

【译文】

先生说："我们这些人致良知，也只是依据各自的能力尽力而为之。今天对于良知认识到什么程度，就依循今天的认识扩充到底；明天对于良知的认识又有新的领悟，就从明天的认识扩充到底。这么做才是精一的功夫。和别人谈论学问，也必须依据对方的能力极限。这就如同小树萌芽，只能用一点水去浇灌，等到再长大一点，再多浇一点水。树从一把粗到双臂合抱，浇水的多少都要根据树的发育情况来定。如果它才刚刚萌芽，就弄一大桶水浇下去，就会把它泡坏了。"

解 读

王阳明承认个人接受能力的差异，注意循序渐进，因人施教。如果不顾人的接受能力，把大量的高深的知识灌输进去，就会像用一桶水倾注在幼苗上把它浸坏一样，对人有害无益。

32. 一念发动就是行

【原典】

问'知行合一'。

先生曰："此须识我立言宗旨。今人学问，只因知行分作两件，故有一念发动，虽是不善，然却未曾行，便不去禁止。我今说个'知行合一'，正要人晓得一念发动处，便即是行了。发动处有不善，就将这不善的念克倒了，须要彻根彻底，不使那一念不善潜伏在胸中。此是我立言宗旨。"

【译文】

有人向先生请教知行合一的问题。

先生说："这必须得了解我的立言所指的宗旨。现在的人做学问，总是把知、行分开来看，所以有一个念头萌动，虽然是不善的，但由于没有做出来，就不去禁止。我现在讲'知行合一'，正是要让人明白心中一个念头萌动，那就等于做了。萌动了不善的念头，就要把这个不善的念头克制住，使之没有分毫藏之于心，这才是我的言论的宗旨。"

解 读

王阳明认为，一念发动就是行，比如，一个人产生恶念不能认为它只是一个念头而已，就掉以轻心，因为这个为恶的念头就已经是行了，必须立即克服，不使这个恶念潜伏心中。他的目的在于把人的道德意识和道德行为有机地统一起来，使人人的思想、行为都能自觉地去致良知。

33. 圣人本体明白

【原典】

"圣人无所不知，只是知个天理；无所不能，只是能个天理。圣人本体明白，故事事知个天理所在，便去尽个天理。不是本体明后，却于天下事物都便知得，便做得来也。天下事物，如名物度数、草木鸟兽之类，不胜其烦，圣人须是本体明了，亦何缘能尽知得？但不必知的，圣人自不消求知；其所当知的，圣人自能问人。如'子入太庙，每事问'之类。先儒谓'虽知亦问，敬谨之至'，此说不可通。圣人于礼乐名物，不必尽知，然他知得一个天理，便自有许多节文度数出来。不知能问，亦即是天理节文所在。"

【译文】

先生说："圣人无所不知，只是知道天理；圣人无所不能，只是能循天理。圣人的本体明白，因此事事都知道天理所在，循理去做而已。但也不是本体明白之后，那么天下的事物就都知道了，就都做得出来了。天下的事物，比如名称特性、程度数量、花鸟鱼虫等，不可胜数。圣人即使在本体上明白了，但不可能一一尽知的。其实也没有必要一一尽知的，圣人也不追求了解这些；应当知道的，圣人自然会询问别人。例如'孔子进太庙事事都问'之类。朱熹先生引用伊和靖的话，说'孔子虽然知道了还要问，这是极其恭敬谨慎的表现'，这种观点不正确。圣人对于礼乐名物，不需要全都知道，然而他知道一个天理，就自然会知道很多规矩法度。不知道的马上问，这也正是天理礼仪所要求的。"

解 读

天下万物，不计其数。如果事事知晓，这是不现实的。圣人无所不知，只是知道的是天理，天理即是良知。事事知道其天理所在，就自然去致良知。

34. 善恶只是一物

【原典】

问："先生尝谓'善恶只是一物'。善恶两端，如冰炭相反，如何谓只一物？"

先生曰："至善者，心之本体。本体上才过当些子，便是恶了。不是有一个善，却又有一个恶来相对也。故'善恶只是一物'。"

直因闻先生之说，则知程子所谓"善固性也，恶亦不可不谓之性"。又曰："善恶皆天理。谓之恶者，本非恶，但于本性上过与不及之间耳。"其说皆无可疑。

【译文】

黄直问："先生曾经说善恶其实是一件事。善恶两个方面，形同冰炭，截然相反，怎么能说是一件事呢？"

先生说："所谓的至善，是心的本体。本体上稍有闪失就是恶了。而不是先有一个善，然后再有一个恶跑来和它相对应，所以说善恶只是一件事。"

黄直因为听了先生的学说，才理解了程老师所说的"善固性也，恶亦不可不谓之性。""善恶皆天理。谓之恶者，本非恶，但于本性上过与不及之间耳。"对这些说法，黄直疑惑顿消了。

解 读

王阳明并不是一个十足的"性善论者"，他认为，至善才是本体，才具有积极的意义，是正的物事。至善的过与不及便成了恶。在这种意义上，恶并没有本体，本体只有一个，即至善。

35. 诚意之极

【原典】

先生尝谓人："但得好善如好好色，恶恶如恶恶臭，便是圣人。"

直初闻之，觉甚易，后体验得来，此个功夫着实是难。如一念虽知好善恶恶，然不知不觉，又夹杂去了。才有夹杂，便不是好善如好好色、恶恶如恶恶臭的心。善能实实的好，是无念不善矣；恶能实实的恶，是无念及恶矣。如何不是圣人？故圣人之学，只是一诚而已。

【译文】

先生曾经说过："一个人只要能喜好善像喜好美色、厌恶恶像厌恶恶臭那样，他就是圣人了。"

黄直刚刚听先生说时，觉得很容易，后来亲身体验后，才知道这功夫其实很难。比如心里的念头虽然知道喜欢善、厌恶恶，然而不知不觉就会掺杂进别的东西。稍有掺杂，就不是好善如同喜爱美色、憎恶如同讨厌恶臭了。如果能实实在在地喜好善，那么就没有一个念头不善了；如果能实实在在地厌恶恶，那么就没有一个念头涉及恶了。如此怎么会不是圣人呢？因此，圣人的学问只是一个诚字而已。

解 读

王阳明常把"如好好色、如恶恶臭"来指点知行的本体。在他眼里，知行本体实只是一个"诚"，诚意之极，知行自见合一，便是真能好恶的良知。

36. 分上事

【原典】

问:"《修道说》言:'率性之谓道'属圣人分上事,'修道之谓教'属贤人分上事。"

先生曰:"众人亦率性也,但率性在圣人分上较多,故'率性之谓道'属圣人事。圣人亦修道也,但修道在贤人分上多,故'修道之谓教'属贤人事。"

又曰:"《中庸》一书,大抵皆是说修道的事,故后面凡说君子,说颜渊、说子路,皆是能修道的;说小人,说贤、知、愚、不肖,说庶民,皆是不能修道的。其他言舜、文、周公、仲尼,至诚至圣之类,则又圣人之自能修道者也。"

【译文】

黄直就先生的《修道说》里所讲的"率性之谓道"是属于圣人分内的事,"修道之谓教"是属于贤人分内的事,特请教于先生。

先生说:"普通人也能'率性',但'率性'在圣人身上分量多,所以说'率性之谓道'是圣人分内的事。圣人也'修道',但'修道'在贤人身上分量多,所以说'修道之谓教'是贤人分内的事。"

先生又说:"《中庸》一书,大部分都是说'修道'的事。因此,在它后边的章句里凡是说到君子,都是在说颜渊、子路,他们都是能'修道'的人;凡是说到小人,说到贤者、智者、愚者、不肖者、庶民,他们都是不能'修道'的人;其他的说到舜、文王、周公、孔子等,这类至诚至圣的,则又是自然'修道'的圣人。"

解 读

在这里,阳明先生其实不太同意《中庸》对圣人的说法,他认为普通人和圣人一样,都能率性和修道,而且也都需要,只不过分量上多少有差异罢了。当普通人也把率性和修道当成"分上事",也一样会成为圣人。

37. 动静只是一个

【原典】

问：“儒者到三更时分，扫荡胸中思虑，空空静静，与释氏之静只一般，两下皆不用，此时何所分别？”

先生曰：“动静只是一个。那三更时分，空空静静的，只是存天理，即是如今应事接物的心。如今应事接物的心，亦是循此天理，便是那三更时分空空静静的心。故动静只是一个，分别不得。知得动静合一，释氏毫厘差处亦自莫掩矣。”

【译文】

有人问：“儒家学者在三更半夜时，荡涤心中的思虑，空空静静，与佛家所说的静是一样的，当此时，儒佛两家的功夫都未应事接物，怎么来分别到底是儒家的静还是佛家的静呢？”

先生说：“动静只是一件事。在三更半夜时空空静静地存天理，也就是如今应接事物的心；如今应接事物的心，也是要遵循天理，那就是半夜三更时分空空静静的心。因此，动静是一个事，分不开的。知晓了动静合一的道理，佛与儒的毫厘之差也就掩盖不住了。”

解 读

致良知功夫无分于动静，静时是功夫，动时也是功夫，而动静功夫只是一个，没有间断。儒、佛功夫内在静修上极为相似，所不同的是，良知功夫是动静合一的，佛氏功夫则动静分离，流入断灭禅定。

38. 矜持太过终是弊

【原典】

门人在座，有动止甚矜持者。

先生曰：“人若矜持太过，终是有弊。”

曰：“矜得太过，如何有弊？”

曰：“人只有许多精神，若专在容貌上用功，则于中心照管不及者多矣。”

有太直率者。先生曰：“如今讲此学，却外面全不检束，又分心与事为二矣。”

【译文】

在座的学生中，有一个人的举止过于矜持。

先生说："人要是过于矜持了，终究是存在弊端。"

学生问："过于矜持，怎么会存在弊端呢？"

先生说："人的精力是有限的，如果一味在容貌上下工夫，那么往往就不能照顾到内心了。"

门人中有过于直率的人。先生这样说："如今讲良知学说，如果在外表上完全不加约束，又把心和事分成两回事了。"

解　读

王阳明对于人的气质有自己的看法，他主张不要"过"，尤其是不要让气质成为见道的障碍，恢复心体之中和，达到知行合一。

39. 作文作诗

【原典】

门人作文送友行。问先生曰："作文免不了费心思，作了后又一二日常记在怀。"

曰："文字思索亦无害；但作了常记在怀，则为文所累，心中有一物矣，此则未可也。"

又作诗送人。先生看诗毕，谓曰："凡作文字，要随我分限所及。若说得太过了，亦非修辞立诚矣。"

【译文】

有一个学生写文章为朋友送行，问先生说："写文章难免费心思，写过后一两天还总记挂在心上。"

先生说："写文章时思考并无害处。只是作完文总放不下，那么就会被文章所牵累，心中存有一件事物，这就大可不必了。"

又有人写诗送人。先生看了之后，说："但凡写诗作文，要根据自己的天分和能力，如果说得太过分了，也就不是修辞立诚了。"

解　读

王阳明认为，无论是作文还是写诗，都要有"无可无不可""无所住而生其心"的心态，不累于心，就能"无入而不自得"，并且修饰言辞要以诚信为本。

40. 是无轻重也

【原典】

"文公'格物'之说，只是少头脑。如所谓'察之于念虑之微'，此一句不该与'求之文字之中，验之于事为之著，索之讲论之际'混作一例看，是无轻重也。"

【译文】

先生说："朱熹先生'格物'的学说，缺少一个主宰处。譬如他所说的'察之于念虑之微'，这一句不应该和'求之文字之中，验之于事为之著，索之讲论之际'混在一块去看，这是没有轻重之分呀！"

> **解读**

王阳明以为，朱子的这种并列，不但没有有效地突出心体良知相对于语言、事为和思虑——抑或本体论相对于认识论、道德论——来说所具有的决定作用和超越地位，而且更使主体实现道德自觉的路程变得如此曲折、漫长，将它们"混作一例看"，完全"是无轻重也"。

41. 此心廓然

【原典】

问"有所忿懥"一条。

先生曰："忿懥几件，人心怎能无得？只是不可有耳。凡人忿懥，着了一分意思，便怒得过当，非廓然大公之体了。故有所忿懥，便不得其正也，如今于凡忿懥等件，只是个物来顺应，不要着一分意思，便心体廓然大公，得其本体之正了。且如出外见人相斗，其不是的，我心亦怒。然虽怒，却此心廓然不曾动些子气。如今怒人，亦得如此，方才是正。"

【译文】

黄直就《大学》中"身有所忿懥，则不得其正"这一条向先生请教。

先生说："就像愤怒、恐惧、好乐、忧患等情绪，人心中怎会没有呢？只是不应当有罢了。一个人在愤怒时，如果多一分意思，就是愤怒得过了，不是廓然大公的本体了。因此，有所愤怒，心就不能中正。如今，对于愤怒等情绪，只要顺其自然，不过分在意，心的本体自然就廓然大公，从而实现本体的中正平和了。例如，在外面看见人打斗，对于那个没理的，我心中也会很愤怒；但虽然愤怒，但我心坦然，不曾生过多的气。现在对人有愤怒情绪，也应该如此，这才为中正平和。"

解 读

"不要着一分意思"原是佛教语，是指"心"不为外物所动。"心"既不为外物所动，就好像一面明镜，"物来顺应"了。这样，就"心体廓然大公，得其本体之正了"。

42. 佛氏不着相

【原典】

先生尝言："佛氏不著相，其实着了相；吾儒着相，其实不着相。"

请问。

曰："佛怕父子累，却逃了父子；怕君臣累，却逃了君臣；怕夫妇累，却逃了夫妇。都是为了个君臣、父子、夫妇着了相，便须逃避。如吾儒有个父子，还他以仁；有个君臣，还他以义；有个夫妇，还他以别。何曾着父子、君臣、夫妇的相？"

【译文】

先生曾说："佛教不执著于相，其实也是执著于相。我们儒家对于相执著，其实却对相不执著。"

学生向先生请教其中的含义。

先生说："佛教徒怕父子间相互拖累，就逃脱了父子亲情；怕君臣间相互拖累，就逃脱了君臣忠义；怕夫妻间相互拖累，就逃脱了夫妻情分。这都是因为执著于君臣、父子、夫妻的相，才要逃避。像我们儒家有父子关系的，导之以仁爱；君臣关系的，导之以公义；夫妻关系的，导之以礼节。什么时候有过执著于父子、君臣、夫妻的相呢？"

解 读

相，是佛教名词，相对"性"而言。佛教把一切事物的外观、形象、状态称之为"相"。"着相"的意思是执著于事物的外在形式。这里王阳明指出，佛氏的消极哲学是，只怕累世，逃避现实；儒家是"出世间而即世间"的伦理哲学，入世致用，体用一源。

三、黄修易录——生之谓性

黄修易，字勉叔。生平不详。

1. 既去恶念，便是善念

【原典】

黄勉叔问：“心无恶念时，此心空空荡荡的，不知亦须存个善念否？”

先生曰：“既去恶念，便是善念，便复心之本体矣。譬如日光被云来遮蔽，云去，光已复矣。若恶念既去，又要存个善念，即是日光之中添燃一灯。”

【译文】

黄勉叔问：“心无恶念时，心就是空荡荡的，不知是否还需要存养一个善念？”

先生说：“既然已经除掉了恶念，就是善念，此时心已经恢复了本体。这就像阳光被乌云所遮蔽，当乌云散后，阳光又会重现。如果恶念已经去除干净，而又刻意去存养一个善念，这岂不是在阳光下再点一盏灯。”

解 读

阳明认为，“恶念”既去，即是恢复了心之本体，达到了至善之境。此时，只要依良知心体所指示的去做，则所做之事均是“为善”的行为。因此，不必再另外存个什么“善念”。

2. 良知存久

【原典】

问："近来用功，亦颇觉妄念不生，但腔子里黑窣窣的，不知如何打得光明？"

先生曰："初下手用功，如何腔子里便得光明？譬如奔流浊水，才贮在缸里，初然虽定，也只是昏浊的；须俟澄定既久，自然渣滓尽去，复得清来。汝只要在良知上用功，良知存久，黑窣窣自能光明矣。今便要责效，却是助长，不成工夫。"

【译文】

问先生："近来用功，也颇感妄念不会再滋生。但心里还是感觉一团黑漆漆的，不知道怎样才能让它光明？"

先生说："刚刚开始用功，心里怎么会立见光明呢？这就像在缸里奔流打旋的污浊浑水刚刚静止下来，此时肯定还是浑浊的。只有经过长时间的澄清，水中的渣滓才会沉淀，又会成为清水。你只要在良知上用功，良知经过长时间的存养，那份黑漆漆的感觉中自会现出光明。如今若要它立刻见效，只不过是揠苗助长，就做不成功夫了。"

解 读

"良知存久"是良知自觉和"自能光明"的必要条件，即它与用功长久的时间磨炼分不开，功到自然成。王阳明虽主张良知的简易自觉，但他并不奢望刹那顿悟的立竿见影的效果。后者在他看来只是不着实效的拔苗助长而已。

3. 无根之树

【原典】

先生曰："吾教人'致良知'在'格物'上用功，却是有根本的学问。日长进一日，愈久愈觉精明。世儒教人事事物物上去寻讨，却是无根本的学问。方其壮时，虽暂能外面饰，不见有过，老则精神衰迈，终须放倒。譬如无根之树，移栽水边，虽暂时鲜好，终久要憔悴。"

【译文】

先生说："我教人致良知，要在格物上用功，它是有根基的学问。日增月长，时间越长就会越觉得精通和明白。世儒教人到每件事物上去格求，那是没有根基的学问。当其壮大兴盛时，虽能暂时修饰表面，即使有闪失也看不出，等时间久远了门庭衰落了，最终会支撑不住。这就像没有根的大树被移栽到水边，短时间内树虽生气勃勃，但终究是要枯萎而死的。"

解 读

这是王阳明对世儒的批评，也是对朱熹的格物说作的批评。拘泥于事事物物上寻讨知识，不知此本即在心而外求并强探力索，在王阳明看来，是无根之树。

4. 调习此心

【原典】

问"志于道"一章。

先生曰："只是'志道'一句，便含下面数句功夫，自住不得。譬如做此屋，'志于道'，是念念要去择地鸠材，经营成个区宅。'据德'，却是经画已成，有可据矣。'依仁'，却是常常住在区宅内，更不离去。'游艺'，却是加些画采，美此区宅。艺者，义也，理之所宜者也。如诵诗、读书、弹琴、习射之类，皆所以调习此心，使之熟于道也。苟不'志道'而'游艺'，却如无状小子，不先去置造区宅，只管要去买画挂做门面，不知将挂在何处？"

【译文】

问先生对于《论语》"志于道，据于德，依于仁，游于艺"的看法。

先生说："仅只'志于道'这一句，它包含了其下好几句的功夫，不能仅停留在志于道上。例如建房屋这件事，它的'志于道'，就是一定要挑好地方，选好材料，最后搭建成房屋；'据于德'，相当于设计图纸，使行动有所依据；'依于仁'，就是常在工地，生活、战斗在生产第一线；'游于艺'，就是把房子加以装饰美化。艺，就是义，就是理的最恰当处。比如诵诗、读书、弹琴、射击之类，都是为了调习这个心，使之近于道。若不'志于道'，而去'游于艺'，如同一个糊涂小伙，不先去造房子，却先买画准备装饰门面，不知他究竟要把画挂在哪？"

解 读

这里，王阳明首先肯定了"艺"对人生的美化或积极作用（"美此区宅"）。同时，"艺""义""道"的内在统一，同是"调习此心"即致其知，使之熟于道。很明显，王阳明把道德情感内化为个体的审美心理，使人生审美化了，使"艺"为人生服务。

5. 不为心累

【原典】

问："读书所以调摄此心，不可缺的。但读之时，一种科目意思，牵引而来。不知何以免此？"

先生曰："只要良知真切，虽做举业，不为心累，总有累，亦易觉，克之而已。且如读书时，良知知得强记之心不是，即克去之；有欲速之心不是，即克去之；有夸多斗靡之心不是，即克去之。如此，亦只是终日与圣贤印对，是个纯乎天理之心。任他读书，亦只是调摄此心而已，何累之有？"

曰："虽蒙开示，奈资质庸下，实难免累。窃闻穷通有命，上智之人，恐不屑此。不肖为声利牵缠，甘心为此，徒自苦耳。欲屏弃之，又制于亲，不能舍去。奈何？"

先生曰："此事归辞于亲者多矣，其实只是无志。志立得时，良知千事万事只是一事。读书作文，安能累人？人自累于得失耳！"因叹曰："此学不明，不知此处耽搁了几多英雄汉！"

【译文】

有人问："读书就是为了修养我的本心，因此是必不可缺的。但是读的时候，未免有种为了科举考试的意思生出来，怎样避免这种情况呢？"

先生说："只要良知是纯粹的，即便是为了科举考试，也不会成为心的牵绊。就是有一点牵绊，也比较容易发现并克除掉。例如读书时，良知发现死背的想法是不对的，就克去它；良知发现求速的想法是不对的，就克去它；良知发现有自夸好胜的想法是不对的，就克去它。如此一来，总是把自己的所学所得与圣贤印证，就是一个纯乎天理的心。所以无论怎样去读书，都是修养本心罢了，怎么会成为心的牵绊呢？"

又问先生："虽蒙老师开导，怎奈自己天资庸下，实在摆脱不掉科举功名的牵绊。我曾听说，人的穷困和通达都是由命运安排。天资聪颖的人，对科举等事情大概会不屑一顾。我为声名利禄所牵绊，甘心为了它而读书，只能独自苦恼，想摒除这个念头，又受制于双亲，不敢撂下，到底该怎么办？"

先生说："把这类事情归怨于双亲的人真是太多了。说到底，还是他自己没有志向。志向立得正确，千事万事之于良知只是一事。读书作文，怎么会成为人的负担呢？不过是人累在得失上罢了！"先生因而感叹说："良知的学问不明，不知因此耽误了多少英雄好汉！"

解 读

我们不能怪罪于父母亲人朋友，而更应该自省，明白问题出在自己身上，是自己没有志向。当志向坚定时，心怀良知，无论做什么都是"一事"。此乃不违本心，为己而学，诚意修身，顺道而行之事。

6. 气亦性，性亦气

【原典】

问："'生之谓性'，告之亦说得是，孟子如何非之？"

先生曰："固是性，但告子认得一边去了，不晓得头脑。若晓得头脑，如此说亦是。孟子亦曰：'形色，天性也。'这也是指气说。"

又曰："凡人信口说，任意行，皆说此是依我心性出来，此是所谓生之谓性，然却要有过差。若晓得头脑，依吾良知上说出来，行将去，便自是停当。然良知亦只是这口说，这身行，岂能外得气，别有个去行去说。故曰：'论性不论气不备，论气不论性不明。'气亦性也，性亦气也，但须认得头脑是当。"

【译文】

问先生："'生之谓性'，我觉得告子说得很对，但孟子为什么要反对呢？"

先生说："性固然是与生俱来的，但告子的认识偏颇了，不懂得其中还有一个主宰处。如果知晓了还有一个主宰处，他的话也是对的。孟子也说：'形色，天性也。'这也是指气说的。"

先生又说："大凡人胡言乱语，任意乱行，都说这是依照我的心性而做的，这就是所谓的'生之谓性'。但这样会产生过错。如果知晓了有一个主宰处，按照自我的良知上说出去、做出来，自然就会正确。可是良知也只是自己的口说、自己的身行，岂能自外得气，另外有一个东西去说、去做呢？因此程颐说：'论性不论气不备，论气不论性不明。'气也是性，性也是气，但是，唯有认准主宰处才行。"

解 读

王阳明以为，在思考上，性（良知）与气（自然或经验）显然有别：前者具道德价值，后者没有。然而，在实践上，人的善性也只有通过经验的具体行为才能体现出来，从这个意义上说，"气亦性也，性亦气也"，性与气相即不离。所以，讨论人性必须性与气两面兼顾，不能执著于一面。

7. 随人毁谤，随人欺慢

【原典】

又曰："诸君功夫，最不可'助长'。上智绝少，学者无超入圣人之理。一起一伏，一进一退，自是功夫节次。不可以我前日用得功夫了，今却不济，便要矫强做出一个没破绽的模样，这便是'助长'。连前些子功夫都坏了，此非小过。譬如行路的人遭一蹶跌，起来便走，不要欺人做那不曾跌倒的样子出来。诸君只要常常怀个'遁世无闷，不见是而无闷'之心，依此良知，忍耐做去，不管人非笑，不管人毁谤，不管人荣辱，任他功夫有进有退，我只是这致良知的主宰不息，久久自然有得力处。一切外事亦自能不动。"

又曰："人若着实用功，随人毁谤，随人欺慢，处处得益，处处是进德之资；若不用功，只是魔也，终被累倒。"

【译文】

先生又说："诸位在做功夫时，最忌讳的是助长它。上等智慧的人很少，学者没有超越圣人的道理。一起一伏，一进一退，都是做功夫的节奏秩序。不能觉得我昨天下了工夫，今天却感觉不够，便强要装出一副没有破绽的样子，这就是助长，这样就连之前的功夫也给破坏了。这可不是小错误。这就好比一个人走路，突然跌了一跤，站起来接着走也就是了，不要假装一副没有跌倒的模样。诸位只要经常怀着一个'遁世无闷，不见是而无闷'的心，依照自己的良知去做，不在乎别人的嘲笑、诽谤、称誉、侮辱，随便功夫有进有退，我只要良知做我内心的主宰，时间久了，自会感到有力，也自然不会被外面的任何事情所动摇。"

先生又说："人只要踏实用功，不论别人如何诽谤和侮辱，依然会处处受益，处处是德行日进的资源。若不用功，别人的诽谤和侮辱就会成为魔障，终究会被它累垮。"

王阳明告诉门人，一个笃于自修的人，要以自我认同为本，而不求社会认同。这样一来，王阳明就为个体的反叛提供了理论基础。在否定了社会认同、社会评价和现实的社会道德规范的价值之际，王阳明强调人要依良知去实实在在地自修。

8. 天植灵根

【原典】

先生一日出游禹穴，顾田间禾曰："能几何时，又如此长了！"

范兆期在傍曰："此只是有根。学问能自植根，亦不患无长。"

先生曰："人孰无根，良知即是天植灵根，自生生不息。但著了私累，把此根戕贼蔽塞，不得发生耳。"

【译文】

有一天，先生去大禹墓游览观光，看着田间的禾苗说："这才几天工夫，禾苗又长高了。"

范兆期在旁边说："这是因为它有根。做学问若能自己种根，也不用担心它不长进。"

先生说："人谁没有根，良知就是天赋的灵根，自然能生生不息。只是被私欲牵累，把这灵根残害蒙蔽了，不能正常地生长发育罢了。"

解 读

天植灵根是一体之仁理、是"生之性"、是心、是良知。既是天植的，故是天赋的、内禀的，属于人之天性；既是灵根，所以必发出来，"自生生不息"。

9. 与人为善

【原典】

一友常易动气责人。先生警之曰："学须反己。若徒责人，只见得人不是，不见自己非。若能反己，方见自己有许多未尽处，奚暇责人？舜能化得象的傲，其机括只是不见象的不是。若舜只要正他的奸恶，就见得象的不是矣。象是傲人，必不肯相下，如何感化得他？"

是友感悔。

曰："你今后只不要去论人之是非，凡当责辨人时，就把做一件大己私克去方可。"

先生曰："凡朋友问难，纵有浅近粗疏，或露才扬己，皆是病发。当因其病而药之可也，不可便怀鄙薄之心，非君子与人为善之心矣。"

【译文】

一个朋友经常容易生气责备别人。先生告诫他说："学习应该反身自省。如果只是一味地指责别人，那就会只看见别人的毛病，看不见自己的短处。若能返身自省，才能发现自己有许多不足之处，哪还有时间去指责别人呢？舜之所以能感化傲慢的象，关键是舜不去看象的不是。如果舜一心想着去纠正象的奸恶，眼里就全是象的不是了，而象又是一个傲慢的人，肯定不会认错，舜又岂能感化他？"

这位朋友听了感到惭愧，幡然悔悟。

先生说："你今后只要不去议论别人的是非，每当想要责人或与人争辩的时候，就把这种念头当做自己的一大私欲来克除才行。"

先生又说："凡是朋友质疑习难，即便很浅近粗疏，你如果想因而显才扬己，都是毛病在发作。只有对症下药才行，不可因此而怀有轻视别人的心。否则，就不是君子与人为善的心了。"

解 读

王阳明在这里教导他的弟子，不要轻易指责他人，要与人为善。浅薄的人，趾高气扬的人，难免会令人鄙薄。即使嘴上不说，内心还是一样。君子会与人为善，不断努力自省，返照自心。

10. 卜筮是理

【原典】

问："《易》，朱子主卜筮，《程传》主理，何如？"

先生曰："占筮是理，理亦是卜筮。天下之理孰有大于卜筮者乎？只为后世将卜筮专主在占卦上看了，所以看得卜筮似小艺。不知今之师友问答，博学、审问、慎思、明辨、笃行之类，皆是卜筮。卜筮者，不过求决狐疑，神明吾心而已。《易》是问诸天，人有疑，自信不及，故以《易》问天。谓人心尚有所涉，唯天不容伪耳。"

【译文】

问先生："关于《易经》，朱熹说主要是卜筮的，程颐说主要是讲'理'的，二人哪个说得正确呢？"

先生说："卜筮就是理，理也是卜筮，天下之理还有超过卜筮的吗？只因后世之人把卜筮仅看成占卦了，所以认为卜筮是雕虫小技。却不知我们现在的师友问答里边的博学、审问、慎思、明辨、笃行之类，都是卜筮。卜筮只不过是为了决断疑惑，使我的心变得神明罢了。《易》是向天请教，人有了疑惑，自信心不足时，这才用《易》来向天询问。人心依然有所偏私，只有天不容虚伪。"

解 读

王阳明对卜筮的意见，是将卜筮活动上升为穷理之意，因此博学、审问、慎思、明辨、笃行既是穷理，亦是卜筮。如此，其实已经转化卜筮在中国传统文化中的定义了，因此卜筮不专指问告鬼神，而是一切穷理实践的活动，是"求决狐疑，神明吾心"的事业。

四、黄省曾录——良知是造化的精灵

黄省曾（1490—1546年），字勉之，号五岳山人，吴县（今江苏苏州）人，先世为河南汝宁人。嘉靖十年（1531年）以《春秋》乡试中举，名列榜首，后进士累举不第，便放弃了科举之路，转攻诗词和绘画。王阳明在浙江讲学时，他曾求学于门下，又请益于谌若水，学诗于李梦阳。著有《会稽问道录》十卷。

1. 义即是良知

【原典】

黄勉之问：" '无适也，无莫也，义之与比。' 事事要如此否？"

先生曰："固是事事要如此，须是识得个头脑乃可。义即是良知，晓得良知是个头脑，方无执著。且如受人馈送，也有今日当受的，他日不当受的；也有今日不当受的，他日当受的。你若执著了今日当受的，便一切受去；执著了今日不当受的，便一切不受去。便是'适''莫'，便不是良知的本体。如何唤得做义？"

【译文】

黄勉之问："《论语》上说：'无适也，无莫也，义之与比。'是不是事事都要如此呢？"

先生说："当然应该事事如此，只是要有一个主宰才行。义，就是良知，明白了良知是主宰，才不会执拗。这就像接受别人的馈赠，有今天应该接受而改天不该接受的情况，也有今天不该接受而改天接受的情况。你要是执拗地认为今天该接受，就什么都收下；今天不该接受，就什么都不接受，如此就是'适''莫'了，也就不是良知的本体，这怎么能称作义呢？"

在王阳明这里，义，就是良知，只要遵循良知，就能事事"无适""无莫"，也就能做到"义"。

2. 思无邪

【原典】

问："'思无邪'一言，如何便盖得三百篇之义？"

先生曰："岂特《三百篇》？《六经》只此一言便可该贯。以至穷古今天下圣贤的话，'思无邪'一言，也可该贯。此外更有何说？此是一了百当的功夫。"

【译文】

问先生："孔子的'思无邪'一语，为什么能概括《诗经》三百篇的意思呢？"

先生说："何止《诗经》三百篇，整个儒家《六经》用这一句话也可以全部概括的，甚至古往今来的一切圣贤的言论，一句'思无邪'统统可以全部囊括。除此之外还有什么可说的？这是一了百当的功夫。"

每一个人只有在自己的灵魂深处去掉私字，才能产生出崇高的、无限的道德力量。所以王阳明把"思无邪"看得比什么都重要，认为包括《诗三百》在内的整个《六经》，乃至所有古今天下圣贤的言论主张，都可以用"思无邪"予以概括、总结。

3. 道心人心

【原典】

问道心、人心。

先生曰："'率性之谓道'，便是道心；但着些人的意思在，便是人心。道心本是无声无臭，故曰'微'；依着人心行去，便有许多不安稳处，故曰'惟危'。"

【译文】

问先生关于道心、人心的问题。

先生说："'率性之谓道'，就是道心。在其中若添加了一些私欲，就是人心。道心原本无声无味，因此说'微'；依从着人心去做，就有许多不安稳之处，因此说'唯危'。"

解 读

王阳明认为，道心即心的最高的境界，不夹杂人的私欲，体现出天道、天理，因后者是形而上的（"无声无臭"），故说"道心唯微"；相反，人心是心的现实状态，它夹杂了人的私欲，表现出人的种种缺点（"不安稳处"），故说"人心唯危"。

4. 因人施教

【原典】

问："'中人以下，不可以语上'，愚的人与之语上，尚且不进，况不与之语，可乎？"

先生曰："不是圣人终不与语。圣人的心，忧不得人人都做圣人。只是人的资质不同，施教不可躐等。中人以下的人，便与他说性说命，他也不省得，也须慢慢琢磨他起来。"

【译文】

问先生："在《论语》上，孔子说：'中人以下，不可以语上'，愚笨的人教他高深的道理尚且没进步，何况是根本不教他，这能行吗？"

先生说："不是圣人根本不教他。圣人心中忧虑的是不能人人都做圣人，只不过是人的资质不同，施教方法就不能一样。对于中等水平之下的人，上来就给他讲性、命，他也不会理解，必须得慢慢地一点一点地从简单的知识起，慢慢去开导、启发他。"

解 读

王阳明和孔子都认为，人的资质是不同的，要注意因人施教，根据个人不同的资质，应教授不同的内容。中等智力以上的，可以给他讲授较难理解，比较深奥的问题；中等智力以下的就只能给他讲授一些比较简单的知识。

5. 自家本体

【原典】

一友问："读书不记得如何？"

先生曰："只要晓得，如何要记得？要晓得，已是落第二义了，只要明得自家本体。若徒要记得，便不晓得；若徒要晓得，便明不得自家的本体。"

问："'逝者如斯'，是说自家心性活泼泼地否？"

先生曰："然。须要时时用致良知的功夫，方才活泼泼地，方才与他川水一般。若须臾间断，便与天地不相似。此是学问极至处，圣人也只如此。"

【译文】

一个学友问先生："读书记不住，该怎么办呢？"

先生说："只需要你读明白道理，为什么非要记住？读明白书其实已经是次一等的要求了，最根本的是使自己的心本体光明。若仅求记住，就是没读明白书；如果只求读明白书，就不能使自心的本体光明。"

问先生："《论语》中的'逝者如斯'，这句话是说自己心性本体活泼泼的吗？"

先生说："是这样的。必须时刻用致良知的功夫，才能活泼，方能像川流不息的江水一般。如果有片刻的间断，就和天地的生机活泼不相似了。这是做学问的关键。圣人也只是这样。"

解 读

王阳明这里所说的自家本体，就是"活泼泼的"心性，学问不断向内探求，最后的落实点就是"自家的本体"。照王阳明的意思，"此是学问极至处"。

6. 看穿生死

【原典】

问"志士仁人"章。

先生曰："只为世上人都把生身命子看得太重，不问当死不当死，定要宛转委曲保全，以此把天理却丢去了，忍心害理，何者不为？若违了天理，便与禽兽无异，便偷生在世上百千年，也不过做了千百年的禽兽。学者要于此等处看得明白。

比干、龙逄，只为他看得分明，所以能成就得他的人。"

【译文】

问先生《论语》"志士仁人章"的问题。

先生说："只因世人都把生命看得太重，也不问应死不应死，一定要委屈地保全性命，因而把天理丢到一边。忍心伤害天理，还有什么事干不出来？做事如果违背了天理，就与禽兽一样了。就算在世上苟且偷生千百年，也不过是做了千百年的禽兽。学者务必要在这等关键之处看清楚。比干、龙逄，只因他们看得清楚，所以才能成就他们的千古之仁。"

解 读

王阳明认为"志士仁人"应该"看穿生死"，以仁心天理为中心主宰最为重要，如果"违了天理，便与禽兽无异"。所以他强调要能够看透"当死不当死"，如若是死，要死有所值。如果当死而怕死，昧了良心，害了天理，这种"偷生"，也不过与禽兽相同而已。

7. 毁谤自外来的

【原典】

问："叔孙武叔毁仲尼，大圣人如何犹不免于毁谤？"

先生曰："毁谤自外来的，虽圣人如何免得？人只贵于自修，若自己实实落落是个圣贤，纵然人都毁他，也说他不著。却若浮云掩日，如何损得日的光明？若自己是个像恭色庄、不坚不介的，纵然没一个人说他，他的恶慝终须一日发露。所以孟子说：'有求全之毁，有不虞之誉。'毁誉在外的，安能避得？只要自修何如尔。"

【译文】

问先生："《论语》中有一段'叔孙武叔毁仲尼'的记载，这么大的圣人怎么也免不了别人的诽谤呢？"

先生说："毁谤是外来的，就算是圣人也在所难免。人只应注重自身修养。如果自己实实在在就是个圣贤，纵然别人全都毁谤他，也不能说倒他，其奈他何？这就如同浮云遮日，如何能真的损坏太阳的光辉？如若他自己外表谦恭庄重，实则内心摇摆不定，纵然无人说他坏话，他内心的恶早晚有一天会暴露无遗。因此，孟子说：'有求全之毁，有不虞之誉。'毁誉来自外界，岂能躲避？只要能好好自我修炼，外来的毁誉又能如何呢？"

解 读

王阳明强调的是自修、自省、自知，强调的是一心按道义行事，对外界毁誉看得是比较淡的。他认为毁誉是外来的，根本无损于己，正像浮云无损于日光一样，所以君子只贵自修，是不必去计较人家一时的非笑的。

8. 不厌外物

【原典】

刘君亮要在山中静坐。

先生曰："汝若以厌外物之心去求之静，是反养成一个骄惰之气了。汝若不厌外物，复于静处涵养，却好。"

【译文】

刘君亮要在山中静坐。

先生说："你要是以厌恶外物之心去静中寻求，反倒会养成骄横怠惰之气了。你要是以不厌外物之心再到静处去涵养，这样可以。"

解 读

王阳明认为，静坐修炼不是重点，致心之良知于事事物物才是真功夫。如果把"静"理解为厌弃外物，物来无应，那就要像朱熹说的那样了："若事至前，而自家却要主静，顽然不应，便是心都死了。"

9. 因人而异

【原典】

王汝中、省曾侍坐。

先生握扇命曰："你们用扇。"

省曾起对曰："不敢。"

先生曰："圣人之学，不是这等捆缚苦楚的，不是装做道学的模样。"

汝中曰："观'仲尼与曾点言志'一章略见。"

先生曰："然。以此章观之，圣人何等宽洪包含气象。且为师者问志于群弟子，三子皆整顿以对。至于曾点飘飘然不看那三子在眼，自去鼓起瑟来，何等狂态？及至言志，又不对师之问目，都是狂言。设在伊川，或斥骂起来了。圣人乃复称许他，何等气象？圣人教人，不是个束缚他通做一般。只如狂者便从狂处成就他，狷者便从狷处成就他，人之才气如何同得？"

【译文】

王汝中、黄省曾陪先生坐着。

先生把扇子给他们，说："你们用扇子吧！"

黄省曾忙站起来恭恭敬敬地说："不敢，不敢！"

先生说："儒家圣人的学问，不是如此束缚痛苦的，用不着装出一副假道学的模样。"

王汝中说："这从《论语》里孔子和曾点关于言志一章就能看出大概。"

先生说："是这样的。从这章可看出，圣人有何等宽广博大的胸怀。孔子询问弟子们的志向，子路、冉求、公西华都很严肃地做了回答。而那曾点却是一副毫不在乎的样子，自己跑到一边鼓起瑟来，这是何等的狂态！当他说志向时，不针对老师的问题直接回答，满嘴狂言。假设这事儿发生在程颢身上，或许早就是一番痛斥。孔圣人却称赞了曾点，这是何等的气魄！圣人教育人，不是死守一个模式，碰上性格狂放的就从发挥狂之优势处成就他，遇到性格狷介的就从洁身自好的优势之处成就他，人的才能、气质怎么相同？"

解 读

在这里，王阳明从用扇子发挥开来，说到孔子的胸怀和教育方法。孔子教育学生并不是使每个人都有一样的行为方式，而是因人而异，使每个人的特性都表现出来。王阳明也认为，只要学生们都保存有内心的良知，行为如何表现并不重要。对狂者、狷者都可以从发挥其优势之处而成就他。

10. 简化"知识"

【原典】

先生语陆元静曰："元静少年亦要解五经，志亦好博。但圣人教人，只怕人不简易，他说的皆是简易之规。以今人好博之心观之，却似圣人教人差了。"

先生曰："孔子无不知而作，颜子有不善未尝不知。引是圣学真血脉路。"

先生对陆原静说："你虽然年轻也要注解五经，志向也是在博学。可孔子教育人只担心人不能简易，他所说的也都是怎样化繁为简的方法，只是现在人喜好广博，好像孔子当年是教错了似的。"

先生说："孔子从来不写他不清楚的事，颜回有不好的地方没有不自知的，这正是圣人之学的真正脉络。"

解 读

简化"知识"使之变得直接易行是王阳明的重要思想，他认为，著述示人以形状大略，才是"质朴"纯真的表现，越是具有繁复的知识结构的学问就离"质"的境界越远，而孔子、颜回只写自己清楚和知道的东西，不至于让人产生误解，所以才成为圣学的真正脉络。

11. 圣人之志

【原典】

何廷仁、黄正之、李侯璧、汝中、德洪侍坐。先生顾而言曰："汝辈学问不得长进，只是未立志。"

侯璧起而对曰："琪亦愿立志。"

先生曰："难说不立，未是必为圣人之志耳。"

对曰："愿立必为圣人之志。"

先生曰："你真有圣人之志，良知上更无不尽。良知上留得些子别念挂带，便非必为圣人之志矣。"

洪初闻时，心若未服，听说到不觉悚汗。

【译文】

何廷仁、黄正之、李侯璧、王汝中、钱德洪陪先生坐着。先生环顾大家说："大家的学问长进不大，主要是由于没有立志。"

李侯璧站起来说："我也愿意立志。"

先生说："不能说你没立志，但你立的还不是一定要成为圣人的志。"

李侯璧回答说："我愿意立一定要成为圣人的志。"

先生说："你真有做圣人的志向，良知就需纯洁明亮。如果良知上还留有别的牵挂，就不是成为圣人的志向。"

钱德洪以前听先生说立圣人之志时，心里还不太服气，此时亲耳听到不觉悚然汗下。

解读

王阳明对弟子立志的要求非常严厉，在他那里，立志就是立为圣人之志。若弟子随便说些立志的话，阳明是会严厉责备的。在阳明门下之弟子，老实用功即可，不必逞嘴上之快，阳明对弟子们的心性修为清清楚楚，稍有言过其实，阳明就不客气地予以纠正。

12. 与物无对

【原典】

先生曰："良知是造化的精灵，这些精灵，生天生地，成鬼成帝，皆从此出，真是与物无对。人若复得他，完完全全，无少亏欠，自不觉手舞足蹈，不知天地间更有何乐可代？"

【译文】

先生说："良知是造化的精灵。这些精灵，生天生地，成鬼成帝，所有一切都由它产生，任何事物都不可与它相比。人如果使内心的良知归复完全，无一丝缺陷，自然就会手舞足蹈，不知天地间还有什么比这更快乐的？"

解读

"与物无对"的境界，是王阳明诚意论的最高追求和最终体现。在这个既是整体性的，又是创造产生性的乐境界中，既不是抽象普遍的"理"，也不是具体个别的"情"得到确认或扩张，而是包含、融合了理和情的天地生意被体认，被展现。把个体自我的心意提升、汇于无限的天地生意，是实现"乐"的关键。

13. 只是致良知三字无病

【原典】

一友静坐有见，驰问先生。

答曰："吾昔居滁时，见诸生多务知解，口耳异同，无益于得，姑教之静坐。

一时窥见光景，颇收近效。久之，渐有喜静厌动，流入枯槁之病。或务为玄解妙觉，动人听闻。故迩来只说'致良知'。良知明白，随你去静处体悟也好，随你去事上磨炼也好，良知本体原是无动无静的，此便是学问头脑。我这个话头，自滁州到今，亦较过几番。只是'致良知'三字无病。医经折肱，方能察人病理。"

【译文】

有位朋友在静坐中有所领悟，于是跑去与先生探讨。

先生说："以前我在滁州住时，见各位学生十分重视在知识见闻上辩论，嘴里说的耳朵里听的都不一样，不容易获得真知，因此就教他们静坐。过一段时间再检查他们的进境，还是很有些时效的。但时间一久，逐渐产生了喜静厌动、陷入枯槁的毛病。有的人专注于玄妙的解释和感觉，借以耸人听闻。因此，我近来只是说'致良知'而不再提静坐冥想。理解了良知，任你去静处体悟、去事上磨炼都可以。良知的本体是无动无静的，这正是学问的关键。针对这个问题，从在滁州时到现在，我也反复比较对照琢磨了多少次了，发觉只有'致良知'这三个字没有问题。这如同医生需要经过长期磨炼，方能了解人的病理。"

解 读

王阳明早期曾以静坐教人收敛心神、以辅德行，但静坐久了，一般学子便易于流入谈玄说虚的神秘经验中，或是喜静厌动不务社会服务事业的缺点中。因此阳明中年以后对静坐活动便不再重视，而是直接提致良知的心理修养功夫。

14. 内外两忘

【原典】

一友问功夫："欲得此知时时接续，一切应感处反觉照管不及，若去事上周旋，又觉不见了。如何则可。"

先生曰："此只认良知未真，尚有内外之间。我这里功夫，不由人急心，认得良知头脑是当，去朴实用功，自会透彻。到此便是内外两忘，又何心事不合一？"

又曰："功夫不是透得这个真机，如何得他充实光辉？若能透得时，不由你聪明知解接得来。须胸中渣滓浑化，不使有毫发沾带，始得。"

【译文】

有位学友问功夫："做功夫时我想让这良知能时时接续而不间断，而在应付事物时则感到照管不过来，如果周旋于事又感觉良知不见了，到底该怎么办呢？"

先生说："这只是对良知的领悟还不够真切，所以才有内外不一致的感觉。我这个致良知的功夫不能急于求成。如果能掌握良知的主宰处，并切实地用功，自然会体悟透彻。到时就能内外交融、物我两忘，又怎么会有心、事不合一呢？"

先生又说："不能在功夫上透悟良知的真机，心怎么会持续充满光辉呢？如果想透悟，不能仅依靠你的聪明智慧去理解，这需要心中渣滓浑化，没有丝毫黏连阻滞才行。"

解 读

在王阳明看来，只有通过致良知的功夫，才能逐渐达到内外两忘的境界，从而达到我与万物为一体的精神境界。因此，王阳明主张要净化主体心胸，使之超越私欲心智的束缚。

15. 道即是教

【原典】

先生曰："'天命之谓性'，命即是性；'率性之谓道'，性即是道；'修道之谓教'，道即是教。"

问："如何'道即是教'？"

曰："道即是良知。良知原是完完全全，是的还他是，非的还他非，是非只依着他，更无有不是处，这良知还是你的明师。"

问："'不睹不闻'是说本体，'戒慎恐惧'是说功夫否？"

先生曰："此处须信得本体原是不睹不闻的，亦原是戒慎恐惧的。戒慎恐惧不曾在不睹不闻上加得些子。见得真时，便谓戒慎恐惧是本体，不睹不闻是功夫，亦得。"

【译文】

先生说："'天命之谓性'的命即是性。'率性之谓道'的性即是道。'修道之谓教'的道即是教。"

问先生："为什么'道即是教'？"

先生说："道就是良知，良知本来是完完全全的，是就是是，非就是非，是非只根据良知，这样就不会再有闪失，这良知才是你的明师。"

问先生："在《中庸》中，'不睹不闻'是不是说本体，'戒慎恐惧'是不是说功夫呢?"

先生说:"此处应相信良知的本体原本是不睹不闻的,也是戒慎恐惧的。戒慎恐惧不曾在不睹不闻上添加其他的东西。明白这一点,即便说戒慎恐惧是良知的本体,不睹不闻是致良知的功夫也行。"

解 读

"戒慎恐惧"与"不睹不闻"是"一"而不是"二",只要人能在闲居独处时努力追求至善,就能"致良知",使人保持良知本体不受私欲诱惑而昏蔽。

16. 人心与天地一体

【原典】

问"通乎昼夜之道而知"。

先生曰:"良知原是知昼知夜的。"

又问:"人睡熟时,良知亦不知了。"

曰:"不知何以一叫便应?"

曰:"良知常知,如何有睡熟时?"

曰:"向晦宴息,此亦造化常理。夜来天地混沌,形色俱泯,人亦耳目无所睹闻,众窍俱翕,此即良知收敛凝一时。天地既开,庶物露生,人亦耳目有所睹闻,众窍俱辟,此即良知妙用发生时。可见人心与天地一体,故'上下与天地同流'。今人不会宴息,夜来不是昏睡,即是妄思魇寐。"

曰:"睡时功夫如何用?"

先生曰:"知昼即知夜矣。日间良知是顺应无滞的,夜间良知即是收敛凝一的,有梦即先兆。"

又曰:"良知在夜气发的方是本体,以其无物欲之杂也。学者要使事物纷扰之时,常如夜气一般,就是'通乎昼夜之道而知'。"

【译文】

问先生"《易经·系辞》中的'通乎昼夜之道而知'这句话怎么理解"。

先生说:"良知原本就是知道昼夜的。"

又问先生:"当人熟睡时,良知也就没有知觉吧。"

先生说:"如果没有知觉,为什么一叫就应答呢?"

问先生:"良知若是常知的,怎么会有睡熟的时候呢?"

先生说："夜晚都要休息，这是自然常理。夜里天地混沌，万物的形状和颜色都消失了，人的眼睛耳朵看不见听不到，七窍都歇息了，此时正是良知收敛凝聚的时刻。天拂晓，万物显现，人也能听到声音，看到形状、颜色，七窍的功能也恢复正常，这正是良知妙用开始发生之时。由此可见，人心与天体原本是一体的。因此孟子说'上下与天地同流'。如今的人，夜晚不擅长休息，不是沉睡不醒，就是胡思乱想、噩梦连连。"

问先生："睡觉时如何用功夫？"

先生说："知道白天如何用功夫，也就知道夜晚如何用功夫。白天良知是顺应无滞的，夜里良知是收敛凝聚的，有梦就是先兆。"

先生又说："在夜气下发的良知才是良知的本体，因为它没有丝毫物欲掺杂其间。学者要在事物烦忧时仍如夜气一般，就是'通乎昼夜之道而知'。"

解 读

王阳明认为，人心与天地一体，良知与天地交融无碍。作为政治社会里的存在者，他怀有"万物一体"的秩序理想，与共在者消除间隔，破除他者与自我的界限，从而在将"仁心"发挥到社会生活层面，进而在存在状态上也实现人、我、物的无间无分，是王阳明对达成人类良善生活的希冀。

17. 顺其良知之发用

【原典】

先生曰："仙家说到虚，圣人岂能虚上加得一毫实？佛氏说到无，圣人岂能无上加得一毫有？但仙家说虚从养生上来，佛氏说无从出离生死苦海上来，却于本体上加却这些子意思在，便不是他虚无的本色了，便于本体有障碍。圣人只是还他良知的本色，更不着些子意在。良知之虚便是天之太虚，良知之无便是太虚之无形。日月、风雷、山川、民物，凡有貌象形色，皆在太虚无形中发用流行，未尝作得天的障碍。圣人只得顺其良知之发用，天地万物俱在我良知的发用流行中，何尝又有一物超于良知之外，能作得障碍？"

【译文】

先生说："道家讲虚，圣人岂能在虚上再添加一丝一毫的实？佛家说无，圣人岂能在无上再添加一丝一毫的有？然而，道家讲虚是从养生上来说的，佛家说无是从脱离生死苦海上来说的。他们在本体上又添加这层意思，就不是虚无的本色了，对于心的本体有障碍。圣人所做的不过就是还良知的本色，更不会添加其他的意思。良知之虚就是天之太虚，良知之无就是太虚之无形。日、月、风、雷、山、川、民、物，凡是具有具体形状样貌的事物，都是在太虚无形之中生发成长，谁又会成为天的障碍呢？圣人仅是顺应良知的作用，天地万物皆在我良知的范围内运动。哪里又会有什么物事于良知之外成为障碍呢？"

解读

王阳明援引了儒释道的本体论思辨，把主要是以封建义理为核心的良知上升到本体的高度。他宣称，良知与万物一体，万物也都在良知之内。心和良知、天理都是相通的，既是宇宙本原，又是万物主宰，又是人内心的崇高德行的标准。

18. 养心不离事物

【原典】

或问："释氏亦务养心，然要之不可以治天下。何也？"

先生曰："吾儒养心，未尝离却事物，只顺其天则自然，就是功夫。释氏却要尽绝事物，把心看到幻相，渐入虚寂去了，与世间若无些子交涉，所以不可治天下。"

或问"异端"。

先生曰："与愚夫愚妇同的，是谓同德；与愚夫愚妇异的，是谓异端。"

【译文】

有人问："佛教也十分重视养心，但是不可以据此治理天下，这是为什么呢？"

先生说："我们儒家所说的养心，从来也没离开过具体事物而去空谈养心，只是顺应它的自然天性，这就是功夫。佛教却要杜绝事物，将心当成幻相，渐渐走入到空寂中去了，似乎与世间事物毫无关系，当然是不可以据此治理天下了。"

有人问："何为异端？"

先生说："与愚男蠢女想的相同的，叫做同心同德；与愚男蠢女想的不同的，就叫做异端。"

解读

在王阳明看来，儒释两家都旨在存养心性本体，但功夫有所不同：儒家养心不离事物，佛教则以事物为虚幻，一概置之不理，从而堕入虚寂。当有人直接问异端时，阳明并不像以往大多数传统的儒者那样很自然地指向佛道，而是回答，如果将一般的百姓排斥在外，就是异端。

19. 告子病源

【原典】

先生曰："孟子不动心，与告子不动心，所异只在毫厘间。告子只在不动心上着功，孟子便直从此心原不动处分晓。心之本体，原是不动的。只为所行有不合义，便动了。孟子不论心之动与不动，只是'集义'，所行无不是义，此心自然无可动处。若告子只要此心不动，便是把捉此心，将他生生不息之根反阻挠了，此非徒无益，而又害之。孟子'集义'工夫，自是养得充满，并无馁歉，自是纵横自在，活泼泼地。此便是浩然之气。"

又曰："告子病源从'性无善无不善'上见来。性无善无不善，虽如此说，亦无大差。但告子执定看了，便有个无善无不善的性在内。有善有恶，又在物感上看，便有个物在外。却做两边看了，便会差。无善无不善，性原是如此。悟得及时，只此一句便尽了，更无有内外之间。告子见一个性在内，见一个物在外，便见他于性有未透彻处。"

【译文】

先生说："孟子的不动心和告子的不动心，两者的区别只在毫厘之间。告子仅在不动心上用功夫，孟子则直接从此心原本就不动上用功夫。心的本体原本不动。只因为言行有不符合义的，心才会动。孟子不讨论心动与不动，只管去'集义'。若所行都是义，这个心自然就没有可动之处。告子仅要此心不动，好似要按住自心一样，如此，反把这个心生生不息的根给阻挠了，这不仅是徒劳无益，反而是有害的。孟子所讲的'集义'功夫，自然可以把这个心修养得充实丰满，没有丝毫缺陷，这样自然就会纵横自在、鲜灵活现，此乃他所说的浩然之气。"

先生又说："告子的病根，是他认为性无善无不善。性无善无不善，这话就这么说也没什么大毛病，但告子把它看得过于呆板，如此就有个无善无不善的性在心中，有善有恶，又多从事物上看，就有个物在心外。这样就把人性分成了两个方面，便会出差错。无善无不善，性原本如此。悟得出来，只要这一句话就行了，再无内外之别。告子主张性在心内，物在心外，这足以看出他于人性上没有看透。"

这里，王阳明讲了孟子和告子的不动心的细微差别，随后他又谈及"性无善无不善"。他认为告子的性无善无不善观点本身并无大错，只是告子执定这一点，把善恶看成只是由外物引起的，便有了片面性。

20. 同此一气

【原典】

朱本思问："人有虚灵，方有良知。若草木瓦石之类，亦有良知否？"

先生曰："人的良知，就是草木瓦石的良知。若草木瓦石无人的良知，不可以为草木瓦石矣。岂唯草木瓦石为然？天地无人的良知，亦不可为天地矣。盖天地万物与人原是一体，其发窍之最精处，是人心一点灵明。风雨露雷，日月星辰，禽兽草木，山川土石，与人原是一体。故五谷禽兽之类皆可以养人，药石之类皆可以疗疾。只为同此一气，故能相通耳。"

【译文】

朱本思问："人先有虚灵，而后才有良知。像草、木、瓦、石之类，也有良知吗？"

先生说："人的良知，也就是草木瓦石的良知。如果草木瓦石没有人的良知，那么也就不可能成其为草木瓦石了。何止草木瓦石是这样？天地如果没有人的良知，也就不可能成其为天地了。天地万物与人原系一体，其开窍的关键是人心的一点灵明，风雨露雷、日月星辰、禽兽草木、山川土石与人原本就是一体的。因此，五谷禽兽等皆可养人，药石之类皆可治病。这是因为它们是一气同体的，所以能够相通。"

在论述良知与天地万物的关系时，良知被王阳明赋予了普遍存在的意义。强调人类与宇宙万物皆归本于良知，统一于良知。这里虽然讲人与万物有一气相通之处，但总的来说还是强调"灵明"即"良知"是万物的主宰存在的依据。

21. 心与物同体

【原典】

先生游南镇，一友指岩中花树问曰："天下无心外之物，如此花树，在深山中自开自落，于我心亦何相关？"

先生曰："你未看此花时，此花与汝心同归于寂；你来看此花时，则此花颜色一时明白起来：便知此花不在你的心外。"

问："大人与物同体，如何《大学》又说个厚薄？"

先生曰："唯是道理，自有厚薄。比如身是一体，把手足捍头目，岂是偏要薄手足？其道理合如此。禽兽与草木同是爱的，把草木去养禽兽，又忍得；人与禽兽同是爱的，宰禽兽以养亲与供祭祀，燕宾客，心又忍得；至亲与路人同是爱的，如箪食豆羹，得则生，不得则死，不能两全，宁救至亲，不救路人，心又忍得。这是道理合该如此。及至吾身与至亲，更不得分别彼此厚薄。盖以仁民爱物皆从此出，此处可忍，更无所不忍矣。《大学》所谓厚薄，是良知上自然的条理，不可逾越，此便谓之义；顺这个条理，便谓之礼；知此条理，便谓之智；终始是这个条理，便谓之信。"

又曰："目无体，以万物之色为体；耳无体，以万物之声为体；鼻无体，以万物之臭为体；口无体，以万物之味为体；心无体，以天地万物感应之是非为体。"

【译文】

先生游览南镇，一位朋友指着山岩中的花树问："先生认为天下没有心外之物，比如这些花树，它在深山中自开自落，与我的心有何关系呢？"

先生说："你未观赏这树上的花时，此花与你的心同样寂静。你来欣赏这树上的花时，花的鲜艳就被你感知了，从这儿就该知道此花不在你的心外了。"

有人问："大人与物同为一体，而《大学》中为什么又说厚薄呢？"

先生说："只因为道理自然有厚薄。例如，人的身是一体的，用手脚去捍卫脑袋和眼睛，难道是刻意地要看轻手和脚吗？而只是从道理上讲就应该如此。同样，对禽兽和草木一样有着爱，但是却拿草木去养禽兽，又怎忍得？对人和禽兽一样有着爱，但宰杀禽兽去孝养亲人、祭祀祖先、招待宾客，人心又怎忍得？对至亲和路人一样有着爱，但如果你只有一碗饭，得到就能活，得不到就会饿死，在此无法两全的情形下，你先去救亲人，而不救路人，人心又怎忍得？等等这些，都是因为从道理上讲应该如此。至于我自己和骨肉至亲，更不能分厚此薄彼。所以仁民爱物都是从这个简单道理出发的，若此处能忍心，则会无所不忍了。《大学》上说的'其所厚者薄，而其所薄者厚，未之有也！'实乃良知上的自然条理，不可逾越，这就是所谓的义。遵循这个秩序，就称为礼；明白这个秩序，就称为智；始终坚持遵守这个秩序，就称为信。"

先生又说："眼睛没有本体，它就以万物之色作为本体；耳朵没有本体，它就以万物之音作为本体；鼻子没有本体，它就以万物之气味作为本体；嘴巴没有本体，它就以万物的味道作为本体；心灵没有本体，它就以天地万物感知的是非作为本体。"

解 读

王阳明认为，心与物同体，物不能离开心而存在，心也不能离开物存在。然而，人与物的价值却有高下之别。当我们作道德实践而出现了义务冲突时，便会选取价值较高者而牺牲价值较低者。这就是阳明所理解的《大学》的厚薄之道。阳明又认为，"物"作为"心"的认识对象而存在，是因为"人心与物同体"，"心"与"物"有某种互相感应的能力。

22. 尽性至命之学

【原典】

问"夭寿不二"。

先生曰："学问功夫，于一切声利嗜好俱能脱落殆尽，尚有一种生死念头毫发挂带，便于全体有未融释处。人于生死念头，本从生身命根上带来，故不易去。若于此处见得破，透得过，此心全体方是流行无碍，方是尽性至命之学。"

【译文】

问先生怎么理解"夭寿不二"。

先生说："做学问的功夫，可以把一切的声名、利禄、嗜好等抛诸脑后。然而，若仍有一种贪生怕死的念头存留在心，那么学问功夫就一定会有融会贯通不到之处。人的生死之念，原本是从生身命根上带来的，因此不能轻易去掉。如果能把生死看透，人心就会流转无碍，才是尽性知命的学问。"

解 读

王阳明受到当权太监刘瑾的排挤，躲过了层层追杀，远赴偏远山区龙场驿站任职，在那里他缺衣少穿，生活艰苦，这种情况下，他先是悟进退之道、"生死之念"，之后才能透升上去达到对天理、性命的彻悟。而正是基于这种心与理、人道与天命的贯通，王学才被人又评价为"尽性至命之学"。

23. 剜肉做疮

【原典】

一友问："欲于静坐时，将好名、好色、好货等根，逐一搜寻，扫除廓清，恐是剜肉做疮否？"

先生正色曰："这是我医人的方子，真是去得人病根。更有大本事人，过了十数年，亦还用得着。你如不用，且放起，不要作坏我的方子！"是友愧谢。

少间曰："此量非你事，必吾门稍知意思者为此说以误汝。"在座者皆悚然。

【译文】

有位朋友问："想要在安静打坐时将好名、好色、好货等病根儿逐一搜寻出来扫除廓清，只怕又是割肉疗伤吧？"

先生严肃地说："我这可是医治人心的药方，能完全铲除人的病根。即使他的本领再大，过了十数年也还是用得上。你如果不想用，就收起来，不要败坏我的药方。"这位朋友十分惭愧地向先生道了歉。

过了一会儿，先生说："这恐怕也不是你的错，一定是那些对我的主张略懂一些的学生对你讲的，这倒是耽误了你。"满座学生谁都不敢吭气。

解 读

王阳明也有回答不了的问题。他本是极有涵养的人，平日讲学，任如何问难，总是勤勤恳恳地讲说，这里为何动气？剜肉做疮怎样讲？肉喻天理，疮喻人欲，剜肉做疮者，误天理为人欲，去人欲即伤及天理。对方的意思是说："见了一星之火即扑灭，自然不会有烧房子的事，请问拿什么东西来煮饭呢？换言之，把好货之心连根去尽，人就不会吃饭，岂不饿死吗？把好色之心连根去尽，人类岂不灭绝吗？"这个问法，何等厉害！所以阳明愤然作色。

24. 实落用功便是

【原典】

一友问功夫不切。

先生曰:"学问功夫,我已曾一句道尽,如何今日转说转远,都不着根?"

对曰:"致良知,盖闻教矣,然亦须讲明。"

先生曰:"既知致良知,又何可讲明?良知本是明白,实落用功便是;又不肯用功,只在语言上转说转糊涂。"

曰:"正求讲明致之之功。"

先生曰:"此亦须你自家求,我亦无别法可道。昔有禅师,人来问法,只把麈尾提起。一日,其徒将其麈尾藏过,试他如何设法。禅师寻麈尾不见,又只空手提起。我这个良知就是设法的麈尾,舍了这个,有何可提得?"

少间,又有一友请问功夫切要。

先生旁顾曰:"我麈尾安在?"

一时在座者皆跃然。

【译文】

有位朋友问,当功夫不真切时怎么办?

先生说:"学问的功夫,我曾一句话概括完了,现在怎么越说越远,连根基都着不了呢?"

回答说:"致良知是曾经听先生讲过,但没讲明白。"

先生说:"既然你知道致良知,还有什么可讲明的?良知本身就是明白的,你踏实用功便是了,你不愿意用功,只在言语上说,越说越糊涂。"

朋友说:"我正是想让您讲明致良知的功夫。"

先生说:"这也需要你自己探求,我没有其他的办法可以讲。以前有一位禅师,别人来问佛法,他只是把拂尘提起来。有一天,他的徒弟把拂尘藏了起来,想看看他还怎么回答。禅师找不到拂尘,只好空手做出提拂尘的样子。我这个良知就是启发人的拂尘,除此之外,还有什么可提的?"

过了一会儿,又有一个学生问先生致良知功夫的要点。

先生四下看了看说:"我的拂尘在哪儿?"

一时间,在座的人都乐翻了。

解 读

功夫不真切应如何救治？阳明认为根本不是知识上如何提供方法的问题，而是心志贯彻与否的问题，因为道德良知人人心中本有，提起即是。但是弟子却以为自己要问的就是良知如何提起的操作细节的问题，因此问得有理，所以还是询问。阳明则讲了禅师的故事，拂尘比喻佛教的本心本性，提起拂尘和提起手都只是说明要提起本心本性，实际下工夫而已，下了工夫之后自然会知晓其中的艰难之关键，而不需要再问更多的细节方法。

25. 至诚前知

【原典】

或问"至诚前知"。

先生曰："诚是实理，只是一个良知。实理之妙用流行就是神，其萌动处就是几，诚神几曰圣人。圣人不贵前知。祸福之来，虽圣人有所不免，圣人只是知几，遇变而通耳。良知无前后，只知得见在的几，便是一了百了。若有个前知的心，就是私心，就有趋避利害的意。邵子必于前知，终是利害心未尽处。"

【译文】

有人就《中庸》上的"至诚之道，可以前知"请教于先生。

先生说："诚是实理，诚就是良知。实理的流畅运行就是神，它的初始萌动就是几（预兆、苗头的意思），具备诚、神、几的人叫圣人。圣人对预知不怎么重现。祸福降临，圣人也在所难免。圣人只知晓契机，善于应付各种变化而已。良知不分前后，只要看出现在的契机，就能一了百了。如果存个前知的心，那就是私心，就是想要趋利避害。邵子（即邵雍，北宋哲学家、易学家）非常看重前知，就是因为他那趋利避害的私心没有涤除干净。"

解 读

王阳明在这里用"良知说"批评了"至诚前知"的思想，认为圣人不贵前知，只是致良知，见几而动，遇变而通，行其所当行，对祸福不存有趋利避害之心。邵雍非常看重前知，心里存有趋避的意思，是私欲的表现，不是圣人境界。王阳明在价值上贬低前知，不以其为圣人的至诚之道，但也没有明确否定前知的存在。

26. 能处正是良知

【原典】

先生曰："无知无不知，本体原是如此。譬如日未尝有心照物，而自无物不照，无照无不照，原是日的本体。良知本无知，今却要有知。本无不知，今却疑有不知，只是信不及耳。"

先生曰："'唯天下之圣为能聪明睿知'，旧看何等玄妙，今看来原是人人自有的。耳原是聪，目原是明，心思原是睿知，圣人只是一能之尔，能处正是良知。众人不能，只是个不致知。何等明白简易！"

【译文】

先生说："无知无不知，本体就是如此。这好比太阳，它没有刻意要去照射宇宙间万物，但又无物不照射。因此，无照无不照，原就是太阳的本体。良知本来是无知的，如今却要它有知；良知本来是无不知的，如今却怀疑它有不知。这些都是因为没有完全相信良知罢了。"

先生说："《中庸》中的'唯天下之圣为能聪明睿知'这句话，以前看时觉得是何等玄妙。如今看来，现在才晓得原来聪明睿智是人人所固有的。耳原本就聪，目原本就明，心原本就睿智，圣人只是能够一一做到罢了，之所以能够做到是因为他能致良知；普通人不能做到这点，只是因为不能致良知。这是多么简单明显的道理啊！"

解 读

致良知，要认识到良知本体原本就具有二重性。良知正如太阳一般根本上无知也无善恶，知善知恶只是它的发用。普通人如果能致良知，也就和圣人一样，能够"聪明睿知"了。

27. 天理即是良知

【原典】

问："孔子所谓'远虑'，周公'夜以继日'，与'将迎'不同。何如？"

先生曰："'远虑'不是茫茫荡荡去思虑，只是要存这天理。天理在人心，亘古亘今，无有终始。天理即是良知，知思万虑，只是要致良知。良知愈思愈精明，若不精思，漫然随事应去，良知便粗了。若只着在事上茫茫荡荡去思，教做远虑，便不免有毁誉、得丧、人欲搀入其中，就是将迎了。周公终夜以思，只是'戒慎不睹，恐惧不闻'的功夫。见得时，其气象与'将迎'自别。"

【译文】

有人问："孔子所说的远虑，周公的夜以继日思虑善否，与迎来送往有什么区别？"

先生说："远虑并不是不着边际地去思考，只是要存这个天理。天理自在人心，且亘古亘今，无始无终。天理即是人的良知，千思万虑的目的不过是致良知。良知是越思索越精明。若不深思熟虑，只是随随便便地随事情转，良知就变得粗陋了。但如果你只是在具体事上不着边际地思考，就自以为是远虑了，就不免有毁誉、得失、私欲掺杂其间，也就和迎来送往没区别了。周公的夜以继日思虑善否，其实是'戒慎不睹，恐惧不闻'的功夫。认识了这一点，自然就知道周公的气象与迎来送往之别。"

解 读

天理即是良知是"知是行的主意"的进一步深化和发展，是从"良知即心之本体"的角度来阐明良知何以成为检验是非善恶的根据的。此乃良知之体。

28. 重功夫不重效验

【原典】

问："'一日克己复礼，天下归仁'，朱子作效验说，如何？"

先生曰："圣贤只是为己之学，重功夫，不重效验。仁者以万物为体。不能一体，保己是私未忘。全得仁体，则天下皆归于吾仁，就是'八荒皆在我闼意'。天下皆与，其仁亦在其中，如'在邦无怨，在家无怨'，亦只是自家不怨。如'不怨天，不尤人'之意。然家邦无怨，于我亦在其中，但所重不在此。"

【译文】

问先生："在《论语》中，孔子说'一日克己复礼，天下归仁'这句话，朱熹说这是关于效验的学说，这种说法对吗？"

先生说："孔子对于自己的克己之学说，重视功夫而不重视效验。仁者与万物为一体。不能一体的，是自己的私欲还没有克除干净。自己成全了仁的本体，那么，天下都将归于我的仁中，也就是'八荒皆在我闼'的意思。天下都能做到仁，我的仁也在其中了。比如'在邦无怨，在家无怨'，说的也是自身没有怨恨，一如'不怨天，不尤人'的意思。但是，家邦皆无怨，我也就在其中了。只是，这不是该重视的地方。"

解　读

"为己"就是实现人的目的，"功夫"是指实践功夫，实践是目的性实践，至于"效验"，则是功利性、工具性的，所以不必过于重视。

29. 巧、力非两事

【原典】

问："孟子'巧力圣智'之说，朱子云：'三子力有余而巧不足。'何如？"

先生曰："三子固有力，亦有巧。巧力实非两事，巧亦只在用力处，力而不巧，亦是徒力。三子譬如射，一能步箭，一能马箭，一能远箭。他射得到俱谓之力，中处俱可谓之巧。但步不能马，马不能远，各有所长，便是才力分限有不同处。孔子则三者皆长。然孔子之和只到得柳下惠而极，清只到得伯夷而极，任只到得伊尹而极，何曾加得些子？若谓'三子力有余而巧不足'，则其力反过孔子了。巧力只是发明圣知之义，若识得圣知本体是何物，便自了然。"

【译文】

问先生："孟子主张'巧力圣智'之说，朱熹认为是'三子力有余而巧不足'，先生怎么看？"

先生说："三个人（伯夷、伊尹、柳下惠）固然有力，但也有巧。巧和力并非两回事，巧是用力时的巧，有力而无巧，只是空有其力。他们三个人若用射箭作比，就是一个人能站在地上射、一个人能骑在马上射、一个人能远射。他们能射到目标所示处，就可以称为力；他们能命中目标，就可以称为巧。但能站地上射的，上了马就不会射了；骑在马上能射的，射得又不够远，只能说他们各有所长，这就是才力各有不同。而孔子则兼有三个人的长处，但孔子的和只能达到柳下惠那样的程度；孔子的清只能达到伯夷那样的程度；孔子的以天下为己任的心情只能达到伊尹那样的程度，没办法再增加了。如果像朱熹说的'三子力有余而巧不足'，那么，他们的力是超过孔子的。巧和力只是用来说明圣、智的。若明白了圣、智的本体是什么，便就一目了然了。"

解 读

王阳明认为，巧与力在本体之外，不在本体之中，但巧和力并非两回事。受本体发用时，巧与力就是良知的外在表现，不受本体发用的巧、力，必然与"良知"背道而驰。

30. 是非之心

【原典】

先生曰："'先天而天弗违'，天即良知也。'后天而奉天时'，良知即天也。"

"良知只是个是非之心，是非只是个好恶。只好恶，就尽了是非；只是非，就尽了万事万变。"

又曰："是非两字是个大规矩，巧处则存乎其人。"

【译文】

先生说："'先天而天弗违'，说明天就是良知；'后天而奉天时'，说明良知就是天。"

"良知，其实就是判断是非的心，是非仅是个好恶。明白好恶就穷尽了是非，穷尽了是非就穷尽了万事的万般变化。"

先生又说："是非两个字是一个大的框架，巧妙运用则在于个人领会。"

解 读

王阳明将良知代表人的本心，所以它也综括了孟子所说的心之四端，把孟子的是非之心、羞恶之心合起来一起收于其良知上来讲，一起皆是其良知之表现。只要有了良知这个大规矩，根据在不同场合、不同机缘下的巧妙运用，便可能应万事、通万物。

31. 日之余光未尽处

【原典】

"圣人之知，如春天之日，贤人如浮云天日，愚人如阴霾天日。虽有昏明不同，其能辨黑白则一。虽昏黑夜里，亦影影见得黑白，就是日之余光未尽处。困学功夫，亦是从这点明处精察去耳。"

【译文】

先生说:"圣人的良知一如青天白日,贤人的良知就像有浮云的天气,愚人的良知好比阴霾满天。虽然他们浑浊清明的程度有差别,但辨别黑白则是一致的。即便在昏黑的夜晚,也能隐约看出黑白,这说明太阳的光辉还没完全被遮蔽。在逆境中学功夫,也只是从这一点光明处去细致鉴察体会。"

解 读

愚人的良知就像阴霾天气而灰暗不明,与圣人的万里晴空和贤人的浮云天气不同,但还是能辨别黑白的,即使在夜里,也隐隐绰绰有余光。这一点余光未尽,就是唤醒太阳、唤醒良知的希望所在。

32. 七情与良知

【原典】

问:"知譬日,欲譬云,云虽能蔽日,亦是天之一气合有的。欲亦莫非人心合有否?"

先生曰:"喜怒哀惧爱恶欲,谓之七情。七者俱是人心合有的,但要认得良知明白。比如日光,亦不可指着方所;一隙通明,皆是日光所在。虽云雾四塞,太虚中色像可辨,亦是日光不灭处,不可以云能蔽日,教天不要生云。七情顺其自然之流行,皆是良知之用,不可分别善恶,但不可有所着。七情有着,俱谓之欲,俱为良知之蔽。然才有着时,良知亦自会觉。觉即蔽去,复其体矣。此处能勘得破,方是简易透彻功夫。"

【译文】

有人问:"良知就像太阳,私欲就像浮云。浮云虽能一时遮蔽太阳,然而也是天上的气应该有的,那么私欲是不是也是人心所该有的呢?"

先生说:"喜怒哀惧爱恶欲,就是所谓的七情,这七情都是人心该有的,但是需要将良知理解清楚。例如阳光,不能说非得直射才算是阳光,一条缝隙所透出的明亮也是阳光。天空即便布满云雾,只要太虚中还能分辨颜色和形式,均为阳光不灭处。不能因为云能蔽日,就让天不要生云。七情顺其自然地在人身心之上流转,就都是良知的表现形式之一,因此不能把七情分成哪个好哪个坏。但是又不能太执著。执著,七情都称为欲,都是遮蔽良知的。当然,稍有执著,良知就会发觉。发觉了就会克除遮蔽,也就回复了良知的本体。这些地方看明白了,才是简易透彻的功夫。"

解 读

本体如阳光，是虚，是明，是自然；七情是云，是雾。良知具有普照万物的廓然大公胸襟，它可以使七情自然流行，可以觉察七情之不正，并可使不正归之于正，但却不能认七情为良知本体。

33. 知行即是功夫

【原典】

问："圣人生知安行，是自然的，如何有甚功夫？"

先生曰："知行二字，即是功夫，但有浅深难易之殊耳。良知原是精精明明的。如欲孝亲，生知安行的，只是依此良知实落尽孝而已；学知利行者，只是时时省觉，务要依此良知尽孝而已；至于困知勉行者，蔽锢已深，虽要依此良知去孝，又为私欲所阻，是以不能，必须加人一己百、人十己千之功，方能依此良知以尽其孝。圣人虽是生知安行，然其心不敢自是，肯做困知勉行的功夫。困知勉行的却要思量做生知安行的事，怎生成得？"

【译文】

问先生："圣人生知安行是自然就能如此的，这还需要其他的功夫吗？"

先生说："知与行这两个字就是功夫，不过是有浅深难易之别罢了。良知原本是精精明明的。例如，孝敬父母，生知安行的人只是依从良知切实地去尽孝道；学知利行的人只是要时时省察自己，努力依从良知去尽孝道；至于困知勉行的人，被蒙蔽禁锢已深，即便想依从良知去尽孝道，却又被私欲所阻，因此不能尽孝道。这就需要付出比旁人多十倍、百倍的功夫，才能依从良知去尽孝道。圣人虽然是属于生知安行的，但他的心里不敢自以为是，所以他宁肯做困知勉行的功夫。然而，困知勉行的人则思量着做生知安行的事，那怎么能行呢？"

解 读

在王阳明那里，良知人人本有，但并非人人都能致良知。"知行二字，即是功夫"，依良知所知而实落行之即是致良知。圣人也要做功夫，只不过圣人良知精明，做起来较易而已，而常人则蔽锢深，做起来困难一些罢了。

34. 本体未尝有动

【原典】

问："'乐是心之本体'，不知遇大故于哀哭时，此乐还在否？"

先生曰："须是大哭一番了方乐，不哭便不乐矣。虽哭，此心安处即是乐也。本体未尝有动。"

【译文】

有人问："先生曾主张乐是心的本体，不知遇到大的悲惨变故哀哭之时，这个乐还在不在？"

先生说："唯有痛哭之后才能乐，不哭就不会乐了。虽然是哭，此心却得到了安慰，因而也就是乐。心的本体是没有变化的。"

解 读

在阳明看来，乐的本质规定在于心安，只要能保持心安便是常快活，便是乐。倘遇人世悲戚之事大哭一场，而使心安，这哭也便是乐。可见乐并不简单地等同于高兴，它是人之内心在经受住自我拷问、自我监督之后的一种安详平和，它的对立者不是悲哀而是愧疚，是心灵对自我监督的恐惧。

35. 不妨有异处

【原典】

问："良知一而已，文王作《彖》，周公系《爻》，孔子赞《易》，何以各自看理不同？"

先生曰："圣何能拘得死格？大要出于良知同，便各为说，何害？且如一园竹，只要同此枝节，便是大同。若拘定枝枝节节都要高下大小一样，便非造化妙手矣。汝辈只要去培养良知，良知同，更不妨有异处。汝辈若不肯用功，连笋也不曾抽得，何处去论枝节？"

【译文】

有人问："良知只有一个。周文王作卦辞，周公旦作爻辞，孔夫子作《周易》，是否各自看到的理不同？"

先生说："圣人怎会呆板地死守旧模式呢？只要根本点是从良知出发，说法有所不同又能妨碍什么呢？这就像一园子青竹，只要枝节相差不多，也就是大同了。但如果要是拘泥于每株竹子的每一枝节高低大小都相等，就不能体现造化的妙手了。要做的只是去认真培养良知，只要良知是同样的，有点差异也无关紧要。你们若不肯用功，就像竹子连笋都没有发出来，又到什么地方去谈论竹子的枝节呢？"

解 读

这里，王阳明的深刻之处，在于竭力反对画地为牢、作茧自缚。他认为，道德法则虽然有普遍性，但同时也要有具体性，因此不能"拘定枝枝节节"。

36. 父子讼狱

【原典】

乡人有父子讼狱，请诉于先生，侍者欲阻之。先生听之，言不终辞，其父子相抱恸哭而去。

柴鸣治入问曰："先生何言，致伊感悔之速？"

先生说："我言舜是世间大不孝的子，瞽叟是世间大慈的父。"

鸣治愕然，请问。

先生曰："舜常自以为大不孝，所以能孝。瞽叟常自以为大慈，所以不能慈。瞽叟只记得舜是我提孩长的，今何不曾豫悦我，不知自心已为后妻所移了，尚谓自家能慈，所以愈不能慈。舜只思父提孩我时如何爱我，今日不爱，只是我不能尽孝，日思所以不能尽孝处，所以愈能孝。及至瞽叟底豫时，又不过复得此心原慈的本体。所以后世称舜是个古今大孝的子，瞽叟亦做成个慈父。"

【译文】

乡下有一对打官司的父子来找先生判案。随从想阻挡他们，先生要听他们说的情况，然后说了很简短的一番话，这对父子就相抱痛哭，最后和好离去了。

柴鸣治进来问："先生您说了什么话，让他们父子俩这么快就感动悔悟了？"

先生说："我只是说了舜是世间大不孝的子，瞽叟是世间大慈的父。"

柴鸣治感到十分惊讶，请问为什么。

先生说："舜常常自以为是最不孝的，因此他能孝；瞽叟常常自我感觉是最慈爱的父亲，所以他不能慈爱。只记得舜是自己养育大的，现在却不能使自己愉快，他不知道自己的心已转移到后妻身上了，尚且说自己慈爱，所以就更加不能慈爱了。舜总是记着小时候父亲是多么爱他，而如今之所以不爱了，只因为自己尽孝还不够。舜天天想夜夜思的都是检讨自己尽孝不够的地方，因此他就更加孝顺。等到瞽叟高兴时，他只不过是恢复了本心原有的慈爱而已。所以，后世的人称舜为古今能够大孝的儿子，瞽叟也就变成了一个慈祥的父亲。"

解 读

王阳明之所以能够成功地解决矛盾，关键的就是他认为人人都是有良知的，只要让人认识到这个良知，并循循善诱，就一定能够在人的内心激起感情，最终通过内心的变化解决问题。王阳明就这样轻而易举地解决了父子告状的问题，我们可以称之为良知的妙用吧。

37. 其心只空空而已

【原典】

先生曰："孔子有鄙夫来问，未尝先有知识以应之，其心只空空而已。但叩他自知的是非两端，与之一剖决，鄙夫之心便已了然，鄙夫自知的是非，便是他本来天则，虽圣人聪明，如何可与增减得一毫？他只不能自信，夫子与之一剖决，便已竭尽无余了。若夫子与鄙夫言时，留得些子知识在，便是不能竭他的良知，道体即有二了。"

【译文】

先生说："每次普通人向孔子请教有关问题，孔子事先都是没有准备的，他的心是空空如也的。但是，他从普通人自己知道的是非两方面加以分析，普通人的心里也就明白了。普通人所自知的是非，就是他本来就有的天理准则。即便是圣人的聪明睿智，也不能增加或减少一分一毫。普通人只是不能完全相信自己，孔子帮他一分析判断，他也就一下子明白了。如果孔子与他谈话时，心中还有一些知识在，也就不能启发出他全然的良知，而道体将一分为二了。"

解 读

帮助别人解决问题，并不要求自己有什么知识，只是要让别人都相信他自己的良知就可以了。我们再怎么厉害，也改变不了别人，除非他自己改变自己。如果用外在的强制力来让一个人改变，还不如让他的内心自发地改变来得深刻多了。

38. 自家经过

【原典】

先生曰："'烝烝乂，不格奸'，本注说象已进于义，不至大为奸恶。舜征庸后，象犹日以杀舜为事，何大奸恶如之！舜只是自进于义，以义熏蒸，不去正他奸恶。凡文过掩慝，此是恶人常态。若要指摘他是非，反去激他恶性。舜初时致得象要杀己，亦是要象好的心太急，此就是舜之过处。经过来，乃知功夫只在自己，不去责人，所以致得克谐，此是舜动心忍性，增益不能处。古人言语，俱是自家经历过来，所以说的亲切。遗之后世，曲当人情。若非自家经过，如何得他许多苦心处。"

【译文】

先生说："《尚书》上所谓的'烝烝乂，不格奸'，本注上说这是指舜的弟弟象逐渐接近义，不至于成为大奸大恶了。舜被征用后，象仍每天想去谋杀他，什么样的大奸大恶能像他呀？但是舜只是以义来要求自己，用自我克治去感化象，而不是去指责纠正象的奸恶。文过饰非，这是恶人的常态。若要去责备他的过失，反倒会激起他的恶性。开始时，舜使得象要害他，只是因为他要象变好的心太急切了。这就是舜的过错。有了这段经历，舜认识到功夫只在自己身上，而不是去责人，所以能够达到和谐。这就是舜的动心忍性，增加自己能力的地方。古人的言论，都是自己亲身经历的，因此记得十分亲切，留存到了后世，歪曲变通，只把这个当做人情。如果不是自己亲身经历过，怎么能说得那么苦口婆心。"

解 读

王阳明认为，古代圣人所说的话，是"自家经过"的，不能把它简约为一种单纯的认识活动，而应该与个体生命的领悟融为一体。只有在个体生命存在面的向度的意义和基础上，诠释者与经典成功契接，经典作为文本的整体意义才会显现。正是基于这一深度认识，儒学经典诠释强调要成功地领悟经典。

39. 元声只在心上求

【原典】

先生曰:"古乐不作久矣,今之戏子,尚与古乐意思相近。"

未达,请问。

先生曰:"《韶》之九成,便是舜的一本戏子;《武》之九变,便是武王的一本戏子。圣人一生实事,俱播在乐中,所以有德者闻之,便知他尽善尽美与尽美未尽善处。若后世作乐,只是做些词调,于民俗风化绝无关涉,何以化民善俗?今要民俗反朴还淳,取今之戏子,将妖淫词调俱去了,只取忠臣孝子故事,使愚俗百姓人人易晓,无意中感激他良知起来,却与风化有益。然后古乐渐次可复矣。"

曰:"洪要求元声不可得,恐于古乐亦难复。"

先生曰:"你说元声在何处求?"

对曰:"古人制管候气,恐是求元声之法。"

先生曰:"若要去葭灰黍粒中求元声,却如水底捞月,如何可得?元声只在你心上求。"

曰:"心如何求?"

先生曰:"古人为治,先养得人心和平,然后作乐。比如在此歌诗,你的心气和平,听者自然悦怿兴起,只此便是元声之始。《书》云:'诗言志',志便是乐的本;'歌永言',歌便是作乐的本;'声依永,律和声',律只要和声,和声便是制律的本。何尝求之于外?"

曰:"古人制候气法,是意何取?"

先生曰:"古人具中和之体以作乐,我的中和原与天地之气相应。候天地之气,协凤凰之音,不过去验我的气果和否。此是成律已后事,非必待此以成律也。今要候灰管,必须定至日。然至日子时,恐又不准,又何处取得准来?"

【译文】

先生说:"古乐已很长时间没人演奏了。现今的戏和古乐的意思还比较相似。"

大家没明白,于是就请教先生。

先生说:"韶乐的九章,是虞舜时演的一部戏;武乐的九章,是武王时演的一部戏,圣人一生的事迹都蕴含在乐曲中。所以有德行的人听了就知道它的尽善尽美与尽美不尽善之处。如果后世作乐只是谱写一些词调，和民风教化毫无关系，那还怎么能够起到改善社会风气的作用呢？如今要想使民风返璞归真，就该把今天的戏曲拿来，删除乐曲中所有的妖淫词调，只保留忠臣、孝子的故事，演唱起来使得普通百姓人人明白，于有意无意之中激发他们的良知，如此，对移风易俗会有所帮助，同时，古乐渐渐地就可以恢复本来面貌了。"

钱德洪在旁边说："我连元声（基准音）都找不到，要恢复古乐恐怕很难。"

先生说："你认为元声应该到何处去找？"

钱德洪回答说："古人制造律管来候气，恐怕就是在找元声的办法吧？"

先生说："如果要从葭灰黍粒中寻找元声，犹如水中捞月，岂能找到？元声只需要从你的心里去找。"

钱德洪问："在心上如何找呢？"

先生说："古人治理天下，首先把人培养得心平气和，而后才作乐。比如你在这里吟咏诗歌，你的心气平和，听的人自然会感到愉悦满意，这就是元声的起始处。《尚书·尧典》中说：'诗言志'，志就是乐之根本；'歌永言'，歌唱就是乐调的根本；'声依永，律和声'，韵律只要与发音相和，和声就是旋律的根本，这些不都说明没有必要外求吗？"

钱德洪又问："古人以律管候气的办法，又是以什么为依据的？"

先生说："古人是以中和之体来作乐的。人的中和之体是与天地之气相呼应和的，候天地之气，与凤凰的鸣叫相谐合，不过是为了检验人的气是否中和。这是制成音律之后的事。不是必须等待天地之气来后才能制成音律。现今通过律管来候气，必须确定在冬至这天，但是，到了日子恐怕时辰又定不准，又到哪里去找标准呢？"

解读

王阳明认为复兴古乐的元声只能在内心去寻找。在这里他通过心与乐的对应关系，提出了乐以中和为本的观点，并将之与天地万物的自然规律联系起来，人内心的中和是合乎于天道的，乐的中和来源于人内心的中和，乐又以中和之性感染听者，这就是音乐能化育人心的根源。

40. 自家解化

【原典】

先生曰："学问也要点化，但不如自家解化者自一了百当。不然，亦点化许多不得。"

【译文】

先生说："学习确实需要老师或朋友的开导点化，但不及自己所省悟理解的那样能一了百当。如其不然，开导点化再多也没有用。"

解 读

学习需要外人指教，但最好是通过自己独立思考来领悟，这样可以事半功倍，否则，即使别人指教得很好，你也不能全部领悟。

41. 在心上用功

【原典】

"孔子气魄极大，凡帝王事业，无不一一理会，也只从那心上来。譬如大树，有多少枝叶，也只是根本上用得培养功夫，故自然能如此，非是从枝叶上用功做得根本也。学者学孔子，不在心上用功，汲汲然去学那气魄，却倒做了。"

【译文】

先生说："孔子的气魄宏伟，但凡帝王的所作所为，他都能从心上一一加以体会。就譬如不管大树有多少枝枝杈杈，都是从树根的培养做起，自然就枝繁叶茂起来，并不是从枝叶上用功去培养根本。学者向孔子学习，若不在内心的良知培养上用功，却急切地想去学那气魄，就是把功夫做颠倒了。"

解 读

王阳明在这里以孔圣人为例，阐明学者只有在"心上用功"而不能在"枝叶上用功"的道理。通过以"树"作比，深入浅出地论证了为学要从根本上做起，而不是从表面学起。

42. 善与人同

【原典】

"人有过，多于过上用功，就是补甑，其流必归于文过。"

"今人于吃饭时，虽然一事在前，其心常役役不宁，只缘此心忙惯了，所以收摄不住。"

"琴瑟简编，学者不可无，盖有业以居之，心就不放。"

先生叹曰："世间知学的人，只有这些病痛打不破，就不是善与人同。"

崇一曰："这病痛只是个好高不能忘己尔。"

【译文】

先生说："人有过失之处，就把功夫多下在检讨弥补过失上，就好像修补破旧的甑（瓦罐），必定有文过饰非的毛病。"

先生说："现在人在吃饭时，即使无事，他的心经常忙乱而不安定，这是因为心忙碌乱了，所以才收摄不住。"

先生说："琴、瑟与书籍，这些都是学者须臾不可离开的工具，由于常有事可做，心就不会放纵。"

先生感叹地说："世间知学的人，只要这些毛病改不掉，就不为'善与人同'了。"

崇一接着说："这些毛病，也就是因为好高骛远但又不能舍己从人。"

> ## 解 读
>
> 王阳明在这里指出了世人的一些毛病，正是这些毛病致使人们在认识上受蒙蔽。只有改掉这些，才能善与人同：自己有优点，愿意别人同自己一样；别人有长处，就向别人学习。

43. 良知妙用处

【原典】

问："良知原是中和的，如何却有过不及？"

先生曰："知得过不及处，就是中和。"

"'所恶于上'是良知，'毋以使下'即是致知。"

先生曰："苏秦、张仪之智，也是圣人之资。后世事业文章，许多豪杰名家，只是学得仪、秦故智。仪、秦学术，善揣摸人情，无一些不中人肯綮，故其说不能穷。仪、秦亦是窥见得良知妙用处，但用之于不善尔。"

【译文】

有人问："良知本来是中和的，怎么还有过与不及的说法？"

先生说："良知无过不及，知道过或不及，就是中和，也是良知。"

先生说："《大学》中说的'厌恶上级对待下属（我）的态度'，属于良知；'（我）不用同样的态度去对待自己的下属'，就是致良知。"

先生说："张仪、苏秦的智商，也是圣人的资质。后世的诸多事业文章，诸多的豪杰名家，只是学得了张仪、苏秦的套路。张仪、苏秦的学问很会揣摩人情，因此他们的说辞才能击中被说服者的要害，因此他们的学说不能穷尽。张仪、苏秦已窥到了良知的妙用处，只是用在诡计方面而已。"

解 读

在王阳明那里，"良知妙用处"很多，它可以使人知道是过还是不及，使人保持中和；也可以处理上下级关系；还可以透视世间人情。但王阳明重道轻术，因此认为虽然张仪、苏秦窥见了"良知妙用处"，但把它用在诡计上是不对的。

44. 无未发已发

【原典】

或问"未发已发"。

先生曰："只缘后儒将未发已发分说了，只得劈头说个无未发已发，使人自思得之。若说有个已发未发，听者依旧落在后儒见解。若真见得无未发已发，说个有未发已发原不妨原有个未发已发在。"

问曰："未发未尝不和，已发未尝不中。譬如钟声，未扣不可谓无，既扣不可谓有，毕竟有个扣与不扣，何如？"

先生曰："未扣时原是惊天动地，既扣时也只寂天寞地。"

【译文】

有人就《大学》所谓的"未发""已发"问题请教于先生。

先生说："只因朱熹将未发已发分开来讲了，所以我只有劈头说一个没有未发已发，让世人自己思考而有所得。如果说有一个已发未发，听讲的人就落入朱熹的套路里去了。如果能真正认识到没有未发已发，即使讲有未发已发也不妨事。因为本来就存在未发已发。"

问先生："未发并非不和，已发也并非不中。比如钟声吧，不敲也不能说就没有钟声，敲了也不能说就是有了钟声。但是，它到底有敲和不敲的分别，这样说对吗？"

先生说："没敲时原本就是惊天动地的，敲了之后也只是寂静无声。"

解 读

王阳明论未发、已发，一般就良知自体言，并无时间上的动静之分。良知内在于人心人性，即体即用，即存有即活动，即未发即已发，即静即动。这里，他就以扣钟来比喻已发未发，更突出了良知有体有用、圆融无碍的特征。

45. 圆融的人性论

【原典】

问："古人论性，各有异同，何者乃为定论？"

先生曰："性无定体，论亦无定体。有自本体上说者，有自发用上说者，有自源头上说者，有自流弊处说者。总而言之，只是一个性，但所见有浅深尔。若执定一边，便不是了。性之本体，原是无善无恶的，发用上也原是可以为善，可以为不善的，其流弊也原是一定善一定恶的。譬如眼，有喜时的眼，有怒时的眼，直视就是看的眼，微视就是觑的眼。总而言之，只是这个眼。若见得怒时眼，就说未尝有喜的眼；见得看时眼，就说未尝有觑的眼。皆是执定，就知是错。孟子说性，直从源头上说来，亦是说个大概如此。荀子性恶之说，是从流弊上说来，也未可尽说他不是，只是见得未精耳。众人则失了心之本体。"

问："孟子从源头上说性，要人用功在源头上明彻。荀子从流弊说性，功夫只在末流上救正，便费力了。"

先生曰："然。"

【译文】

有人问："古人谈论人性，各有各的见解，到底哪种说法可作为至论呢？"

先生说："性本来就没有固定的体，所以谈论起来也说不出固定的体。有就本体而言的，有就发用的角度来谈的，有就源头上论的，有就流弊讲的。总之，说的不过还是那个性，唯看法有深浅罢了。如果固执地认定哪个就是对的、哪个肯定是错的，也是不对的。性的本体原本无善无不善，发用上也是可以为善，可以为不善的；性的流弊原本就是有的一定为善，有的一定为恶的。例如人的眼睛，有喜悦时的眼，有愤怒时的眼，直视时就是正面看的眼，偷看时就是窥视的眼。总而言之还是这个眼睛。如果只是看见了愤怒时的眼，就说没有喜悦的眼；见到直视的眼，就说没有窥视的眼，这都是犯了偏执一方的过错。孟子谈性，他是直接从源头上讲的，也不过是说了个大概。荀子的性恶说，是从流弊上说的，也不能说他说得全不对，只是认识得还不够精纯而已。然而，平常人则是丧失了心的本体。"

问先生："孟子从源头上谈性，让人在源头上用功，使性明彻；荀子从流弊上说性，功夫只下在末流上纠正人性，这就费力了。"

先生说："正是这样。"

解读

王阳明认为，哲学家对于人性的许多争论，在一义下都是可以消融的，因为性最终来说只是同一个本体，并非有不同的本体。这里，阳明把孟子的性善论和荀子的性恶论一体收摄，给出了他自己的圆融的人性论。

46. 不为气所乱

【原典】

先生曰："用功到精处，愈着不得言语，说理愈难。若着意在精微上，全体功夫反蔽泥了。"

"杨慈湖不为无见，又著在无声无息上见了。"

"人一日间，古今世界都经过一番，只是人不见耳。夜气清明时，无视无听，无思无作，淡然平怀，就是羲皇世界。平旦时，神清气朗，雍雍穆穆，就是尧舜世界。日中以前，礼仪交会，气象秩然，就是三代世界。日中以后，神气渐昏，往来杂扰，就是春秋战国世界。渐渐昏夜，万物寝息，景象寂寥，就是人消物尽世界。学者信得良知过，不为气所乱，便常做个羲皇已上人。"

【译文】

先生说："用功到了精深处，愈发不能用言语来表达，说理也愈难。但如果你刻意追求精微，整体的功夫反会受到蒙蔽妨碍了。"

先生说："杨简（字敬仲，世称慈湖先生，陆九渊的高徒）并不是没有见解，他只是执著在无声无息方面理解认识问题。"

先生说："人在一天的时间里，会把古今世界全部经历过一遍，只是人不自知罢了。当夜气清明时，人无视无听、无思无作、淡泊恬静，此时就相当于伏羲的时代。早晨时节，人的神清气爽，庄严肃穆，这就相当于尧、舜的时代。上午时分，人们礼仪交往，气象井然，此时就相当于三代的时候。中午之后，人的神气渐昏，往来杂扰，这就相当于春秋战国的时代。黄昏来临，万物寝息，景象寂寥，这就是人消物灭的世界。学者如果能充分相信良知，不被气所扰乱，就能常常做个伏羲时代的人。"

解 读

体验原是无法言说，要精深却不要刻意精微。随后，王阳明又用社会状况比方人的精神境界，认为"信得良知过，不为气所乱"，人的精神境界是可以独立地超越社会此状况臻达彼状况的。

47. 狂者的胸次

【原典】

薛尚谦、邹谦之、马子莘、王汝止侍坐，因叹先生自征宁藩已来，天下谤议益众，请各言其故。有言先生功业势位日隆，天下忌之者日重；有言先生之学日明，故为宋儒争是非者亦日博；有言先生自南都以后，同志信从者日众，而四方排阻者日益力。

先生曰："诸君之言，信皆有之。但吾一段自知处，诸君俱未道及耳。"

诸友请问。

先生曰："我在南都以前，尚有些子乡愿的意思在。我今信得这良知真是真非，信手行去，更不着些覆藏。我今才做得个狂者的胸次，使天下之人都说我行不掩言也罢。"

尚谦出曰："信得此过，方是圣人的真血脉。"

【译文】

薛尚谦、邹谦之、马子莘、王汝止四人与老师同坐，大家慨叹先生自征讨宁藩以来，天下对老师的谤议越来越多。先生让各位说说其中的原因。有的讲先生的功业权势日益显赫，因而会招致越来越多人的嫉妒；有人说先生的学说影响力越来越大，导致那些替宋儒争地位的人也就越来越多；有的说自先生拜南京兵部尚书以后，尊崇先生的人越来越多，来自四面八方的排挤阻挠的人也越来越卖力。

先生说："各位所言，相信很有可能存在，但我个人有一段自知的地方，各位都没提到。"

大家都询问于先生。

先生说："我到南京就职以前，尚还玩点当面一套、背后一套的八面玲珑。现在我相信良知的是非标准，随手拈来，再也不用隐藏着。现在我才有了一个'狂者'的心情。即使全天下人都说我口无遮拦也没有关系。"

薛尚谦站起来说："对良知如此之信，才是圣人的真血脉啊！"

解 读

王阳明悟得的是良知真谛，了悟之后自然通达，通达之后不免狂放。"良知"的信念与实践使其在百死千难的危机中从容应对，并终于化解危机，经受住了人生严峻的考验，这自然更坚定了他对"良知"学说的自信。

48. 反其言而进之

【原典】

先生锻炼人处，一言之下，感人最深。

一日，王汝止出游归，先生问曰："游何见？"对曰："见满街都是圣人。"先生曰："你看满街人是圣人，满街人到看你是圣人在。"

又一日，董萝石出游而归，见先生曰："今日见一异事。"先生曰："何异？"对曰："见满街人都是圣人。"先生曰："此亦常事耳，何足为异？"

盖汝止圭角未融，萝石恍见有悟，故问同答异，皆反其言而进之。

【译文】

先生教育指点人时，一句话就能感人至深。

某日，王汝止外出回来。先生问他："路上看见了什么？"王汝止答道："满街满巷都是圣人啊！"先生说："你看到满街人都是圣人，他们看你像个活圣人。"

又一天，董萝石外出回来，看见先生就说："今天看见一件稀罕事。"先生问：

“什么稀罕事?”他答道:“我看到满街满巷都是圣人啊!”先生说:“这是再寻常不过的事了,有什么稀罕的。”

大概王汝止的锋芒尚未磨平,而董萝石恍然有悟,因此,问题相同答案各异,先生都是反着他们的话去启发他们。

解 读

王阳明对学生,是因势利导、因材成就,狂者就从狂处成就他,狷者就从狷处成就他。需要剪裁,就反言棒喝。问同答异,针对各个人的不同的坎儿“反其言而进之”,这才是单兵教练的素质教育。

49. 须做得个愚夫愚妇

【原典】

洪与黄正之、张叔谦、汝中丙戌会试归,为先生道途中讲学,有信有不信。

先生曰:“你们拿一个圣人去与人讲学,人见圣人来,都怕走了,如何讲得行?须做得个愚夫愚妇,方可与人讲学。”

【译文】

钱德洪、黄正之、张叔谦、王汝中于丙戌年(1526年)参加会试回来,纷纷讲自己途中讲学的事儿,说有的人相信,有的人怀疑。

先生说:“你们用一个圣人架势去给别人讲学,人家看见圣人来了,都给吓跑了,这怎么能讲得好。你得做出一副凡夫俗子的模样,才能给别人讲学。”

解 读

这段对话表达了王阳明建立在“万物一体”理论基础上的众生平等的思想,他强调“须做得个愚夫愚妇,方可与人讲学”,看起来是个方法和形式的问题,其实是个对众生的态度问题,若自以为高人一等,居高临下,是讲不成学的,而且也背离了“万物一体”“亲民”的基本原理。

50. 泰山和平地

【原典】

洪又言："今日要见人品高下最易。"

先生曰："何以见之?"

对曰："先生譬如泰山在前,有不知仰者,须是无目人。"

先生曰："泰山不如平地大,平地有何可见?"先生一言蔽裁,剖破终年为外好高之病,在座者莫不悚惧。

【译文】

钱德洪又谈到,现在要看出人品的高低来很容易。

先生问："怎么见得?"

钱德洪答道："先生您就像是泰山一样摆在眼前,那些不知道崇拜信奉的人,就是没有眼珠的人。"

先生说："泰山没有平地广阔,在平地上你又能看到什么了?"先生这一句话,剔除了大家多年的好高骛远之病,在座的人无不有所警惧。

解 读

钱德洪认为,王阳明是圣人,人人都应该尊敬受教,否则人品不高,有眼无珠。阳明觉得钱德洪过傲,认为儒者必须自己先尊敬平民百姓,平民百姓才会尊敬你,儒者气象是要谦虚下民的,不是高高在上要人民崇拜的。所以用泰山和平地做比,教育钱德洪和在座的学生。

51. 念谦之之深

【原典】

癸未春,邹谦之来越问学。居数日,先生送别于浮峰。是夕与希渊诸友移舟宿延寿寺,秉烛夜坐,先生慨怅不已。曰："江涛烟柳,故人倏在百里外矣。"

一友问曰："先生何念谦之之深也?"

先生曰："曾子所谓'以能问于不能,以多问于寡,有若无,实若虚,犯而不校',若谦之者,良近之矣。"

【译文】

嘉靖二年（1523 年）的春季，邹谦之来到绍兴问学，盘桓数日辞去，先生一直送到浮峰。这天晚上，先生与蔡希渊等下船到延寿寺借宿，大家秉烛夜坐，先生无限感慨。他说道："江水奔腾，烟柳飘飞，谦之顷刻间就在百里之外了。"

有位朋友问："先生为什么对邹谦之的怀恋这么深切呢？"

先生说："曾子曾说过'以能问于不能，以多问于寡，有若无，实若虚，犯而不校'。这样的人，和邹谦之好相像啊！"

解 读

《论语·泰伯》篇曾子说："以能问于不能，以多问于寡，有若无，实若虚，犯而不校，昔者吾友尝从事于斯矣。"阳明引用这句话称赞邹谦之。邹谦之就是邹守益（1491—1562 年），谦之是其字，号东廓，谥文庄，江西吉安府安福县人，是王阳明的大弟子，江右王门的代表人物。

52. 天泉证道

【原典】

丁亥年九月，先生起，复征思、田，将命行时，德洪与汝中论学。汝中举先生教言："无善无恶是心之体，有善有恶是意之动，知善知恶是良知，为善去恶是格物。"

德洪曰："此意如何？"

汝中曰："此恐未是究竟话头。若说心体是无善无恶，意亦是无善无恶的意，知亦是无善无恶的知，物是无善无恶的物矣。若说意有善恶，毕竟心体还有善恶在。"

德洪曰："心体是天命之性，原是无善无恶的。但人有习心，意念上见有善恶在。格致诚正修，此正是复那性体功夫。若原无善恶，功夫亦不消说矣。"

是夕，侍坐天泉桥，各举请正。

先生曰："我今将行，正要你们来讲破此意。二君之见，正好相资为用，不可各执一边。我这里接人，原有此二种。利根之人，直从本原上悟入，人心本体原是明莹无滞的，原是个未发之中。利根之人，一悟本体即是功夫。人己内外，一齐俱透了。其次不免有习心在，本体受蔽，故且教在意念上实落为善去恶。功夫熟后，渣滓去得尽时，本体亦明尽了。汝中之见，是我这里接利根人的；德洪之见，是我这里为其次立法的。二君相取为用，则中人上下，皆可引入于道。若各执一边，眼前便有失人，便于道体各有未尽。"

既而曰："以后与朋友讲学，切不可失了我的宗旨。无善无恶是心之体，有善有恶是意之动，知善知恶是良知，为善去恶是格物。只依我这话头，随人指点，自没病痛，此原是彻上彻下功夫。利根之人，世亦难遇。本体功夫，一悟尽透，此颜子、明道所不敢承当，岂可轻易望人？人有习心，不教他在良知上实用为善去恶功夫，只去悬空想个本体。一切事为俱不着实，不过养成一个虚寂。此个病痛，不是小小，不可不早说破。"

是日德洪、汝中俱有省。

【译文】

嘉靖六年（1527年）九月，朝廷任先生为两广提督兼江西湖广军务及都察院左都御史，平定广西思恩和田州地区叛乱。即将奉命起行时，钱德洪与王汝中论学。王汝中提起了先生的四句教："无善无恶是心之体，有善有恶是意之动，知善知恶是良知，为善去恶是格物。"

钱德洪说："这几句话你觉得怎样？"

王汝中说："这几句话大概不能完全说通。如果说心的本体是无善无恶的，那么，意也该是无善无恶的意，知也是无善无恶的知，物也是无善无恶的物。如果说意有善有恶，那么在心体上终究还有善恶存在。"

钱德洪说："心体是天命之性，原本是无善无恶的。但人耳闻目见所得的意念上则有善恶在。格物、致知、诚心、正意、修身，其正是要恢复人性本体的功夫。如果意本无善恶，那么，以上的功夫也就不消再说了。"

当晚，二人随侍先生于天泉桥，各人谈了自己的观点，请先生评判。

先生说："如今，我将要远征，让你们来正是要讲透这几句话所包含的意思。你俩的见解正好相互借重，不可偏执一方。我开导人的技巧，原本有两种：资质特高的人，让他直接从本源上体悟。人心的本体，原是明莹无滞的、未发之中的，这样的人，只要稍悟本体，也就是功夫了，他人和自我、内和外一切都透彻了。另外一种人，资质较差，心不免受到沾染，本体遭蒙蔽，因此需要教他们在意念上存个为善去恶的意，待功夫纯熟后，心中的渣滓去除干净了，本体也就通透明澈了。汝中的见解，就相当于我说的对资质特高的人采取的方法；德洪的见解，就相当于我说的对第二种人采取的方法。两位若互为补充借用，那么，中等资质的人都可以明道。若两位各执一词，在你们面前就会有人不能步入正轨，就不能穷尽道体。"

过会儿先生又说："今后和朋友讲学，千万不可抛弃我之学说的宗旨。无善无恶是心之体，有善有恶是意之动，知善知恶是良知，为善去恶是格物。你们只要根据我的话因人施教，自然就没有毛病。这原本是上下贯通的功夫。资质特高的人，世上难遇。对本体功夫一悟全透，就是颜回、程颢这样的人都不敢轻易承认，岂敢随便指望他人？人是最容易因耳闻目见得到意念的，你不去教他在良知上做为善去恶的功夫，只去悬空思索一个本体，一切就都落不到实处，这只不过是修养成了一个虚空静寂的坏毛病。这个毛病不是小事情，所以，我不能不早点向你们说破。"

这一天，钱德洪和王汝中都有很深的感悟。

解 读

王阳明晚年提出了被称为"四句教"的学术宗旨。因对四句教的理解不同，王汝中和钱德洪发生了争执，于是就有了"天泉证道"这段公案的发生。王阳明认为，"四句教"彻上彻下，可以用之教化任何人。在悟道上，可能存在两种方法，虽然针对性不同，但可以相资相须，不可执著一边。天泉证道是王学中一件重要公案，围绕它，晚明乃至明清之际发生过多次争论。

五、钱德洪跋——辗转刊行

钱德洪曾为《答陆原静书》作过跋（参见中卷），而这篇"跋"，是钱德洪专门为下卷而作的，不包含上卷和中卷。

【原典】

嘉靖戊子冬，德洪与王汝中奔师丧，至广信，讣告同门，约三年收录遗言。继后同门各以所记见遗。洪择其切于问正者，合所私录，得若干条。居吴时，将与《文录》并刻矣。适以忧去，未遂。当是时也，四方讲学日众，师门宗旨既明，若无事于赘刻者，故不复萦念。

去年，同门曾子才汉得洪手抄，复傍为采辑，名曰《遗言》，以刻行于荆。洪读之，觉当时采录未精，乃为删其重复，削去芜蔓，存其三分之一，名曰《传习续录》，复刻于宁国之水西精舍。今年夏，洪来游蕲，沈君思畏曰："师门之教，久行于四力，而独未及于蕲。蕲之士得读遗言，若亲炙夫夫子之教。指见良知，若重睹日月之光。唯恐传习之个博，而未以重复之为繁也。请裒其所逸者增刻之，若何？"

洪曰："然师门'致知格物'之旨，开示来学，学者躬修默悟，不敢以知解承，而惟以实体得。故吾师终日言是而不惮其烦，学者终日听是而不厌其数。盖指示专一，则体悟日精，几迎于言前，神发于言外，感遇之诚也。今吾师之没，未及三纪而格言微旨，渐觉沦晦，岂非吾党身践之不力，多言有以病之耶？学者之趋不一，师门之教不宣也。"

乃复取逸稿，采其语之不背者，得一卷。其余影响不真，与《文录》既载者，皆削之。并易中卷为问答语，以付黄梅尹张君增刻之。庶几读者不以知解承，而惟以实体得，则无疑于是录矣。

嘉靖丙辰夏四月，门人钱德洪拜书于蕲之崇正书院。

【译文】

嘉靖七年（1528年）冬，钱德洪（我）和王汝中听闻老师逝世，奔丧至广信（今江西省上饶市），在给同门师友的讣告中，我们商定三年内收集完先生的言论。

这之后，学友们陆续寄来了各自所作的记录。我挑选了其中有关学术问答的部分，加上我自己的记录，共若干条编辑在一起。在吴（今江苏省苏州市）时，我打算把这些记录和《文录》共同刻印，其时又正逢我因守丧离职，未能遂愿。当时，天下讲学之风气愈来愈浓，先生的学术宗旨又是非常鲜明的，也就没急着刻印出来。因此，我对这件事也就不再牵挂了。

去年，学友曾才汉获得了我的收录本，又四处收辑了一些先生的语录附在后面，命名为《遗言》，在荆州刊刻发表。我读了《遗言》之后，觉得采录的不够精确，因而删削了其中重复繁杂的，保留了《遗言》的三分之一，并取名《传习续录》，刻印于安徽宁国的水西精舍。今年夏天，我到湖北蕲春，沈思畏对我说："先生的学说早已流传于四方，但只有这里还未流传到。蕲春的学者读到《遗言》，就像亲身领教了先生的教诲似的，说知晓了良知就像重见日月的光辉一般。只怕收录传习的不广博，不怕重复繁复。请您把其他未曾收录的部分收集起来刊刻出版，您看怎么样？"

我答道："当然可以。先生致知格物的宗旨就在于开示来学，学习的人也只是躬修默悟，不敢单在知识上体会，而唯求通过切实的体认而有所心得。因此老师终日讲这个不厌其烦，学生终日听这个也不厌其烦。因为主旨专一，领悟就会更加精细。先生还没说到，弟子已知要讲什么了，对学术的理解越过老师言语之外，充分体现了教学双方之诚。但现在先生逝世还没有三纪（一纪为十二年），可他的格言和宗旨渐渐地模糊黯淡起来了，这难道不是我们这些弟子践行不够、空说太多造成的恶果吗？弟子的目标不一致，我们师门的学说就得不到光大。"

于是，我就又收集了一些未刊刻的记录，采用其中不违背先生学术宗旨的部分，合成一卷。其余不忠实于先生学术宗旨的和《文录》已刊刻过的，全删掉了。并把"中卷"改编为问答的形式，让黄梅县令张君增刻发行。希望读者朋友不是从文义的解释上来阅读这本书，而要踏踏实实去体认良知，就不会对这本书有疑惑了。

嘉靖三十五年（1556 年）夏四月，门人钱德洪写于蕲春崇正书院。

解 读

此段文字是钱德洪已经编完《传习录》，自己附加一部分内容在最后，然后才写这个跋语。跋语主要说明此书的编辑情况。由落款可以看出，此书编成之年，在嘉靖丙辰年，即嘉靖三十五年（公元1556年）。此文写作的时间也可以理解成此书最后编成的时间。

主要参考文献

[1] 方志远. 旷世大儒——王阳明 [M]. 石家庄：河北人民出版社，2000.

[2] 钱明. 阳明学的形成与发展 [M]. 南京：江苏凤凰出版社，2002.

[3] 张立文. 宋明理学研究 [M]. 北京：人民出版社，2002.

[4] 李泽厚. 中国古代思想史论 [M]. 天津：天津社会科学院出版社，2003.

[5] 许凌云. 儒家伦理与中国史学 [M]. 济南：齐鲁书社，2004.

[6] 朱耀廷. 中国传统文化通论 [M]. 北京：北京大学出版社，2005.

[7] 张君劢. 儒家哲学复兴 [M]. 北京：中国人民大学出版社，2006.

[8] 张学智. 心学论集 [M]. 北京：中国社会科学出版社，2006.

[9] 司雁人. 阳明境界 [M]. 北京：中国社会科学出版社，2007.

[10] 张德胜. 儒家伦理与社会秩序 [M]. 上海：上海人民出版社，2008.

[11] 孙德高. 王阳明事功与心学研究 [M]. 成都：西南交通大学出版社，2008.

[12] 王晓昕. 阳明学撷论 [M]. 成都：西南交通大学出版社，2009.

[13] 杨国荣. 心学之思——王阳明哲学的阐释 [M]. 北京：中国人民大学出版社，2009.

[14] 吴光. 阳明学综论 [M]. 北京：中国人民大学出版社，2009.

[15] 刘聪. 阳明学与佛道关系研究 [M]. 成都：巴蜀书社，2009.

[16] 钱穆. 阳明学述要 [M]. 北京：九州出版社，2010.

[17] 李纪祥. 宋明理学与东亚儒学 [M]. 桂林：广西师范大学出版社，2010.

[18] 毕诚. 儒学的转折 [M]. 北京：中国发展出版社，2010.

[19] 董平. 传奇王阳明 [M]. 北京：商务印书馆，2010.

[20] 吴震. 《传习录》精读 [M]. 上海：复旦大学出版社，2011.